"十一五"国家重点图书出版规划项目

教育部人文社会科学重点研究基地
中国政法大学诉讼法学研究院
诉讼与证据前沿丛书（6）
主编　卞建林

强制执行竞合研究

王　娣　著

中国人民公安大学出版社
·北　京·

图书在版编目（CIP）数据

强制执行竞合研究/王娣著．—北京：中国人民公安大学出版社，2009.5

（诉讼与证据前沿丛书/卞建林主编）

ISBN 978-7-81139-544-0

Ⅰ．强… Ⅱ．王… Ⅲ．强制执行—研究—中国 Ⅳ．D925.04

中国版本图书馆 CIP 数据核字（2009）第 062964 号

强制执行竞合研究

QIANGZHI ZHIXING JINGHE YANJIU

王 娣 著

出版发行：中国人民公安大学出版社
地　　址：北京市西城区木樨地南里
邮政编码：100038
经　　销：新华书店
印　　刷：北京市泰锐印刷厂

版　　次：2009 年 5 月第 1 版
印　　次：2009 年 5 月第 1 次
印　　张：11.875
开　　本：880 毫米×1230 毫米 1/32
字　　数：320 千字

ISBN 978-7-81139-544-0/D·452
定　　价：28.00 元

网　　址：www.cppsup.com.cn www.porclub.com.cn
电子邮箱：cpep@public.bta.net.cn zbs@cppsu.edu.cn

营销中心电话（批销）：（010）83903254
警官读者俱乐部电话（邮购）：（010）83903253
读者服务部电话（书店）：（010）83903257
教材分社电话：（010）83903259
公安图书分社电话：（010）83905672
法律图书分社电话：（010）83905637
公安文艺分社电话：（010）83903973
杂志分社电话：（010）83903239
电子音像分社电话：（010）83905727

总　序

进入新世纪以来，我国诉讼法学与证据法学的研究，在保持活跃、升温、开放的理论研究与诉讼实务相结合的基础上，正面临着一个新的拐点——一个迫切需要寻找并确立主体自治性的转折时期，一个需要确立新坐标或可以确立新坐标的时期。这一判断的潜台词是，中国改革开放30年来，与中国经济、政治、社会、文化诸方面走过的轨迹相适应，我国诉讼法学、证据法学的研究，也正处于一个通过自我扬弃、寻找参照系的过程。或者说，是一个在侧重英美法系成熟制度、经验的借鉴和联合国刑事司法准则的衔接之间，曲折前行、审慎取舍乃至不免尴尬的未定型的过程。然而，我们所处的时代背景，随着中国加入WTO之后正悄然地发生剧变，一个越来越自信和自主的中国正出现在国际舞台上。与之相应，诉讼法学、证据法学的研究和制度性建构的背景性因素也大大改变。

中国法学的“主体自治性”命题，不再是一种理想化或简单自尊型的诉求。中国经济进入新世纪以来的飞速发展，使中国具备了与其全球第四大经济体和成长性最好的经济体地位相适应的影响世界经济、政治格局的力量。主动参与、影响乃至制定世界规则，将是中国的必然作为。中国因素已渗入反恐、反腐、维和、能源、生态、通信、人权、卫生、知识产权等领域，乃至足以影响世界整体的秩序图景。这种因素，不仅仅体现在话语权层面上，参与规则的制定甚或制定以中国本土为适用主体的规则（如通信、生态、人权、知识产权方面），都将可能成为国际视阈的一个结构性组成。因此，确立中国法学主体自治性坐标，已经成为一种迫切的需求。

全球化与现代性问题的交织，为我们提供了重新检视与反思法学现代性命题的契机。它们既有交集又各自独立。我国学者在1978年改革开放后才提出“现代性”命题，而对全球化的认识则更是迟至20世纪末。事实上，“现代性”这一用语，本身涵义如此多元、历史跨度如此广阔，我们很难简单地将之视为一个从农业社会向工业社会乃至后工业社会、信息社会演进的历史过程。而更容易为人所忽视的问题是：当我们全面致力于法学现代性目标时，西方早已出现了后现代法学对现代法学的追问。正如有的学者所指出的那样：“我们承认中国的法律与西方法律的对比不仅是一个地域性的差异，而且是一个时代性的差异，它们处于法律进化过程的不同阶段。”这一研究表明，“我们对外部法律世界的态度发生了重大变革：由‘姓资姓社’的两元对立走向批判性的认同与学习。”虽然这十多年来取得了重大进展，“但是它的缺陷也是明显的：一是对法的现代性的基本属性研究不够。……二是这一研究总体上对中国现实的法律问题关注不够，更多地集中在对历史的描述上”。[①] 与我们偏于纵向的进路相比，国外学者从纵、横两个切面观察现代性与全球化话题的眼界，或许能帮助我们跳出单纯的“现代性情结”。例如，恩里克·迪塞尔认为，现代性有两种模式：一是欧洲中心的视角，认为现代性现象完全是欧洲的，于中世纪发展勃兴，后传播到全世界；二是从全球视角出发，将现代性概念化为“世界体系”的中心文化，欧洲的现代性是世界体系的一部分（事实上，是它的中心），它开始于西班牙确立其“边缘”的时候，于是，现代性在这个全球模式中，是与“中心—边缘”体系相适合的现象。但上述两种模式都是以欧洲为中心的，“理性主义者和后现代主义者之间的任何争论，都没有突破欧洲中心论的视角。现代性的危机指向欧洲的内在方面。边缘的世界只能消极地旁观，因

① 蔡宝刚：《“法的现代性与中国法治”高层论坛学术综述》，载《比较法研究》2007年第1期。

为它是‘野蛮的’、‘前现代的’，或者简单地说，它还需要‘现代性’。换句话说，欧洲中心的观点反映了现代性危机这一问题，它只考虑欧洲——北美的重要性（现在甚至还有日本的），而极力缩小边缘的重要性。”① 而全球化，在推行欧洲——北美强势文化的同时，多元文化、地域文化、本土文化受到了更猛烈的冲击。当然，也给原本处于边缘的文化，如中国文化、印度文化和拉美文化等，提供了凤凰涅槃的机遇。对于中国而言，确立现代性和全球化坐标，摆脱被边缘化的命运，这必然是我们刑事司法现代性命题的应有之义。

在这一大背景下，诉讼法学、证据法学亟须直接回应的是：科学技术迅猛发展所带来的革命性影响。科学技术的进步，不仅从技术层面拓展了调查取证的途径，提高了听证、质证的效率，同时广泛影响诉讼程序、诉讼模式、证据制度和规则等各个方面。例如，电脑、互联网的广泛普及，虚拟空间犯罪、跨国犯罪等犯罪现象大量涌现，电子证据的获取、保全以及与此相关的证据规则的建立，都是新的课题。世界上一些国家已开始相应的立法工作，如美国制定了《电子通信隐私法》、《在刑事调查中搜查扣押计算机数据并获取电子证据》等，日本颁布了《关于犯罪侦查中监听通讯的法律》，欧洲委员会2001年11月23日通过了《网络犯罪公约》。有学者强调，随着一系列科技证据的出现，传统的证据规则面临着严峻的挑战。例如，如何界定电子证据、视听资料的原件？通过红外线技术或其他激光技术，侦查人员不进入房屋的“搜查”，是否受传统的正当程序的约束，由此获取的证据与非法证据排除规则如何协调？诸如此类，不一而足。科学技术在刑事诉讼中的运用问题，对未来刑事诉讼法和证据法的发展举足轻重。

简而言之，对我国刑事司法改革而言，科技的发展，一方面，

① ［美］弗雷德里克·杰姆逊、三好将夫主编，马丁译：《全球化的文化》，南京大学出版社2002年版，第18页。

早已突破了技术层面的局限，开始显现在制度、程序、规则的各个层面；另一方面，也为我国刑事司法改革增添了新的元素和动力。借由打击网络犯罪、计算机跨国犯罪以及制定国际通行的证据规则，我国刑事司法制度在向国际准则的衔接过程中又打开了另一条新渠道。

2003 年 10 月，第十届全国人大常委会将刑事诉讼法、民事诉讼法、律师法的修改列入了五年立法规划。以这些法律修改为契机，我国诉讼法学、证据法学研究，进入了一个系统性、整体性拓展、深化与提升的阶段，建构与完善具有中国特色、趋于国际水准的诉讼法学、证据法学制度性体系的条件逐渐成熟。

此次修改，我国诉讼法学界对刑事诉讼法的价值体系、制度设计、程序完善、现实路径、疑点难点等的把握，已有了较为清晰、系统、深入的体认。在此基础上，一些共识得以形成，一些问题经过争鸣，虽然一时未能统一，但至少深化了研究。其中，就刑事诉讼领域而言，通过有关刑事诉讼法再修改的探究与争论，逐渐明朗了以下几点：一是在总体框架、原则和制度安排上，体现了与联合国刑事司法准则全面衔接的趋向。“将联合国刑事司法准则作为我国刑事司法改革的参照系，虽然并非我国刑事司法改革的唯一路径，但我们以为，如果中国的刑事司法改革存在一个奋斗目标或者理想的话，那么，以联合国刑事司法准则作为参照系就是趋近此目标或理想的最佳路径。”[①] 有的学者在比较刑法的各国差异、刑事诉讼法世界趋同的基础上，提出“刑事诉讼法的制定与修改有其脱离于刑法的自主的规律性，刑事诉讼法在全球范围内趋同的广度和深度已经预示了一部尊重和保障人权、限制国家权力、民主文明的世界性刑事诉讼法的到来。我们没有任何理由把种种国内条件上升为制约刑事诉讼法进行大刀阔斧改革的借口。从刑事诉讼法强劲

---

① 卞建林主编：《中国刑事司法改革探索——以联合国刑事司法准则为参照》，中国人民公安大学出版社 2007 年版，第 3 页。

的世界性发展趋势来看，中国的刑事诉讼法应积极响应国际性刑事诉讼准则的要求，以开放和积极的心态借鉴和完善我国刑事诉讼的各项制度。”① 二是在借鉴两大法系诉讼制度和证据规则上，比较侧重研究和借鉴英美法系的模式和经验。例如，“诉讼证据丛书”提出的编辑取向就是“立足于我国证据法学理论和司法实践中存在的现实问题，在充分研究和借鉴英美证据规则及英美证据法学理论的基础上，广泛参考发达国家和地区证据立法的成功经验和最新判例学说，回顾、评述我国证据法学研究的现状……”② 三是深入探究在借鉴国外经验和自身进化过程中，中国国情、文化传统的特殊性问题。“世界上没有一部刑法是一样的”，刑事诉讼法也是如此，尽管世界刑事诉讼法也有趋同之势。但有学者颇为尖锐地指出，“在中国的法学研究中，一方面表现为在中国法制建设过程中经由‘接轨’的说法而主张各种西方法律的结构性安排，而另一方面则表现为普遍采用西方流行的法律主张去遮盖两种甚或多种法律观念之间的紧张或冲突。”③ 可以肯定，由于特殊性和差异性，即使在制度的技术性层面，如规则、程序、模式上与国际趋同，也难以掩盖因文化背景和发展阶段的不同而导致同样一个国际司法文本在执行和理解上的不同。

以上三点，实际上形成了一定的反差式比照关系，让我们不得不问：在充分参照英美法系和联合国刑事司法准则，推动我国刑事司法改革的进程之后，我们还能做什么？未来中国的诉讼法学、证据法学面貌如何？不论我们能否立刻完满地回答这一问题，我们都必须对国际刑事司法准则在各国的适用作比较研究，都必须对英美

① 陈光中等主编：《诉讼法理论与实践——司法理念与三大诉讼法修改》，北京大学出版社 2006 年版，第 20 页。

② 王利明主编：《诉讼证据丛书》总序二，引自沈德咏：《刑事证据制度与理论》，法律出版社 2002 年版。

③ 邓正来：《中国法学的批判与建构》，载《政法论坛》（中国政法大学学报）2006 年 1 月。

法系的现在与未来、危机与问题作预设性研究。例如，反恐作为一个国际社会共同面临的问题，对国际刑事司法准则与各国刑事诉讼制度的影响都将是深远的。典型的事例，如《美国爱国者法》所涉及的价值原则、司法制度、证据规则，在打击恐怖犯罪、保障人权的同时，也极大地挑战了国际通行的人权保障正当程序，如采集入境的非美国公民的指纹，强化了监听、监控、搜查等措施，而削弱了相关的程序制约、司法审查。又如，达马斯卡在其振聋发聩的著作《漂移的证据法》导论中所指出的，“当外国律师被要求参与其英美同行的事实认定时，他们会发现很难接受那些与普通法规则和惯例结合在一起的事实调查方式。国际战犯法庭那充满波折的历史为此提供了大量的例证。面对广泛适用普通法证据规则的前景，外国律师们抱怨那些规则和惯例是不可思议的，而且与事实调查的普通方法相去甚远。”① 他推演出英美证据法的三大支柱、三大特点，与大陆法系进行了精细的比较研究，从而发现，“站在 20 世纪末思考证据法的未来，很大程度上就是要探讨正在演进的事实认定科学化的问题。伴随着过去 50 年惊人的科学技术进步，新的事实确认方式已经开始在社会各个领域（包括司法领域）挑战传统的事实认定法。越来越多对诉讼程序非常重要的事实现在只能通过高科技手段查明。”② 而这直接影响传统的当事人对抗辩论的“当庭诉辩式”审判模式。他甚至发出了这样的盛世危言：“在普通法证据制度形成时期影响很大的体制环境在 20 世纪已经发生了巨大变化：陪审团的重要性已急剧下降，审判中心制已经在很大程度被废弃，甚至当事人对诉讼程序的控制——尽管还有相当顽强的抵抗——也不免受到了挑战。因此，证据法的三个传统支柱全都出现

---

① ［美］米尔建·R·达马斯卡著，李学军等译：《漂移的证据法》，中国政法大学出版社 2003 年版，第 2 页。

② ［美］米尔建·R·达马斯卡著，李学军等译：《漂移的证据法》，中国政法大学出版社 2003 年版，第 200 页。

了裂缝。”养育和支撑普通法证据制度之特征的环境的恶化，导致的结果就是：“强烈的改革潮流正席卷着所有的当代法院体制，在这些珍贵的事实调查传统中到处都出现了危机。”①

上述论述，对我们正矢志朝向英美法系目标深化刑事司法改革的路径，显然具有警示意义。它促使我们能尽快回到开篇的母题：在全球化格局中，确立具有中国主体性品格并具备自治性功能的诉讼法学、证据法学的制度体系坐标，而不是始终做一个司法的追随者、仿制者或附和者。在国际司法准则的制定、适用和调整中，体现中国刑事司法的话语意识，而不仅仅是被动地衔接。张扬中国诉讼法学、证据法学主体自治性，正是我们编辑“诉讼与证据前沿”丛书所要努力达致的主旨。它具有这样几个维度：

第一，切实推动建构具有高度主体自治性功能的诉讼法学、证据法学制度体系。首先，它应当充分反映中国法学的主体性意识，它应当只是把借鉴和衔接视为一个过程，犹如我国科技经历了从借鉴、引入到自主创新的转变，它包含法学主体从技术到观念、从制度到行为的各个层面。其次，它应当具有自治性——自我创生力，是一个有自我创生力的系统，具有将法律文化传统、当下与未来整合一体，组合成新的遗传基因并自我新陈代谢的功能。正如托依布纳所指出的：“参与自我再生产过程的，不仅是系统的要素和法律行为；要素、结构、过程、边界、特性、功能和施行都发挥着作用。人的力量在这个过程中发挥着重要的双重作用。他们作为法律系统的语义构成物并且作为在法律的环境中独立的自我创生（精神的）系统发挥作用。”② 相比之下，我们在法学制度体系构建中，缺乏对人这一因素之作用的考虑。再次，它应当是趋于完善的系统

① ［美］米尔建·R·达马斯卡著，李学军等译：《漂移的证据法》，中国政法大学出版社2003年版，第7~8页。

② ［德］贡塔·托依布纳著，张骐译：《法律：一个自创生系统》，北京大学出版社2004年版，第40页。

的制度体系，而不是缺钙或肢体不全的制度拼凑。关注诉讼法学、证据法学主体自治性体系建设的论著并为其提供平台，将是“诉讼与证据前沿”丛书所极力推举的。

第二，提升理性，加强范式研究，构筑多元、多学科、开放的方法论视阈，重视比较研究。尽管后现代法学思潮直接源于对现代法学的一种批判和反驳，但其主张多元视角，提倡知识考古学、系谱学、权力微观分析、小型叙事、悖论分析、反讽诘问、解构等方法，是值得借鉴和肯定的。他们跳出法学的圈子，从文学、社会学、心理学、文化学、人类学等学科探究法学，批评现代主义在法律研究进路上局限于“从法律中了解法律”的内部视角，也值得我们学习和反思。事实上，美国近些年对证据法的研究，就体现了向法理学提升、注重理论基础和方法论探索的趋势。正如罗纳德·J·艾伦所指出的，“证据法的学习不仅仅是学习证据规则。它还是对包含在诉讼过程中的浩瀚复杂的理念、原则、惯例和价值的学习。”“要把这些规则看做是对基本社会信仰、哲学和道德信念的概括”，“应该对证据规则有一个通透的理解，并对产生这些规则之人文关怀有相当程度的认知”。① 再如，我们上述引证的有关达马斯卡就英美法系与大陆法系的比较研究，提出对英美法系证据法学处于危机与环境恶化的看法，其观点不但给人以震撼，更为我们提供了比较证据法学研究应该如何深入的新角度。我们编辑“诉讼与证据前沿”丛书，其中一个目的就是：提倡方法的应用、学科的多元、眼界的开放，从内与外两个视角观照诉讼法学、证据法学的研究，提升诉讼法学、证据法学的理性价值以及制度与规则的范式意识。

第三，重视科学证据时代的到来，从理性、价值、技术、行为、心理等各个层面加强对科学证据的表现与应用的研究。尽管对

---

① ［美］罗纳德·J·艾伦等著，张保生等译：《证据法：文本、问题和案例》（第三版），高等教育出版社2006年版，第49~50页。

"科学证据"的内涵与外延还没有统一表述，但这丝毫不妨碍我们对信息网络时代证据法学、证据规则做预设性研究。

尽管高新技术条件下的证据，如电子证据，虽然与传统书面证据在本质上具备同样的证据能力和证明力，但不具有静态的稳定性，无法确保其固化的证明力。由此，它将影响传统的直接言词原则、非法证据排除规则等规则，甚至质证、审判模式也将因之改变。"诉讼与证据前沿"丛书期待对这一领域的开拓之作。

重塑中国诉讼文化、证据文化是历史的必然。在中国传统的诉讼文化中，证据文化尤为薄弱且受到极大的扭曲和戕害，缺乏系统的证据规则，符合人的理性诉求和人文关怀的证据制度更是难以建立。中国传统的诉讼文化从属于道德和谐文化要求，屡遭排斥，一直依附于刑法，始终未能发育。在这一阴影下，证据及其裁判都丧失了平等、公正权利的本源意义。然而，也正因为缺失，相比中国当下诉讼文化之重塑，证据文化具有更多创建的意味。或许受到传统的制约和不良基因的影响越少，可以借鉴吸收的余地就越大。无论如何，在证据文化的创建中，不能因为证据规则的普适性、跨国性而忽视其地域性、民族性和证据文化的塑造。

将诉讼文化的重构作为目标，似乎有些空泛，但它是一种现实且终极的载体呈现，不论是在观念、制度还是行为、器物层面，适应中华民族伟大复兴历史进程的诉讼文化，确是当下之亟须。

中国政法大学诉讼法学研究院是以诉讼法学研究为主的教育部人文社会科学重点研究基地之一。学院下设刑事诉讼法学研究所、证据法学研究所、民事诉讼法学研究所、行政诉讼法学研究所，以及《诉讼法学研究》编辑部、中国诉讼法律网等机构。研究院以教育部人文社会科学重点研究基地建设要求为标准，秉承积极进取、创新务实的发展理念，坚持以科研为本、全方位发展的建设思路，开展了一系列卓有成效的理论、课题、实务研究，推出了一大批科研成果，促进了课题研究成果的转化和应用。积极通过举办学术研讨、讲座，建设分支研究基地等措施，扩大与国内外的交流与合作。在资源整合和管理上，加强了制度化、信息化、标准化建设，除加强本院现有研究人才开发和硕士、博士生培养，聘请本校兼职研究人员外，还特聘了一大批内地、港澳台地区以及国外的知名专家学者，确保了学院强势的科研力量和优秀的专业品质；学院还积极参与国家有关部门组织的立法论证与研讨活动，提交了刑事诉讼法、民事诉讼法、人民检察院组织法等多部立法修改建议稿，并为各级司法实务部门提供了广泛的法律咨询服务。学院将本着“开放、创新、务实”的办院方针，适应新的形势变革，瞄准学术与实践需要的前沿，始终保持吐故纳新、自我扬弃的生机与活力。

“诉讼与证据前沿”丛书是一个开放的项目，面向国内外专家学者，力倡有见地、有创新、有超越的论著，特别着眼于“新领域的挖掘与拓展”。“诉讼与证据前沿”是一个平台，透过这个平台，我们希望向学术界贡献一批致力于开拓诉讼法学和证据法学体系、视野的富有学术独创性的学术成果。该丛书将从2007年开始，计划用3年时间能构筑出一个诉讼法学、证据法学研究的新矩阵。

中国法学会刑事诉讼法学研究会会长
中国政法大学诉讼法学研究院院长　卞建林

2007年5月5日于北京

序

民事强制执行是民事诉讼、经济仲裁的下位活动和终结行为，对于实现生效法律文书确认的民事权利，保护当事人的合法权益，保障社会主义市场经济正常运行，促进生产发展和社会繁荣，维护社会和谐稳定具有重要意义。在强制执行中，由于各种原因，执行竞合又屡见不鲜，影响强制执行工作的顺利进行和纠纷的最终解决。作者对强制执行竞合进行研究，具有重要的理论和实践意义。

强制执行竞合问题复杂，涉及诸多方面。作者对此进行了深入的探索、缜密的研究，获得了可喜的成果。本书的特点是显著的。第一，论述全面。作者从强制执行的涵义及相关概念写起，对强制执行竞合的类型、强制执行竞合的基础理论、各国解决强制执行竞合的理论与实践、我国解决强制执行竞合的立法与实践、我国解决强制执行竞合立法的完善以及我国参与分配制度的立法与完善等，进行了深入的研究和论述，初步形成了比较系统的关于强制执行竞合理论和实践的研究构架。第二，观点正确。我国学术界对强制执行竞合的有关内容有不同认识，作者在考察研究的基础上提出了自己的认识，这些观点都较为正确。例如，关于终局执行之间的竞合问题、保全执行与终局执行之间的竞合问题、保全执行之间的竞合问题的解决等，都提出了正确的观点和切实可行的办法。第三，论据充分。研究工作需要论据的支持，才能得出正确的、科学的、可信的结论，在本书中，作者提出的各种观点，都有着充分的论据的支持，具有极大的可信度。第四，逻辑严谨。作者从强制执行竞合的基本概念和基础理论写起，然后论述了世界主要国家解决强制执行竞合问题的理论与实践，我国解决强制执行竞合的立法与实践，最后，对解决我国强制执行竞合问题的立法、参与分配制度的立法及其完善，作了画龙点睛的论述，前后呼应，浑然一体。第五，行文流畅。作者在对强制执行竞合理论与实务进行深入研究与论述的同时，对文字表达也作了努力，全书文字顺畅，表达准确，通俗易懂。第六，理论结合实际。实践出真知，理论研究必须与实践紧密结合。作者在本书中收集、运用了十几个强制执行竞合的案例，并结合理论问题进行论述、使之相互印证，既有助于了解实践的具体问题，又能提高对理论问题的认识，二者相辅相成，相得益彰，取得了极佳的效果。第七，理论创新。理论研究贵在创新，本书在这个方面取得了可喜的成果。作者对某些理论和实践问题提出了原创性的观点。例如，民事强制执行与刑事强制执行主要在财产刑的强制执行上容易发生竞合，作者认为这需要视实际情况而定，可以是先刑后民，也可以是先民后刑，不能是固定的先刑后民的一种模式。民事强制执行与行政强制执行的竞合，主要发生在行政处罚问题上，行政处罚可形成公法上的债权，有可能与民事执行程序中私法上的债权形成竞合。作者经过论证，认为此时不能认为公法上的债权优先于私法上的债权，而应当确定民事执行优先于行政处罚执行的原则。

本书作者曾经是我的博士研究生，她在学习期间就刻苦努力，认真钻研，善于动脑，勤于动手，取得显著成绩。本书是她在博士论文基础上扩充研究形成的专著。我为她的丰硕研究成果而高兴，为我国强制执行理论界的繁荣而庆幸，故欣然提笔为序。

杨荣馨

乙丑初春于 玉渊潭侧 昆玉河畔

目　录

前　言

一般说来，私人之间产生义务的不履行时，现代法治国家通常禁止自力救济，作为手段，一方只能通过法院实现权利的恢复和补救，即以公力救济。国家保护私权的程序有两种：一是确定私权的程序，即民事诉讼；二是实现私权的程序，即强制执行。强制执行，是指执行机关根据债权人的申请，运用国家强制力，对拒不履行义务的债务人采取强制措施，以实现债权人民事权利的活动。

尽管人们憧憬通过理性的说服实现社会的安定和发展，但法治社会本来就意味着强制的不可或缺。如果法院的裁判不能得到实施，则权利人的权利就不可能得到保护，整个社会就会处于一种无序状态，国家的政治、社会生活就不可能得到安定，因此，强制执行是法律实施的重要环节。司法裁判能否得到执行，在多大程度上得到执行，是衡量一国法制水平的重要依据。

在我国，“执行难”多年来一直是困扰人民法院工作的突出问题。据统计，全国法院执行收案绝对数 1996 年比 1995 年增加 23.9%，1997 年比 1996 年增加 9.4%，而实际未执结案件数 1996 年比 1995 年上升 25.3%，1997 年比 1996 年上升 39.5%，1998 年上半年比 1997 年同期上升 40.6%。仅 1998 年第一季度案件未执结数就达到了 16.8 万件，未执结标的额达 320 多亿元。[①] 进入新世纪以来，“执行难”问题仍然没有从根本上得到缓解，以 2006 年为例，当年“全国各级人民法院受理申请执行的民事案件为 213 万件，法院发出执行通知后履行义务的为 71 万件，采取强制措施执

① 戴建志主编：《法院执行运作实务》，法律出版社 1999 年 9 月版，第 221 页。

行的为46万件"[①]。可见，2006年尚有96万件申请执行的案件未能得到有效执行，占总数的45%。近几年，执行工作中又出现了"执行乱"的问题，进一步影响了"执行难"的解决。尽管造成"执行难"、"执行乱"的原因是多方面的，但是，可以肯定地说，民事强制执行制度本身的不完善和强制执行理论研究的落后是其中重要的原因。因此，加强强制执行理论研究，并在此基础上制定独立的强制执行法和完善相关的强制执行制度及措施，是最终解决"执行难"、"执行乱"问题的必由之路。

强制执行竞合是强制执行制度中的一个重要的理论问题，同时也是强制执行实践中普遍存在的现象。在现代市场经济条件下，由于民间私人交往纷繁复杂，民事法律关系交错重叠，权能竞合现象不可避免。多个权利享有人对同一义务承担人、同一权利享有人对多个义务承担人，以及多个权利享有人对多个义务承担人享有物权(尤其是担保物权与用益物权)、债权、人身权等，在民事案件中层出不穷。在破产程序中，由于是以债务人的全部财产来清偿债务，无论债权人请求如何，均依照其金额的多少按比例进行分配，不会产生多数权利人之间的请求互相排斥的现象。但是，如果民事权利主体之间发生的纠纷以诉讼的形式，进入民事强制执行程序，多个债权人同时或先后以其不同的执行根据，对同一债务人的特定财产请求法院予以强制执行，或义务承担人的特定财产倘若只能满足权利享有人中一人或数人的强制执行，那么，其余权利享有人的强制执行必然遭到排斥。这时，强制执行竞合问题就会产生。

在发生强制执行竞合的情况下，法院能否受理后申请的强制执行？何种权利享有人的强制执行有排斥其他权利享有人的效力？是依据民事实体法对民事权利性质的规定对强制执行根据进行排序，还是从民事程序法的角度出发对强制执行的效力进行调整，或是两

① 王颖：《民事诉讼法首次修改：规范再审强化执行》，载《中国人大》2007年第22期。

者兼而有之？这些都是我国民事强制执行法和民事强制执行理论不能回避的一个重要课题。

如何处理执行竞合，在理论上一直有争议，各国的具体做法也不尽相同。从立法上看，尽管最高人民法院《关于适用〈中华人民共和国民事诉讼法〉若干问题的意见》第 297 条至第 299 条以及最高人民法院《关于人民法院执行工作若干问题的规定（试行）》第 88 条至第 96 条对执行竞合问题作了一定的规范，但是，这些规定不仅条文比较粗陋，而且还存在着许多矛盾和冲突，无法有效地解决实践中存在的执行竞合现象，加重了“执行难”。所以，研究和探寻解决执行竞合的原则及方法，不仅有利于完善民事执行理论及立法，而且有利于正确解决实践中存在的执行竞合现象，保护债权人的权利。

第一章 强制执行与强制执行竞合

在法律文书发生法律效力后，其确定的民事权利义务的实现方式无外乎两种：一种是由义务人主动履行；另一种是由国家强制执行。在国家强制执行的过程中，经常会发生多个债权人同时或先后以不同的执行根据，对同一债务人的特定财产请求强制执行的现象，这种现象就是强制执行竞合。强制执行竞合既是实践中普遍存在之现象，又是程序法上重要的理论问题。考虑到具体法律制度总是建立在一定的理论基础之上，法学理论又总是以基本概念的研究为前提，故在阐述强制执行竞合的基本理论问题之前，有必要首先明确强制执行的涵义、内容以及种类，同时，还应当对强制执行竞合的涵义作出明确、合理的界定。只有以此为基础，才能进一步探讨与分析强制执行竞合的基本原理，并有针对性地解决问题。所以，本章将强制执行与强制执行竞合的一些基本概念问题作为研究的起点。

第一节 强制执行的涵义及种类

一、强制执行的涵义和特征

（一）强制执行的涵义

根据现代汉语词典的解释，执行的涵义是“实施；实行（政策、法律、计划、命令、判决中规定的事项)”。[1] 这表明，执行本身是一个内涵极其丰富的概念，具有多方面、多层次的涵义：从最广泛的意义上讲，它既包含对法律、判决等法律事项的实施活动，也包含对政策、计划、命令等非法律事项的实施活动；从法律的意义上看，它既包含对法律法规的实施（如国家行政机关实施法律的活动)，也包含对法院的生效裁判及其他发生法律效力的法律文书的实施活动。其中，在法律领域对生效裁判及其他法律文书的实施，可以说是从最狭窄的意义上界定执行的概念，本书正是在这种意义上来探讨执行和执行竞合的问题。

从语言上来看，“执行”与“履行”是一对相对称的概念：当法律文书发生法律效力后，债务人主动完成该法律文书确定的义务，称为“履行”；债务人拒不完成生效法律文书所确定的义务，由国家专门机关采取强制性的措施迫使其完成义务，称为“执行”。二者的区别就在于：“履行”是主动的、自觉的，是当事人的行为；“执行”是被动的、强制的，是执行机关的行为。从这个意义上说，“执行”又可以称为“强制执行”。在其他语言中，也存在这种通用的现象。例如，在英语中，与执行相对应的词是(Execution)，与强制执行相对应的词是（Enforcement)；但根据布莱克法律词典的解释，二者在法院判决的实施方面可以相互通用。[2] 只不过，由于法律传统和习惯上的原因，不同的国家和地区对其称谓会有所不同，如日本称为民事执行法，法国称为民事执行程序法（Voies d’éxécution)，德国称为强制执行法（Zwangsvollstreckungsrecht)，而我国台湾地区也称为“强制执行法”。

在我国理论界，大多数学者对强制执行和执行的概念也不作区分性研究。众所周知，执行是指在义务人不履行生效法律文书的情

① 参见《现代汉语词典》，商务印书馆2005年第5版，第1747页。

② *See* Black’s Law Dictionary(eighth edition), by Bryan A. Garner, Thomson & West Press, p. 569,609.

况下，人民法院运用强制力迫使其履行义务，它本身就已经包含了强制的成分在内，所以，对生效裁判的执行既可以称为执行，也可以称为强制执行。从司法实践来看，两者也是通用的，如最高人民法院《关于人民法院执行工作若干问题的规定》（以下简称《执行规定》），其中的“执行”就是指对生效法律文书的执行，我们常提到的“执行难”也是指对生效的法律文书的执行。从某种意义上说，“强制执行”的称谓更能直观、鲜明地体现执行活动的特点，故本书行文中一律使用强制执行的概念。

1. 强制执行的内涵

何谓强制执行？学界关于其内涵的理解并没有本质的差异，但由于观察问题的角度不同，对于强制执行的概念仍存在不同的认识。从现有资料来看，主要有以下看法：

（1）行为说，即认为强制执行是国家依法采取的强制执行行为与活动，这是我国大多数学者持有的观点。但在具体认识上又有细微的差别。例如，有的学者认为，强制执行是“指人民法院依照法定程序，运用国家强制力，强制义务人履行义务，以实现生效法律文书的诉讼活动”。[①] 或者，强制执行是指“人民法院按照执行根据，运用国家执行权，依据执行程序迫使被执行人实现法律文书确定的内容的行为”。[②] 这种观点把强制执行定位为通过强制执行手段，实现生效法律文书的内容。

有的学者认为，强制执行是指“人民法院的执行组织依照法律规定的程序，对生效的法律文书确定的内容，运用国家的强制力量，依法采取强制措施，强制负有义务的当事人完成义务的行为”。[③] 民事强制执行，是指人民法院的执行组织以生效民事法律文书为根据，依法运用国家强制力量，采取措施强制使不履行义务

① 杨荣馨主编：《民事诉讼法学》，中国政法大学出版社 1997 年版，第 457 页。

② 常怡主编：《民事诉讼法学》，中国政法大学出版社 2002 年修订版，第 422 页。

③ 柴发邦主编：《民事诉讼法学新编》，法律出版社 1992 年 6 月版，第 423 页。

的当事人完成其义务的诉讼活动。[①] 这种观点把强制执行定位为通过强制执行手段，实现义务人应当履行的义务。

还有学者认为，“所谓民事强制执行，就是国家执行机关以已生效的法律文书为执行根据，依照法定程序，运用国家强制力，强制债务人（被执行人）履行执行根据已确定的义务，以实现已确定的民事权利（债权）的活动。”[②] 这种观点把强制执行定位为通过强制执行手段，实现债权人的债权。

（2）制度说，即认为强制执行是有权机关强制义务人履行义务，以实现债权人债权的法律制度，即从制度的意义上来理解强制执行的涵义。例如，有的学者认为，“民事执行是指执行名义成立后，债务人拒不履行执行名义所确定的民事义务，有权机关运用公权力，采取民事执行措施，迫使债务人履行义务，实现债权人的权利的法律活动或法律制度。”[③]

（3）程序说，即认为强制执行是国家强制义务人履行义务的法定程序。我国台湾地区的学者大多持这种观点：

例如，我国台湾地区杨与龄教授认为，“强制执行者，国家机关经债权人之声请，依据执行名义，使用国家之强制力，强制债务人履行义务，以实现债权人私权之程序也。”[④] 陈荣宗教授认为，“强制执行，系国家执行机关基于统治关系，为债权人，利用国家强制力，强制债务人履行其义务，以实现或确保私权之民事程序”。[⑤] 张登科教授认为，“强制执行系债权人依据执行名义，声请执行机关，对债务人施以强制力，强制其履行债务，以满足债权人

---

① 江伟主编：《民事诉讼法学原理》，中国人民大学出版社 1999 年版，第 785 页。

② 孙加瑞主编：《中国强制执行制度概论》，中国民主法制出版社 1999 年版，第 14 页。

③ 谭秋桂著：《民事执行原理研究》，中国法制出版社 2001 年 10 月版，第 3 页。

④ 杨与龄编著：《强制执行法论》，台湾地区三民书局 2007 年修正版，第 1 页。

⑤ 陈荣宗著：《强制执行法》，台湾地区三民书局 2002 年 10 月修订版，第 1 页。

私法上请求权之程序”。[1]

以上观点尽管在对强制执行的认识上有所不同，但是，在对强制执行的内容、强制执行的目的等问题上的看法基本是一致的，所以，其不同之处仅仅在于出发点不同或者角度不同。例如，有的人是从微观上来认识强制执行的，从这个角度来看，强制执行是一种法律行为；而有的人是从宏观上来认识强制执行的，所以又有法律制度说；法律程序则属于法律制度的一个重要的组成部分，也可以说，是从中观上认识强制执行。应当说，以上观点都有其合理之处，但是，如果从最为直观的层面上来理解，则把强制执行理解为执行机关的一种行为或活动更具有合理性。因此，笔者认为强制执行的概念应当是：执行机关依据执行根据，运用国家强制力，强制债务人履行生效法律文书所确定的义务以实现债权人权利的行为。

2. 强制执行的外延

强制执行是否专指民事强制执行？也就是说，强制执行的外延是否还包括刑事强制执行、行政强制执行，对此理论界和实务界存在不同的看法：

（1）三重意义说。例如，有的学者认为，强制执行可分为三种形式，即刑事强制执行或称刑事执行，行政强制执行或称行政执行以及民事强制执行或称民事执行。[2] 换言之，强制执行的概念与民事强制执行的概念是有区别的。

（2）双重意义说。例如，有的学者认为，强制执行概念具有双重涵义，狭义的强制执行仅指民事强制执行，是执行机关以已生效的法律文书为执行依据，依照法定程序，运用国家强制力强制债务人（被执行人）履行执行依据中已确定的义务，以实现已确定的民事权利；而广义的强制执行除包括民事强制执行外，还包括行

① 张登科著：《强制执行法》，台湾地区三民书局2001年9月修订版，第1页。

② 常怡主编：《强制执行理论与实务》，重庆出版社1990年版，第1页。

政强制执行。①

以上两种观点虽然对强制执行的范畴的认识有所不同，但是，其划分强制执行种类的标准或依据是一致的，即都是以执行根据作为判断的依据。其中，以人民法院制作的民事判决书、裁定书、调解书、支付令以及仲裁机构制作的裁决书、公证机关制作的依法具有强制执行效力的债权文书等为依据的，称为民事强制执行；以人民法院制作的刑事判决书和裁定书为依据的，称为刑事执行（罚金刑和没收财产除外）；以人民法院制作的行政裁判或者行政机关制作的行政决定书、命令书等为依据的，称为行政强制执行。

（3）一重意义说。和我国大陆学者不同的是，我国台湾地区学者则是从权利性质的角度出发来划分不同类型的执行。例如，杨与龄教授谈到："强制执行程序，乃实现已确定之私权为目的，若为公法上之权利义务，则应依刑事执行程序或行政执行程序执行之。……强制执行程序，于法律有明文规定时，虽适用于罚金、罚款及欠税等之执行，但此等公法上义务之执行，并非实现私权，本应依刑事执行程序或行政执行程序为之……惟本法对于财产权之执行程序，规定甚为严密，故刑事或行政执行程序，为谋立法之简便，多予准用。"② 故我国台湾地区谈论的强制执行，一般特指民事强制执行。

笔者认为，我们通常所说的强制执行是和自动履行相对应的概念，如果没有当事人自动履行的可能，也就不存在强制执行。尽管民事执行、行政执行和刑事执行是我国执行制度的三个组成部分，但是，它们之间存在有明显的区别。

刑事执行的执行依据是人民法院制作的刑事判决书、裁定书，执行机关主要是司法行政机关领导下的劳动改造机关或公安机关。

---

① 孙加瑞著：《强制执行实务研究》，法律出版社 1994 年版，第 1 页。

② 杨与龄编著：《强制执行法论》，台湾地区三民书局 2007 年 7 月修正版，第 2 页。

在刑事执行中，由于不存在犯罪人自动履行刑罚的问题（罚金刑除外），所以执行机关必须主动采取执行措施。那么，既然在刑事执行中没有自动履行与强制执行之分，也就没有必要称其为强制执行了。对于刑事案件中涉及财产的判决，如没收财产和罚金，按照我国目前理论界的观点，应当作为民事强制执行的根据，由人民法院依民事强制执行的方法和程序执行（我国民事诉讼法学教科书中都是将其作为民事执行的根据来加以阐述的）。对此，笔者有不同看法。民事强制执行的目的是为了实现债权人的民事权利，所以，只有人民法院作出的民事判决书、裁定书、调解书和支付令才能作为民事强制执行的根据。而人民法院作出的具有财产内容的罚金、没收财产等裁判，在性质上属于刑罚的执行，其目的是实现刑罚而不是实现私权，不管其执行的方式与程序如何，都不能改变其刑罚执行的性质，所以，对这些法律文书的执行不能称为民事执行。但是，实践中，由于罚金、没收财产的执行也是针对当事人的财产进行，以财产作为执行标的，因此，可以在执行手段、方式及程序上准用民事执行程序的规定。从我国目前的法律规定看，罚金和没收财产的刑罚均由人民法院负责执行。例如，《刑事诉讼法》第 219 条规定："被判处罚金的罪犯，期满不缴纳的，人民法院应当强制缴纳"；该法第 220 条规定："没收财产的判决，无论附加适用或者独立适用，都由人民法院执行；在必要的时候，可以会同公安机关执行。"

在行政执行中，有自动履行与强制执行之分，即不论是人民法院作为执行机关，还是行政机关作为执行机关，都应当经申请或在相对人不自动履行义务的情况下采取措施，如果相对人自动履行义务，就没有必要采取执行措施。但是，由于行政执行是确保和实现公权的法律程序，而民事执行则是实现民事权利（即私权）的程序，所以，两者的目的和性质都是截然不同的。为了使两者得以区别，同时也为了强制执行的概念更加明确，有必要再将两者分别指称，即在强制执行前面加上民事或行政两个字以示区别和避免引起不必要的混乱。

本书中所讨论的强制执行或者强制执行竞合问题，主要是指民事强制执行或者民事强制执行竞合问题。出于行文便利的考虑，笔者在下文中将民事强制执行简称为强制执行，将民事强制执行竞合简称为强制执行竞合。①

（二）强制执行的特征

强制执行作为一种国家执行机关行使其司法执行权，迫使债务人履行债务以实现债权人权利的活动，不同于人民法院确认民事权利的审判活动，也不同于债务人自觉履行生效法律文书内容的活动，具有其自身的特点。强制执行主要有以下几方面的法律特征：

1. 强制执行须由国家执行机关实施

“对国家请求强制执行后，须由具有实施强制执行权限者实施强制执行，此种得实施强制执行之权限称为强制执行权。”② 可见，强制执行权是国家权力的表现形式之一，是一种公权力。只有国家执行机关才能行使强制执行权，实施强制执行行为，强制债务人履行义务。在我国，有权实施强制执行的机关是人民法院，除人民法院以外，任何单位或个人都不能对他人的财产采取强制措施，不得强制他人履行一定的义务。对此，我国《民事诉讼法》第106条明确规定：“任何单位和个人采取非法拘禁他人或者非法私自扣押他人财产追索债务的，应当依法追究刑事责任，或者予以拘留、罚款。”

2. 强制执行必须以执行根据作为依据

执行机关的任务是根据裁判机关或者其他机关作出的关于债权人和债务人之间实体权利义务关系的判定，在债务人不履行义务的

---

① 作为一部研究强制执行竞合问题的专著，本书在将研究的重点放在民事强制执行竞合问题的同时，也会适当地对民事强制执行与行政强制执行和刑罚的执行竞合问题进行分析（参见本书第二章第一节）。如果没有特指，则强制执行和强制执行竞合专门指称民事强制执行和民事强制执行竞合。

② 张登科著：《强制执行法》，台湾地区三民书局2001年9月修订版，第3页。

情况下采取强制措施，迫使债务人履行义务，以实现债权人的权利。因此，在强制执行中，确定债权人和债务人双方实体权利义务关系存在的法律文书成为执行的前提条件。在我国，将这类法律文书称为执行根据。无执行根据则无强制执行的前提和可能。可以作为执行根据的法律文书有两个条件：其一是已经生效，尚未生效的法律文书显然不能予以执行；其二是具有给付内容，即法律文书确定一方当事人向对方当事人交付一定财物或者完成一定行为的义务，如交付货款。给付内容是强制执行的基础，法律文书没有给付内容的，就没有强制执行的必要性。

3. 强制执行必须遵守法定的程序和方式

程序是“法律的生命形式，因而也是法律的内部生命的表现”。[①] 强制执行是实施法律的一种形式，必须严格按照法定程序进行，不论是强制执行的开始、中止和终结，还是采取强制执行措施的种类和实施强制执行措施的程序，都必须符合法律的规定。具体地说，程序合法应当包括以下几方面：其一，强制执行的开始、中止和终结必须依据法律规定进行；其二，所采取的强制执行措施的种类应当符合法律的规定，既不能采取法律没有规定的强制执行措施，也不能在法律规定应适用某一强制执行措施时适用另一种强制执行措施；其三，适用强制执行措施的程序应当合法，如法院查封、扣押债务人财产时应当做出裁定，并将裁定书送达债务人。

4. 强制执行的目的是实现债权人的民事权利

强制执行的目的是实现债权人已经确定的债权，这里有两点需要说明：其一，强制执行所要实现的权利是一种民事权利，即私权，其他权利不能通过民事强制执行实现，如对行政法律文书、罚款决定以及刑事判决书中的没收财产和罚金的执行，不是为实现债权人的民事权利，因而不属于民事强制执行，只是由于执行的对象都是财产或行为，在执行方法上与民事强制执行的方法相同，所

---

① 《马克思恩格斯全集》第 1 卷，人民出版社 1995 年版，第 178 页。

以，执行时参照民事强制执行的有关规定进行；其二，强制执行通过采取执行措施迫使债务人履行义务，使法律文书中规定的内容得到落实，从而实现债权人的权利，因此，迫使债务人履行义务是实现债权人权利的保证或者说途径。但是，迫使债务人履行义务仍然是为了实现债权人的权利，所以，不能将其看成是强制执行的目的和强制执行的中心。

二、强制执行的种类

在我国民事诉讼法学理论上，对强制执行进行分类研究还不深入。在大陆法系国家和地区，分别根据执行的效果、执行的效力、执行的标的、执行的方法、执行根据的内容等为标准，对强制执行进行了详细而深入的分类研究。强制执行的主要分类情况如下：

（一）终局执行与保全执行

强制执行，以其执行效果的不同为标准，可以分为终局执行与保全执行：

所谓终局执行，就是依据终局性的执行根据，为了最终实现债权人的债权而实施的执行。例如，执行机构根据人民法院制作的生效判决书、仲裁机构制作的生效仲裁裁决书、公证机关赋予强制执行效力的公证债权文书等法律文书所为的执行活动，都属于终局执行。终局执行所要达到的执行效果是为了能使债权人的请求权获得实现，所以也称为满足执行。

所谓保全执行，则是指在取得终局性的执行根据之前，为防止由于一方当事人的行为或其他原因致使将来的终局裁判无法执行或难以执行，而采取的旨在禁止一方当事人处分、变更执行标的，以维持债务人财产现状的执行活动。[①] 例如，人民法院根据财产保全裁定所为的查封、扣押措施，就属于保全执行。强制执行，以实现债权人权利为目的的，原则上指的是终局执行；保全程序，仅有保全将来终局执行之作用，为强制执行的例外情形。

（二）本执行与先予执行

强制执行，以其执行效力的不同为标准，可以分为本执行与先予执行：

所谓本执行，就是基于人民法院的生效终局判决、生效仲裁裁决、生效公证债权文书等所进行的执行活动。而先予执行，则是依据人民法院的先予执行裁定所为的执行。我国《民事诉讼法》第97条规定："人民法院对下列案件，根据当事人的申请，可以裁定先予执行：（一）追索赡养费、扶养费、抚育费、抚恤金、医疗费用的；（二）追索劳动报酬的；（三）因情况紧急需要先予执行的。"这里的第97条规定的，就是先予执行制度。

理论上通常认为，对先予执行裁定的执行也属于终局执行，但与基于判决书、裁决书、公证债权文书等所为的终局执行的效力不同：因先予执行裁定是在审判活动尚未结束时作出的，当审判结束时判决内容与先予执行裁定的内容相矛盾时，应当停止基于先予执行裁定的强制执行活动。

（三）对人执行与对物执行

以执行标的为标准，可将强制执行分为对人的执行和对物的执行：

所谓对人执行，是指以债务人的身体或劳力等为执行对象，对其采取强制措施以迫使债务人履行义务，如我国台湾地区"强制

① 在日本和我国台湾地区，保全执行又分为假扣押执行与假处分执行。其中，假扣押是指基于债权人的金钱给付请求，对债务人的财产予以查封，禁止债务人进行处分的一种法律制度；假处分是指基于债权人的非金钱给付请求，采取的禁止债务人改变请求标的物的现状，或者保持争执的法律关系现状的一种法律制度。在我国民事诉讼法上，只有财产保全程序，从其内容上看基本包含了假扣押和假处分两种情形。

执行法”中规定的对债务人进行拘提、管收的措施，该措施即是通过使债务人丧失人身自由来间接促使债务人履行义务。而对物执行，是指以债务人的财产作为执行对象，通过扣押、拍卖债务人的财产，以所得价金交付债权人，或者通过解除债务人对不动产的占有，使其归债务人占有等。

在人类法制史上，强制执行经历了从对人执行为主到对物执行为主的演进过程。例如，古罗马的《十二铜表法》第三表规定，债权人在债务人不能履行到期金钱债务时，可以拘禁、杀害债务人，或者将其作为奴隶出卖。我国唐杂令规定：“公私以财物出举者，任依私契，官不为理”，“家资尽者，役身折酬，役通取户内男口。”① 新中国成立后，废除了以人身作为执行标的的做法。最高人民法院《关于适用〈中华人民共和国民事诉讼法〉若干问题的意见》（以下简称《适用意见》）第254条规定：“强制执行的标的应当是财物或者行为”。从对人执行到对物执行，是现代法制文明的产物。

（四）一般执行与个别执行

以执行债务人财产的范围为标准，可将强制执行分为一般执行与个别执行：

所谓一般执行，是指为了使债务人的全体债权人的债权得到清偿，而对债务人的全部财产采取执行措施，如破产法所规定的破产程序即为一般执行。而个别执行，是指为了实现金钱债权，以债务人的个别财产为执行对象所进行的强制执行。依民事强制执行程序所为执行活动，即属于个别执行。

随着人类社会的发展，对物执行逐渐取代了原有的对人执行。同时，在对物执行中，破产（一般执行）与强制执行（个别执行）

① 戴炎辉著：《中国法制史》，台湾地区三民书局1966年版，第326页。

相分立，这是现代世界各国强制执行制度发展的一个基本趋势。[1]

（五）金钱债权的执行与非金钱债权的执行

依所要实现的实体请求权的不同，可分为金钱债权的执行与非金钱债权的执行：

所谓金钱债权的执行，是指以请求债务人给付金钱为目的的执行。此类执行，由于债务人没有依执行根据给付金钱，所以，应当执行债务人的金钱以交付债权人。如果债务人无金钱可供执行，应当对债务人的全部财产包括动产、不动产或者其他财产权采取强制措施，将其换价获得金钱以清偿债权人的金钱债权。

所谓非金钱债权的执行，是指以请求债务人进行非金钱给付为目的的执行，包括物之交付请求权的执行和行为请求权的执行。金钱债权的执行和非金钱债权的执行，其实现的民事权利的性质不同，执行方法亦有不同，如非金钱债权可以采取他人替代履行的方法，金钱债权原则上不可以由他人代替执行。

（六）直接执行、间接执行与代替执行

以执行方法为标准，可将强制执行分为直接执行、间接执行与代替执行：

所谓直接执行，是指执行机关对债务人的财产，直接施以强制力，实现法律文书中所确定的给付内容。例如，执行机关对债务人的动产、不动产或其他财产权实施查封、扣押、拍卖、变卖，以满足债权人的金钱债权；在交付财产的执行中，执行机关直接强制解除债务人对其动产或不动产的占有，将物交给债权人，以满足债权人的物之交付请求权。

所谓间接执行，是指执行机关不直接以强制力实现给付内容，而是以拘留债务人或科处迟延履行金等不利于债务人的方法，在心理上施加压力，促使债务人自动履行。这种执行方法适用于对不可

---

① 江伟等著：《中国民事诉讼法专论》，中国政法大学出版社 1998 年版，第 256 页。

替代行为的执行。

所谓代替执行，是指执行机关命令债权人或第三人代替债务人履行债务，因履行债务所产生的一切费用由债务人负担并向债务人收取。这种执行方法适用于对可以代替履行的债务的执行。

（七）本旨执行与赔偿执行

以执行的内容为标准，可以将强制执行分为本旨执行与赔偿执行：

所谓本旨执行，是指严格按照法律文书中所确定的债务的本来意思（本旨）实施执行，使债权人实现法律文书中所确定的特定的权利。

而赔偿执行，是指在债务人不能或者法院无法强制债务人按照法律文书确定的义务内容执行时，执行法院命令债务人赔偿债权人因此而受到的损失，以代替法律文书所规定的义务的履行。强制执行一般以本旨执行为原则，以赔偿执行为例外。只有在无法按本旨执行或按本旨执行将引起更大损失时，才可以进行赔偿执行。

第二节　强制执行竞合的基本内涵

一、强制执行竞合的概念界说

竞合，从语义上说，竞者，争也；合者，符合、该当也。竞争，即争相符合，或同时该当之意。[①] 在争相符合或同时该当的情形中，争相符合者或同时该当者之间往往是相互排斥的。所以，竞合一般是指两个或两个以上的事物在某一个方面或某个点上的重合且彼此又互相排斥的一种状态。这一概念经常运用于各个法学领域，如请求权的竞合、担保物权的竞合以及犯罪竞合，等等。由于这种互相排斥的状态使得人们最终只能选择实现一种结果，所以，

① 陈兴良：《法条竞合论》，复旦大学出版社 1993 年版，第 22 页。

不管竞合发生于何种法学领域，都存在如何适用法律解决这种状态的问题。

在民事强制执行程序中，如果债务人应当履行的给付义务是单一的，并且只有一个债权人，那么，执行机关可以直接依执行根据确定的债务人的义务，对债务人的财产或行为采取强制措施，实现债权人的权利，这时不会发生竞合问题。但是，如果债务人应当履行的给付不是单一的，如债务人应当对多个债权人履行给付，或者债务人应当对同一债权人履行多个给付，这时，由于多个给付的种类和内容不同，它们之间就可能产生既互相排斥又互相重合的现象，从而使各个债权人的债权无法同时获得满足。这种民事强制执行程序中存在的既互相排斥又互相重合的现象，就称为强制执行竞合。

我国《民事诉讼法》对执行竞合没有作出明确的规定，最高人民法院《适用意见》第297条至第299条和最高人民法院《执行规定》第11部分作了一些规定，但很不完善。我国理论界对该问题的研究也不够深入，且争议很大。下面就将我国学者的观点归纳整理如下：

（一）我国台湾地区学者的观点

（1）杨与龄教授认为，所谓执行程序之竞合，就广义而言，是指对于已经开始实施强制执行的债务人的财产，他债权人再申请强制执行或声明参与分配。就狭义而言，则是指债权人对于债务人的同一财产，依给付内容不同的执行名义，同时或先后申请实施强制执行。由于在金钱请求权的执行中，对于债权人已开始实施强制执行的财产，他债权人无论有无执行名义，都可以按照我国台湾地区“强制执行法”的规定申请参与分配，不发生执行竞合问题，所以，强制执行竞合应当仅指狭义。①

（2）陈荣宗教授认为：“对于强制执行采取执行优先主义之立

① 杨与龄编著：《强制执行法论》，台湾地区三民书局2007年修正版，第348页。

法例，无论债权人之债权为金钱之请求，抑或特定物交付之请求，均得依债权人对债务人财产为执行之先后顺序，决定债权人满足其债权之顺序，不生执行竞合问题。……至于采取执行平等主义之立法例，由于执行名义之内容为交付特定标的物，另一执行名义之内容同系交付相同之特定标的物，或就该特定标的物满足金钱债权为内容之执行名义，有此情形，势必形成就债务人之某一特定标的物，无法同时满足交付特定标的物于两个债权人之现象，亦无法于同时一面满足债权人而交付特定标的物，另一面就该特定物拍卖而满足他债权人之金钱债权。此种数债权人之数执行名义，均欲就同一特定标的物为强制执行，而发生之竞合现象，学说上称为强制执行之竞合。”同时，陈教授也认为，数债权人之强制执行，如均系为满足金钱债权为目的，则可依参与分配程序解决，不发生无法同时满足债权之竞合。若债权人之强制执行系以满足金钱以外之债权为目的时，由于强制执行法所规定的参与分配制度无法适用，势必形成对同一特定财产标的物之强制执行，其金钱请求之执行与非金钱请求之执行，发生互相排斥现象。①

（3）张登科先生认为：在强制执行中，“因同一债务人有数债权人存在之情形至为常见，因此，难免发生数债权人对同一债务人之同一标的物为强制执行之情形。此种情形，称为强制执行之竞合。”“强制执行之竞合，有数执行程序具有相同之目的可以并存者。例如二个以上金钱债权之债权人，均声请对同一标的物强制执行。有数执行程序彼此目的不同，相互抵触无法并存者。例如债权人依金钱债权之执行名义对标的物执行后，另一债权人基于物之交付请求权之执行名义，请求对同一标的物强制执行。”②

（4）庄柏林先生认为：在强制执行中，“债务人应为给付之义

---

① 陈荣宗著：《强制执行法》，台湾地区三民书局 2002 年 10 月修订版，第 636 页。

② 张登科著：《强制执行法》，台湾地区三民书局 2001 年 9 月修订版，第 599 页。

务，如为单一，且仅有一个债权人之情形，固不生强制执行竞合之问题，若债务人应为给付之义务，非属单一，或该应履行义务之债务人之相对人即债权人为复数者，始有强制执行竞合之情事发生，故数债权人或同一债权人对于同一债务人，就其同一执行标的或标的物同时或先后二次以上之执行，即所谓强制执行之竞合。”①

从以上观点可以看出，我国台湾地区学者在对强制执行竞合的概念的界定及其具体涵义的理解上还是有分歧的。其分歧的焦点包括以下几个方面：

其一，强制执行竞合是否包括金钱债权之间的强制执行？在这个问题上，杨与龄教授和陈荣宗教授的观点是一致的，他们都认为在金钱请求的执行之间（包括财产保全之间、财产保全与金钱债权的终局执行之间），由于有参与分配可资援用，根本不存在竞合问题，所以，强制执行竞合只作狭义解释，即不包括参与分配。张登科先生和庄柏林先生则认为，强制执行竞合，既包括数个给付请求之间相互重合的情况，即“数执行程序具有相同之目的可以并存”，又包括数个给付请求之间相互排斥的情况，即“数执行程序彼此目的不同，相互抵触无法并存”。后者是从广义上理解强制执行竞合的。

其二，是否必须有两个或两个以上的债权人存在？或者说同一债权人针对债务人的同一财产有不同的执行根据时能否发生强制执行竞合？对此，陈荣宗教授和张登科先生都强调必须有两个或两个以上的债权人，即“数债权人”存在，这是强制执行竞合的前提；而庄柏林先生并不固守“数债权人”的标准，他认为即使是同一债权人也会发生强制执行竞合，如“不论是数债权人还是同一债权人，只要是对同一债务人，就其同一执行标的或标的物同时或先后二次以上之执行都属于强制执行竞合”。杨与龄教授也持与此相

① 庄柏林：《强制执行竞合及其效力》，载台湾地区《法令月刊》第41卷第10期《民事诉讼法论著选粹》，第129页。

同的观点，如“所谓强制执行程序之竞合，就广义言，指相同或不同之债权人对于同一债务人，就已开始实施强制执行之财产，再声请强制执行或声明参与分配而言”。①

其三，在同一执行根据中存在多个给付时，多个给付之间是否会发生强制执行竞合问题？杨与龄教授认为，债务人依同一执行名义应为两种以上之给付（如基于确定判决应交付金钱及房屋）或须实施数种执行程序（如为清偿金钱债权须就动产、不动产或金钱债权实施三种执行程序）的，不属于强制执行竞合。同上，陈荣宗教授也认为发生强制执行竞合时，应有“数执行名义”存在。

（二）我国大陆学者的观点

（1）有的学者认为，“执行竞合是指多数执行权利人同时或先后以其不同的执行根据，对同一执行义务人的特定财产，请求法院予以保全执行和强制执行，但因各申请执行权利人的执行根据是针对同一特定财产的，故相互之间产生排斥不能使各执行权利人获得满足的一种状态。”② 从文字表述上看，这一观点似乎是将执行竞合限定于保全执行和终局执行之间的竞合，但并没有将金钱债权之间的执行排除在执行竞合之外。

（2）有的学者认为，“在民事执行中，多数债权人同时或先后以其不同的执行根据，对同一债务人的特定财产，请求法院为强制执行。由于各债权人执行根据的种类和内容不同，导致各债权人的执行无法同时获得满足，这种现象就是执行竞合。”“在强制执行程序中，各债权人的强制执行，并不全部以满足金钱请求为目的……因此，对同一债务人的同一特定财产进行强制执行时，债权人金钱请求的执行根据必然与非金钱请求的执行根据发生竞合现

① 杨与龄著：《论强制执行程序之竞合》，载台湾地区《法令月刊》第37卷第3期，第3页。

② 常怡主编：《强制执行理论与实务》，重庆出版社1990年版，第132页。

象，而在金钱请求的执行之间不会发生竞合问题。”[①] 此观点与前一观点的不同之处在于没有作出保全执行和终局执行的限定，并且将金钱请求的执行排除在执行竞合之外。相同之处有二：其一，执行竞合必须有多数债权人存在；其二，必须有不同的执行根据。

（3）有的学者认为，执行竞合分为两种形态：金钱债权的执行与特定物交付请求权执行的竞合及特定物交付请求权执行之间的竞合。金钱债权的执行之间则不会发生执行竞合。因为，在债务人的资产能偿付或履行多个债权人的金钱债权时，只需逐个清偿即可；如果债务人的资产不足以偿付或履行多个债权人的债权时，可进入参与分配程序予以解决。所以，由于金钱债权之间的同质性，无论债务人的财产能否偿还所有债权人的金钱债权，都不会发生执行竞合现象。[②] 这一观点与第二种观点一样，都认为金钱债权的执行之间不发生执行竞合，但并没有给执行竞合下一个确切的定义。

（4）有的学者认为，执行竞合有广义与狭义之分。就广义而言，是指相同或不同的债权人对于同一债务人，就已开始实施民事执行的财产，再申请执行或申请参与分配，以实现自己的私权。就狭义而言，则是指相同或不同的债权人对于同一债务人，依数个执行名义，就同一执行标的，同时或先后申请实施民事执行，以实现自己的私权。也就是说，广义的执行竞合包括参与分配，狭义的执行竞合不包括参与分配。[③]

（5）有的学者认为，“强制执行竞合是指两个或两个以上的执行权利人基于不同的执行根据，同时或先后请求法院强制执行义务人的同一财产，而相互请求之间产生排斥，不能使各个执行权利人

---

① 江伟主编：《中国民事诉讼法专论》，中国政法大学出版社 1998 年版，第 297 页。

② 江伟、肖建国：《民事执行制度若干问题的探讨》，载《中国法学》1995 年第 1 期。

③ 谭秋桂著：《民事执行原理研究》，中国法制出版社 2001 年版，第 325 页。

的权利同时获得满足的一种状态。"①

(6) 有的学者认为，"执行竞合是数个有给付内容的生效法律文书的执行标的及于同一人的财产而执行标的又不能同时获得满足的现象。"②

由此可见，我国大陆学者对于强制执行竞合的具体涵义的理解也是有所不同的。首先，金钱债权之间的强制执行是否构成强制执行竞合的问题，有的学者从狭义上界定执行竞合的概念，认为金钱债权之间的强制执行不会发生执行竞合问题；有的学者则从广义上理解（如上面所列的第6种观点），还有的学者认为应当从广义和狭义两方面来界定。其次，同一债权人针对同一债务人的特定财产有多个执行根据，能否发生强制执行竞合问题，对此，大多数学者都认为强制执行竞合现象的发生，必须有多个债权人存在，而谭秋桂博士则认为执行竞合不一定要有两个以上的债权人存在。因为对同一债权人也会发生执行竞合，执行名义的竞合就是债权人为单一主体的执行竞合的典型例子。只是，债权人为单一主体的执行竞合无论如何处理都不会影响其他主体的合法权益，所以比较容易解决。③ 最后，对于在同一执行根据中存在多个给付时，各个给付之间能否发生执行竞合，在这个问题上，学者们的看法几乎是一致的，即认为执行竞合的发生应当有数个不同的执行根据。

学者们对于强制执行竞合的概念和内涵的不同理解和界定，以及对此存在的诸多分歧，说明强制执行竞合本身确实是一个具有多方面、多层次涵义的概念。一般来说，对强制执行竞合的概念，可以从广义和狭义两个方面把握：广义上的强制执行竞合，是指在民事强制执行程序中，两个或两个以上的债权人同时或先后依不同的

---

① 许维中：《强制竞合问题研究》，载《法制与社会发展》1999年第1期。

② 曾洁：《试论执行竞合》，载《诉讼法理论与实践》，中国政法大学出版社1997年10月版，第551页。

③ 谭秋桂著：《民事执行原理研究》，中国法制出版社2001年版，第327页。

执行根据，对同一债务人的特定财产，申请法院强制执行；狭义上的强制执行竞合，是指两个或两个以上的债权人同时或先后依不同的执行根据，对同一债务人的特定财产申请强制执行，由于各债权人的请求之间互相排斥，各个债权人的权利难以同时获得满足的一种状态。

笔者认为，强制执行竞合，是指在民事强制执行程序中，两个或两个以上的债权人同时或先后依不同的执行根据，对同一债务人的特定财产，申请法院强制执行而产生的各债权人的请求之间相互重合或排斥的状态。

这里有两点需要说明：首先，在本书中，笔者是从广义上来研究民事强制执行竞合的。也就是说，民事强制执行竞合应当包含金钱请求权之间的执行在内。其理由有二：（1）尽管金钱债权具有同质性并可以分割，但对数个不同执行根据的强制执行之间所产生的排斥和重合并不会因此而消失。例如，A法院判令甲向乙归还欠款5000元，B法院又判令甲向丙承担侵权损害赔偿金3000元，如果乙和丙分别以A、B两法院的生效判决为执行根据，对甲的某一特定财产申请强制执行，则构成了强制执行竞合。（2）尽管金钱债权执行之间的竞合可以依据参与分配程序予以解决，但是，参与分配也只是处理金钱债权执行之间的竞合的一种方法，并不能因此而否定金钱债权执行竞合的性质。其次，由于参与分配的适用条件和解决方法的特殊性，笔者在书中另设专章对其进行探讨。

二、强制执行竞合的构成要件

通常认为，强制执行竞合只存在于特殊的执行程序当中。在破产程序中，虽有多个债权人存在，但各债权人的债权都能转换为金钱，其受偿按债权额比例公平分配，不会发生多个强制执行相互竞合、排斥的问题。因此，并非所有的债务人应为多个给付的情形都构成强制执行竞合，强制执行竞合须具备一定的条件，这些条件成为执行竞合的构成要件。

在强制执行过程中，强制执行竞合的构成要件具体包括以下几个方面：

（一）存在两个或两个以上的债权人

执行竞合的产生须存在两个或两个以上的执行权利人。如果只有单一的执行权利人，即使他依据数个执行根据请求对同一特定财产进行执行，由于不发生各请求权间的排斥，即便数个请求不能同时获得满足，但绝不会产生自体相互排斥的状态，所以，当然不会发生强制执行程序的竞合。可见，执行竞合的发生只能基于复数权利人的请求。

（二）存在两个或两个以上的执行根据

执行竞合的产生须存在两个或两个以上的执行根据。执行根据是表示存在一定的实体权利，同时确定该权利的种类和范围，并表明可以由执行机关强制执行的生效法律文书。执行根据具体可以是人民法院的判决书、裁定书、调解书或支付令，也可以是仲裁裁决、公证债权文书等。拥有多项权利的执行权利人基于同一法律文书对同一义务人的财产请求法院强制执行，不存在请求之间的排斥，即便这时请求不能得到完全满足，也不会发生执行竞合。

（三）债务人应为两个或两个以上的给付

执行竞合的产生须债务人应为两个或两个以上的给付。只有存在两个或两个以上的给付，才可能发生不同给付之间相互排斥和重合的现象，如果债务人应履行的给付义务为单一的，则不可能发生强制执行的竞合。

（四）以债务人的同一财产作为执行标的

只有当多个债权人针对债务人的同一财产提出数个执行请求时，才可能发生执行竞合。如果数个债权人对同一债务人申请强制执行，但执行标的互不牵连，各债权人的债权都能通过执行得到满足，自然不会发生执行竞合。所以，只有数个债权人申请执行的内容不相同，且均指向债务人的同一特定财产时，才会发生执行竞合。

（五）同时或先后提出给付请求

执行竞合问题的发生须具备一定的时间条件，即数个执行须能够发生在同一时期。这里的同一时期，指的是同一段时间内，在此段时间内，可以同时也可以先后参加执行。一般而言，数个执行须处于正在进行且尚未执行终结之时。未进入执行程序的执行根据无法形成对执行义务人的权利请求，也就不可能与其他执行权利人的请求发生排斥现象。而某个执行已经结束，权利请求已得到满足，自然也不会与后来申请执行的权利人请求发生排斥。

综上所述，强制执行竞合的最大特点就是：多个债权人就同一债务人的特定财产提出多种给付所造成的各给付之间的相互排斥与重合。债务人的特定财产，既然只能满足债权人中一人或数人的强制执行，那么，其他债权人的强制执行必然受到排斥。在这种情况下，法院应当如何处理？这正是本书后面章节所要着重探讨的问题。

第三节　强制执行竞合与相关概念辨析

一、强制执行竞合与执行根据竞合

执行根据，就是执行机关据以执行的法律文书。根据《民事诉讼法》第216条至第218条的规定以及第267条至第269条的规定，作为执行根据的法律文书主要有以下几类：（1）人民法院制作的法律文书，包括生效的判决书、裁定书、调解书、支付令、财产保全裁定书和生效的具有财产执行内容的刑事判决书、裁决书以及人民法院制作的承认并执行外国法院判决和仲裁机构裁决的裁定书；（2）其他机关制作的依法应由人民法院执行的法律文书，包括仲裁机关作出的生效的仲裁裁决书和调解书、公证机关制作的依法赋予强制执行效力的债权文书及行政机关制作的依法应由人民法院执行的决定书。所谓执行根据的竞合，是指债权人对债务人同一给付请求权，有数个执行根据。例如，对债务人同一金钱债权，债权人有依法可强制执行的公证债权文书作为执行根据，但又通过提起诉讼取得了确定的终局判决作为执行根据。这样，该债权人就存在两个执行根据。

从执行根据竞合的产生情形看，有合法产生与不合法产生之分。前者如债权人既有依法可执行的公证债权文书，又取得了确定的终局判决的情形，由于该公证债权文书仅有执行力而无既判力，所以，在债务人有疑义时，债权人如果就同一金钱债权向人民法院提起给付之诉，并不违反"一事不再理"原则；后者如债权人就同一金钱债权先在甲法院取得了确定的终局判决，后又在乙法院取得了一个新的确定判决的情况。法院作出的给付判决既有执行力又有既判力，所以，后诉法院的行为违反了"一事不再理"的原则，其执行根据属于不合法产生。数个执行根据，不论是否合法产生，从理论上说，均应具有执行力。这时，债权人可自行决定依其中一个执行根据向人民法院申请强制执行，也可以依多个执行根据向人民法院申请强制执行。

由此可见，执行根据的竞合与强制执行程序竞合是两个不同的概念。① 两者主要有以下区别：

1. 对债权人是否为多数的要求不同

在发生执行根据竞合的情况下，债权人一般是单一的主体，不存在两个或两个以上的债权人。而强制执行竞合，则要求必须有两个或两个以上的债权人存在。如果债权人是单一的，即使有若干个执行根据，且是对债务人的同一执行标的物进行执行，虽然可能无

① 对此，我国有的学者认为执行根据的竞合也应属于强制执行竞合的范畴。例如，谭秋桂博士认为，在强制执行竞合中，"两个或两个以上的给付"应是形式上的，并不一定是实质上的，如同一债权人以同一请求权取得两个或两个以上的执行名义，尽管其中的给付从实质上说是同一的，但因其形式上是两个或两个以上的给付，所以应视为已构成执行竞合（参见谭秋桂著：《民事执行原理研究》，中国法制出版社2001年版，第326页）。

法满足债权人的要求，但是，这时所涉及的只是债务人的履行能力问题，对债权人来说并不发生执行请求权互相排斥的状态，因此，也就不会发生强制执行的竞合。

2. 对请求权是否是同一的要求不同

执行根据的竞合是基于债权人对债务人的同一实体上请求权而发生的。具体地说，发生执行根据的竞合时，有两种情形：一是债权人对债务人的同一实体上请求权有两个或两个以上同种类的执行根据，如对同一案件，因两个法院分别受理并分别作出生效判决，就产生了执行根据的竞合；二是债权人对债务人的同一实体上请求权有两个或两个以上不同种类的执行根据，如债权人获得了经公证机关赋予强制执行效力的公证债权文书后，又向法院起诉并得到法院的确定判决，这时，也产生了执行根据的竞合。以上两种情形，都要求必须是针对同一实体请求权。如果是对不同的实体请求权，即使是同一债权人对同一债务人有多个执行根据，也不属于执行根据的竞合。与此相比，强制执行的竞合则不要求多个执行根据必须是针对同一实体上的请求权，只要执行对象是债务人的同一财产或特定财产，那么，即使是基于不同的实体请求权产生的执行根据，仍然会发生强制执行的竞合问题。

3. 解决两种竞合的要求和方法不同

执行根据的竞合是债权人就同一债权，取得多个执行根据，在这种情况下，新、旧执行根据的效力如何解决，就成为问题之所在。由于执行根据发生竞合时，其执行力并不当然丧失，所以，在实践中应当分情况予以处理。一般来说，同种类的执行根据竞合时，应当由两个或两个以上制作执行根据的机关的共同上级机关确定有权管辖的机关，然后执行有权管辖的机关制作的执行根据；不同种类的执行根据发生竞合时，应执行先申请执行的执行根据，但债务人可以对强制执行提出异议。而强制执行程序的竞合则是指两个或两个以上的债权人，依数个不同的执行根据，就债务人的同一财产同时或先后向法院申请强制执行，在这种情形下，何种债权人的强制执行具有排斥其他债权人的效力，是需要探讨的问题。

有学者认为，执行根据的竞合就是强制执行的竞合，并且将执行根据的竞合分为在事上的竞合和在物上的竞合两种情况。前者是指就同一实体上的请求权，存在有两个以上的执行根据，后者是指两个或两个以上的执行根据均以同一物为执行标的，由于不能同时满足数个执行根据的不同执行要求，执行根据发生互相排斥而发生强制执行的竞合。① 对此，笔者认为，从执行根据的竞合的概念上看，只有在事上的竞合才符合执行根据竞合的特征，而在物上的竞合由于并非是针对同一请求权，所以，无论存在几个执行根据，也不能构成执行根据的竞合。

二、强制执行竞合与强制执行顺序

强制执行顺序，是指人民法院在执行个案过程中，强制执行义务主体的顺序以及分割财产和清偿权利主体的顺序。根据我国法律、法规及有关政策的规定，强制执行顺序包括以下内容：

（一）执行义务主体的顺序

如果执行义务主体为多个，并且在执行根据中没有确定顺位或确定顺位不明的，可做如下排列：

1．第一顺序被执行人

可划分为7类：（1）生效法律文书确定的应当首先履行义务的债务人；（2）生效法律文书中确定的对主债务人的债务承担连带责任的债务人；（3）对主债务人的债务负有连带责任的保证人；（4）对主债务人的债务负有因保证方式没有约定或约定不明而推定为承担连带责任的保证人；（5）法定的互负连带责任的主体；（6）前五种被执行人的权利、义务承受人；（7）主债务人的财产管理人。

① 孙加瑞著：《中国强制执行制度概论》，中国民主法制出版社1999年12月版，第172页。

2. 第二顺序被执行人

可划分为3类：（1）生效法律文书确定的对主债务人的债务负有担保责任的保证人；（2）执行程序中为被执行人的债务提供一般担保的保证人；（3）对被执行人的债务负有某种过错责任或牵连关系的主体。

3. 第三顺序被执行人

可划分为两类：（1）被执行人到期债权的债务人；（2）对债权人负有赔偿责任的协助执行主体。[①]

（二）分割财产和清偿权利主体的顺序

在执行程序中，通过执行得到的财产，通常可以按以下顺序进行分割和清偿：（1）应分割出去的非用于清偿的财产，包括在执行中，物权所有人主张所有权的执行标的物、被执行人及其所扶养家属的生活必需费用和生活必需品、被执行人对其债权人享有的可与其对债权人负有的义务相抵消的到期债权、被执行人欠付其职工工资、职工安置费、劳动保险费、工伤赔偿费以及被执行人欠付国家的税款和诉讼、执行等费用；（2）用以优先处理的财产，包括在被执行人财产上设定的，债权人有留置权、抵押权、质权的财产，债权人有船舶优先权的财产，债权人有航空器优先权的财产，以及债权人有建筑承包优先权、法定抵消权、优先受让权和优先受益权的财产；（3）用以清偿债权的财产，是指经过前面的分割、处理后剩余的财产。

由以上观之，强制执行顺序和强制执行竞合是两个不同的概念。强制执行顺序是指解决在执行个案的过程中，人民法院先执行哪个义务主体，后执行哪个义务主体，以及先清偿哪个权利主体，后清偿哪个权利主体的问题，所表现的是依据实体法关系确定被执行人的顺序和分割财产、清偿权利主体的顺序。而强制执行竞合则

① 沈德咏主编：《强制执行法起草与论证》（第一册），中国法制出版社2002年3月版，第240页。

是指在执行程序中，多个债权人对同一债务人的特定财产请求多个给付所引起的多个给付的执行之间互相重合、互相排斥的现象。强制执行顺序的内容包括两个方面，即强制执行义务主体为多个和强制执行权利主体为多个的情形。在存在多个债务人的情况下对被执行人的顺序的确定，并不是强制执行竞合所涉及的范畴，所以，强制执行顺序并不是（或者说不完全是）为了解决强制执行竞合问题而设立的。但是，两者之间也存在一定的联系。由于强制执行竞合现象的发生根源于强制执行顺序问题，如在强制执行顺序中，对用以清偿债权的财产，是按优先主义清偿还是按平等主义清偿的问题，所以，对强制执行竞合现象的探讨和解决，当然离不开强制执行的排列顺序，尽管这些排列顺序并不必然导致强制执行竞合的发生。

三、强制执行竞合与强制执行程序的合并

强制执行程序的合并，也叫合并执行，我国实务中一般称之为并案执行。合并执行，是指将数个相互独立的对同一被执行人的案件合并为一个案件执行。①

对于合并执行，我国台湾地区“强制执行法”第 33 条作了明确的规定。按照这一规定，合并执行，是指对于已经开始实施强制执行的债务人的财产，其他债权人再申请强制执行的，应当合并其执行程序的情形。合并执行的立法理由有二：其一，对于已经开始实施强制执行的债务人的财产，其他债权人再申请强制执行的，即使是执行程序不同，法院也没有理由加以禁止，所以，在这种情况下不能规定其他债权人不得申请强制执行；其二，其他债权人对于已开始强制执行的债务人的财产再申请强制执行的，从理论上说应当属于强制执行的参加，其执行程序应合并办理，并就合并执行所

① 孙加瑞著：《中国强制执行制度概论》，中国民主法制出版社 1999 年 12 月版，第 387 页。

得金额，比照分配程序予以处理。但是，由于合并执行与参与分配有所不同，所以，不能称作“视为参与分配”。①

我国最高人民法院《适用意见》第 282 条的规定和最高人民法院《执行规定》第 88 条的规定，虽然并没有明确提出合并执行的问题，但是，由于在适用上述规定进行分配时，法院只能在合并案件的前提下进行，所以，上述条文实际上确立了合并执行的方式。

1. 合并执行的构成要件

根据法律规定，合并执行须具备以下几个方面的要件：

（1）必须有对同一债务人的两个或两个以上债权人。在合并执行中，对双方当事人有数量上的要求，即债务人只能有一个，而债权人则必须有两个以上，且两个或两个以上的债权人共同针对一个债务人申请执行。如果债务人不是同一的而是有两个以上，客观上不能合并执行和分配。

此外，从执行实务中看，还有两点要求：其一，必须有两个以上的不同的债权人。如果两个以上的债权人是同一公民、法人或者其他组织，对同一债务人申请执行两份以上生效的法律文书，虽然可以合并其执行程序，但是不需要并案分配，只需要将两个以上执行案件的执行所得的财产清偿同一债权人即完成了执行。对于只有一个执行根据，而有两个以上债权人的，如果两个以上的债权人一并申请执行，执行法院作为一个案件立案执行的，不需要并案分配，实践中对此一般称为本案分配。② 如果两个以上的债权人分别申请执行，执行法院分别立案的，则应当合并执行。其二，必须是两个以上债权人已提出执行申请并已经由执行法院受理。如果在两个以上的债权人中，其中一个债权人的执行申请未被法院接受，或

---

① 刘清景主编：《强制执行法实务全览》，台湾地区学知出版社 2001 年 5 月版，第 184 页。

② 金永熙著：《法院执行实务新论》，人民法院出版社 2000 年版，第 172 页。

者未提出执行申请，就不存在合并执行问题。当然，对于法律文书未生效的债权人来说，此时其可以申请参与分配。

（2）必须是有金钱给付内容的执行案件。强制执行按执行根据确定的内容来划分，可分为金钱给付的执行、物之交付的执行和行为的执行三类，其中，物之交付和行为的执行中，两个以上的债权人之间通常不存在共同分配的问题，所以，合并执行中只有各债权人的债权都属于金钱给付内容，才有可能进行分配。如果其中一个执行根据不是以金钱给付为执行内容的，那么，即使是执行标的物相同，也无法就卖得价金实施分配。

但是，如果物之交付的执行或行为的执行转化为金钱给付的执行时，该案件可以与其他金钱给付案件合并执行。

（3）债务人的财产不能清偿所有债权人的债权。如果债务人的财产足以清偿各债权人债权的，各个强制执行案件可以单独进行，也可以合并执行，但无须并案分配。

（4）必须在前面的债权人的执行程序已经开始而且债务人的财产尚未清偿之前，向法院提出执行申请。如果先申请的债权人的强制执行程序还未开始，那么，后申请的强制执行程序就无法与其进行合并；如果执行法院已经将执行所得的财产清偿给申请人，那么，其他债权人再提出执行申请，也无法合并执行和分配。

2. 合并执行的内容

合并执行由两个部分组成，即并案执行和并案分配。并案执行是并案分配的前提。

（1）并案执行。在执行过程中，如果有多份生效法律文书确定的金钱给付的债权人对同一债务人申请强制执行时，一般应当先并案执行，在此基础上再进行并案分配。

并案执行有三种情况：第一，当数个执行案件分别由不同的执行法院受理时，如发现应当并案执行的，应当将案件委托给债务人住所地、被执行财产所在地的法院或者最先采取查封、扣押、冻结等执行措施的法院并案执行。第二，如果数个应并案执行的案件由同一法院的不同法庭受理，应当移交给一个法庭并案执行。一般情况下，如果某个法庭已经采取执行措施的，应移交给该庭并案执行，但多数法院都规定移交给本院执行庭并案执行。第三，数个执行案件是由同一个庭的不同执行人员办理时，则合并由一个执行员单独办理或由数个执行员共同办理，将该数个执行案件在一个执行程序中一并解决。

并案执行可以由执行法院依申请决定，也可以依职权决定。对债务人的部分财产采取执行措施后，其他申请执行的债权人发现债务人已无其他财产可供执行，或剩余财产不足清偿自己的债权时，可以申请并案执行；执行法院发现债务人已无其他财产可供执行或其他债权人对已采取执行措施的财产请求执行时，也可以依职权决定并案执行。

（2）并案分配。数个案件并案执行后，债务人的财产不能满足所有债权人的清偿要求时，在这种情况下，如何分配执行所得的财产，是并案分配要解决的问题。根据《民事诉讼法》、最高人民法院《适用意见》、《担保法》及最高人民法院《执行规定》的有关规定，在分配中，具体有以下两点要求：

第一，申请人基于所有权而享有的债权和基于担保物权而享有的债权优先于其他金钱债权受偿。值得注意的是：当基于所有权的债权和基于担保物权的债权同时存在，且执行所得的财产不足以清偿总债务时，是基于所有权的债权优先受偿，还是基于担保物权的债权优先受偿？这个问题理论界有不同的认识，有的人认为，基于所有权而享有债权就该财产而言属于原始债权，而基于担保物权的债权不能以所有权的债权为代价优先受偿。所以，应当由基于所有权的债权优先受偿；也有的人认为，担保物权的债权与该财产直接存在担保关系，不能以所有权的债权对抗担保物权的债权，所以，应当由基于担保物权的债权优先受偿。而在实践中，对此种情况则大多按债权额的比例进行分配。另外，如果被执行的财产上设立了多个担保物权的，应当如何进行分配？按最高人民法院《执行规定》的意见，应当按照各担保物权成立的先后顺序清偿，即成立在先的担保物权的债权优先受偿。同时，根据《担保法》第54条的规定，同一财产向两个以上债权人抵押的，其清偿分配原则有以下几种：①按抵押登记先后顺序清偿。这一原则适用于两种情况：一是抵押合同以登记生效，且多个抵押合同的同一抵押物都已登记的；二是抵押合同自签订之日起生效，抵押物可登记也可不登记，但多个抵押合同的同一抵押物均已登记的。②按合同生效时间先后顺序清偿。这一原则适用于抵押合同自签订之日起生效，抵押物可登记也可不登记，但多个抵押合同的同一抵押物均未登记的。③按债权比例清偿。这一原则适用于三种情况：一是抵押合同以登记生效，抵押物登记顺序相同的；二是抵押合同自签订之日起生效，抵押物已登记，登记顺序相同的；三是抵押合同自签订之日起生效，抵押物可登记也可不登记而未登记，合同生效时间的顺序相同的。④已登记优先于未登记受偿。抵押物可登记也可不登记的，抵押合同自签订之日生效，在这种情况下，抵押物已登记的优先于未登记的受偿。

第二，各债权人对执行标的物均无担保物权的，按照执行法院采取执行措施的先后顺序受偿。① 这一原则适用于各个债权人对执行标的物均无担保物权也无所有权或其他优先受偿权的债权，即在此情况下，执行法院就哪个案件首先采取执行措施，哪个案件的申请人就有优先受偿权。

3. 强制执行竞合与合并执行的异同

由以上的论述可见，强制执行程序的合并与强制执行竞合既有重合之处，也有明显的区别。两者的重合之处在于：强制执行程序的合并实施的前提是发生了执行竞合，强制执行程序合并是解决金钱债权的执行之间的竞合问题的一种方式，所以说，有强制执行竞合的存在，才有强制执行程序的合并；两者的区别是：强制执行竞

① 最高人民法院《执行规定》第88条第1款规定。

合不仅包括金钱债权执行之间的竞合，而且还包括金钱债权的执行与特定物交付请求权执行的竞合及特定物交付请求权执行之间的竞合，而合并执行只不过是解决金钱债权执行竞合的一种方式，所以，两者无论是在概念的内涵上还是外延上都截然不同。

四、强制执行竞合与参与分配

参与分配，是指在强制执行程序中，申请执行人以外的对同一债务人的其他债权人，因债务人的财产不足以清偿各债权人的全部债权，申请加入已经开始的强制执行程序，并将执行所得对各债权人公平清偿的一种执行制度。

根据法律规定，我国的参与分配制度具有以下几个特征：

（1）已进入强制执行的案件和申请参与分配的案件都必须有金钱给付内容。

（2）必须有两个以上的债权人提出申请。如果是法人，不能适用参与分配制度，如果只有一个债权人或只有一个债权人请求清偿，则只需以执行所得清偿债权人即可。

（3）只有一个债务人。如果是多个债权人有多个债务人，或者一个债权人对多个债务人，在一般情况下不会发生参与分配问题。

（4）必须在强制执行开始后，被执行人的财产清偿前提出申请。

（5）被查封、扣押、冻结的被执行人的全部或主要财产不足以清偿全部债务或者虽有其他财产但不足以清偿全部债务。如果被执行人的财产足够清偿债务，他债权人应当另行申请强制执行，而不能申请参与分配。

参与分配与合并执行有许多相同之处，如都适用于金钱给付案件，都有多个债权人存在，被执行人的财产不足以清偿所有债务等，但两者在以下方面有所区别：其一，参与分配的根据不一定都是生效的法律文书，他债权人可以根据已经起诉的证明或者物权担保合同以及有关材料作为根据申请参与分配，而合并执行必须有生效法律文书作为执行根据；其二，参与分配的申请人未提出执行申请或无法提出执行申请，而合并执行的债权人都已经提出了执行申请；其三，参与分配的申请必须在人民法院已经对被执行人的全部或主要财产采取强制措施后至清偿前提出，而合并执行中的债权人申请执行的时间是从生效法律文书确定的履行期届满至被执行财产清偿前提出。

由以上特征可以看出，参与分配制度作为一项强制执行制度，完全符合强制执行竞合的构成要件，它是强制执行竞合的一种表现形式，同时也是解决强制执行竞合中金钱债权执行之间竞合问题的一种方法。

第四节 强制执行竞合的研究价值

我国现行法律及司法解释并没有强制执行竞合的概念（只有参与分配的概念及解决办法），也没有关于强制执行竞合的系统理论，但强制执行竞合却又是司法实践中经常要遇到的问题，在司法实践上的处理方法又比较混乱。所以研究强制执行竞合既有理论意义，又对司法实践有重要的指导意义。

一、强制执行竞合的理论研究价值

由于在强制执行的过程中，经常会发生多个债权人同时或先后以不同的执行根据，对同一债务人的特定财产请求强制执行的现象，因此，强制执行竞合是民事执行法律领域一个重要且不容回避的问题。在实践中不断提升理论命题，这是马克思主义理论观和实践观的基本要求，“从一定意义上说，历史实践就是把思维活动统一于感性活动的过程，实践活动本身就是一个在实践发展中才能不断实现它的理论规定的活动”。①

在大陆法系国家和地区，学者们在强制执行的有关学术著作中往往把强制执行竞合的解决方案上升到强制执行法基本原则的高度。例如，我国台湾地区学者在研究金钱债权的强制执行问题时，根据其强制执行方法为标准而在理论上归纳出三种立法主义，即优先清偿主义、平等清偿主义和团体优先主义；根据执行中查封物是否可以重复查封为标准，分为再查封主义与不再查封主义；根据执行标的物在拍卖时，如何处理标的物上的担保物权等负担为标准，分为承受主义、涂销主义和剩余主义。② 从某种意义上说，上述主义都是针对强制执行竞合问题的理论命题，但我国台湾地区学者一般将其直接作为强制执行法的立法原则来对待。这说明，强制执行竞合所涉及的理论问题，对于强制执行法的立法是具有重要的指导意义的。

当前，我国理论界对强制执行竞合问题进行研究的系统性、深度上有欠缺，对实践中出现的执行竞合问题的关切程度还不够，而我国目前正在紧锣密鼓地制定强制执行法典，缺乏理论指导的立法我们很难相信其会是一部科学的法律。因此，针对我国强制执行实践中出现的问题，在借鉴各国理论、立法和执行实践中的经验的基础上，深入研究强制执行竞合方面的基础理论问题，对于不断丰富和完善我国强制执行法学理论乃至整个民事程序法学理论，具有非常重要的研究价值和意义。

二、研究强制执行竞合的实践意义

（一）强制执行实践中“执行难”、“执行乱”的问题

强制执行竞合理论的研究，对于强制执行实践中的种种难题具

① 殷明耀：《实践唯物主义视野中的理论与实践关系三题》，载《广州大学学报》（哲社版）2007 年第 8 期。

② 参见杨与龄编著：《强制执行法论》，台湾地区三民书局 2007 年修正版，第 24 ~ 27 页。

有重要的理论指导意义。理论指导实践实质上就是理论说服人，而说服人在本质上就是要改变人的思维活动。马克思在《〈黑格尔法哲学批判〉导言》中说，“批判的武器当然不能代替武器的批判，物质力量只能用物质力量来摧毁；但是理论一经掌握群众，也会变成物质力量。理论只要说服人，就能掌握群众；而理论只要彻底，就能说服人。所谓彻底，就是抓住事物的根本。”①

在我国强制执行实践中，最大的问题就是“执行难”的问题。自20世纪80年代开始，我国就已经出现了所谓的“执行难”的问题，直到目前仍没有得到根本的解决。何谓“执行难”？不同的人有不同的理解。有人认为，“执行难”主要表现为大量生效的判决、裁定和其他法律文书得不到顺利正常的执行②——这种观点显然是从法院强制执行结案率的角度来看待“执行难”问题的。有人则从法院执行工作遇到的困难和阻力的角度来看待“执行难”问题，如中共最高人民法院党组在向中共中央所作《关于解决人民法院“执行难”问题的报告》中，将“执行难”概括为“四难”，即“被执行人难找，执行财产难寻，协助执行人难求，应执行财产难动”。也有人认为“执行难”有广义和狭义之分：狭义的“执行难”是指执行员在执行个案中，因某种来自于内部或外部的非法对抗执行行为，而使其不能实施执行行为或实施的执行行为不能继续进行的执行过程。其外延不胜枚举，可以概括为《关于解决人民法院“执行难”问题的报告》中的“四难”。而社会上通常所谓的“执行难”，则是广义上的“执行难”。所谓广义上的“执行难”，是指人民法院在执行程序中，因受到社会、政治、经济、舆论等诸多方面的非法干预和影响，而使其组织实施执行措施不能或实施的执行措施失去功效，致使执行当事人的合法权益受到损

① 《马克思恩格斯全集》第1卷，人民出版社1995年版，第9页。

② 参见齐树洁：《民事司法改革研究》，厦门大学出版社2000年版，第245页。

害、执行秩序遭到破坏的司法过程。①

由于偏离了本书研究的目标，本书无意对“执行难”作更多的评介。但是，对人民法院或其他机构已经生效的法律文书，由于各种障碍因素的存在，无法实现或难以实现的现象却是一个长期以来一直客观存在的，即使法院和政府采取了一定的举措，但这一现象一直没有得到根本性解决也是一个不争的事实。② 那么，是什么原因导致“执行难”呢？以中共最高人民法院党组在向中共中央所作《关于解决人民法院“执行难”问题的报告》中所列举的“执行难”及其原因来看，主要包括以下情形：

第一，被执行人难找。表现为：在案件进入执行程序后，有执行义务的被执行人故意躲避人民法院的传唤，有的拒绝接受法院的执行通知书，有的举家迁移、隐姓埋名、长期下落不明，致使法院难以找到被执行人。

第二，执行财产难寻。表现为：被执行人多头开户，提供给法院的账户多是无钱户头，真正有钱的账号已经被转移，使法院难以查封，或被执行人与他人恶意串通，搞假破产、假抵押或假转让，

---

① 参见最高人民法院执行工作办公室：《“执行难”新议》，载《人民司法》2001年第5期。

② 1986年以前，当事人对生效的法律文书的自觉履行率为70%，之后逐年下降，到了1996年，10年间债权人的申请执行率已上升到70%以上。据最高人民法院统计，截至1999年6月，全国法院共积存未执行案件85万件，标的金额总计2590亿元。面对如此严峻的形势，1999年1月7日，中共最高人民法院党组向中共中央作了《关于解决人民法院“执行难”问题的报告》；同年7月7日，中共中央发出了著名的《中共中央关于转发〈中共最高人民法院党组关于解决人民法院“执行难”问题的报告〉的通知》（中发［1999］11号）；随后，中央纪委、国家监察部下发了《关于严肃查处解决“执行难”工作中违法违纪问题的通知》（中纪发［1999］17号）；2002年，“切实解决‘执行难’问题”被写进了党的十六大报告中；2005年，中央政法委下发《中共中央政法委关于切实解决人民法院“执行难”问题的通知》（中央政法委［2005］52号），通知明确提出“要建立国家执行威慑机制”。即便如此多的举措，截至2004年底，该年度未执结的案件仍有360447件，未执结的案件占收案数量的15%左右（参见最高人民法院《强制执行指导与参考》2004年第4辑，第169～170页）。

签订假经济合同借以转移或逃避债务。

第三，协助执行人难求。表现为：具有法定协助执行义务的单位和个人不履行义务、不配合、不协助，甚至为被执行人通风报信，帮助其隐匿、转移财产，或对法院已经查封、扣押的财产进行转移，或重复查封、扣押。

第四，应执行财产难动。表现为：被执行人目无国法，视执行为儿戏，肆意撕毁法院的查封令、扣押令，擅自处置应执行的财产，暴力抗拒执行，殴打、围攻、非法关押执行人员，这是抗拒执行的极端表现。

在“执行难”的问题还没有得到有效解决的情况下，执行实践中又出现了“执行乱”的现象，反过来又加剧了“执行难”的难度。所谓“执行乱”，主要是指违法执行的情况，包括社会上的违法执行和法院的违法执行两个方面：（1）社会上出现的违法性民事强制执行的各种现象，主要是因各类经济合同纠纷引起的。当民事诉讼审结后，民事执行一时难以兑现或者不通过法律程序“私了”不成时，便出现了社会上非法的民事强制执行。例如，将债务人一方的人员抓起来做“人质”，逼对方还债，私自纠集一帮人，强行拿走债务人及其亲属的财物，强行抢占债务人一方的房屋，甚至任意侵犯、破坏公民的住宅，搬走其家中的生产资料和生活资料；债权人出钱收买一帮打手，残酷地殴打债务人及其亲属，甚至将人打死、打伤、打残。（2）法院内部出现的违法性强制执行主要表现是：个别法院在民事执行工作中碰到阻力时，便以拘捕“人质”促执行；某些法院在民事执行过程中，不是按生效法律文书确定的义务人的财产执行，而是随意变更被执行人；法院违背生效法律文书的规定，任意扣押案外人的财产；滥用财产保全和先予执行强制措施。此外，有的法院在采用以物抵债或变卖当事人财产的过程中，作价不公正、不合理。有的执行人员方法简单，作风蛮横，等等。[①]

2007年10月，全国人大常委会对《中华人民共和国民事诉讼法》进行了修正，其中执行程序是修改的重点之一。全国人大常委会法制工作委员会副主任王胜明在向全国人大常委会所作的《关于〈中华人民共和国民事诉讼法修正案（草案)〉的说明》中指出，“执行程序是人民法院依法采取措施，强制当事人履行法定义务的程序。随着民事案件的增加，申请执行的案件也大量增加，由于多种原因，有相当一部分判决、裁定没有得到执行，胜诉当事人的合法权益未能最终实现，‘执行难’成为人民群众反映强烈的问题。”[②] 因此，建议对民事执行程序进行修改。但从修改结果来看，关于执行程序只修正了8款条文，这种局部修改只能局部地缓解“执行难”和“执行乱”的问题，不可能从制度上根本解决问题。欲从制度上根本解决“执行难”和“执行乱”的问题，必须对民事诉讼法进行系统、全面的修正，最好的方案是制定单独的《强制执行法》，而这也是我国民事诉讼法学界的共识。

（二）强制执行竞合与“执行难”、“执行乱”的关系

我国“执行难”、“执行乱”的现象背后，实际上存在着多种多样的原因。但是，在这些众多的原因之中，也有一部分是由执行竞合造成的。当然，有时纯粹是由于多个债权人依据不同的执行根据申请执行，由于多个债权人在财产分配上的争执，造成了执行案件不能及时执结造成的；有时则是由于有的申请执行人在审判程序中申请了财产保全措施，或者在执行程序中申请采取了查封等执行措施，但由于地方保护主义的原因，导致保全的财产被转移、清偿了其他债务或非法解除保全措施，而造成的执行难的问题；还有的

① 参见黄双全：《我国民事“执行乱”的情况与对策》，载《政治与法律》1996年第1期；于喜富主编：《民事强制执行制度创新与争鸣》，人民法院出版社2003年版，第90~92页。

② 参见王胜明：《关于〈中华人民共和国民事诉讼法修正案（草案)〉的说明》。

情况下，则是由执行机构的乱执行造成的，如不同的执行法院违法重复查封、任意解除查封措施，或者违反强制执行中的优先顺序擅自处理被执行人的财产所致。

这一方面说明“执行难”问题的复杂性，仅靠某一个制度难以有效解决；另一方面，也说明我国在解决执行竞合的问题上，法学理论和法律规定都还存在一些明显的缺陷。下面以“广西壮族自治区某电力发展公司申请执行案”为例，对与执行竞合有关的执行难问题加以说明。

广西壮族自治区某电力发展公司申请执行案①

【案情简介】

1992 年 5 月，广西壮族自治区某电力发展公司（以下简称发展公司）根据上级主管单位指示及批示与某物贸中心（以下简称物贸中心）签订了一份合作经营钢材协议，协议约定：由发展公司提供资金总额的 50% 与物贸中心合作经营进口钢材，并由对方提供担保。协议签订并经公证后，发展公司向银行借贷 1805 万元（主管单位作担保）汇到物贸中心。物贸中心收到款后违背协议擅将其中 1100 万元资金转借某材料厂与某供销公司另签经营钢材协议。由于物贸中心违约在先，合作协议无法履行。双方分别于同年 8 月、11 月达成解除合作协议的协议及还款协议，约定物贸中心于 1993 年底前将本金还完，并承担同期银行利息。而物贸中心仅退还本金 670 万元。1994 年 6 月发展公司以双方所签协议是“名为合作实为借贷的无效合同及物贸中心应承担全部过错责任并赔偿损失”为由向广西壮族自治区高级人民法院（以下简称广西高院）起诉，请求判决物贸中心返还欠款并赔偿损失。为使判决得以执行，起诉的同时申请查封了物贸中心正在经营的价值 2000 万元

① 张杰清：《成功的诉讼 艰难的执行——从一起执行案件看“执行难”》，载《广西电业》2004 年第 4 期。

（经过法定评估）的汽车和酒店房产。

一审法院判决：物贸中心返还本金并承担逾期还款的滞纳金。物贸中心不服判决，以“双方所签协议为合作协议，应共担风险，原判决结果错误及承担日万分之五的滞纳金缺乏依据”为由上诉到中华人民共和国最高人民法院。

二审法院认为：双方所签协议是名为合作经营实为借贷的无效协议，双方约定的保底条款及高出银行利率的约定，违反了国家金融法规，应确认为无效。鉴于物贸中心收取发展公司的汇款后，将该笔资金出借他人和挪作他用且不履行双方所签的还款协议，应承担发展公司未能及时收回资金的过错责任，并对发展公司造成的经济损失承担赔偿责任。1995 年 5 月二审法院作出判决：一、维持原审法院判决第一项（本金部分）及案件受理费、诉讼保全费的承担部分。二、变更原审判决第二项为：物贸中心赔偿某发展公司人民币 290 万元（相当于银行贷款利息）。上述一、二项判决自本判决送达之日起十五天内付清，逾期按《民事诉讼法》第 232 条规定处理（即按银行贷款利率双倍罚息）。

由于物贸中心擅自出借发展公司用于履行合同的资金给某材料厂另签合同，随后，某材料厂与某供销公司、某供销公司与某交通公司、某交通公司与深圳某公司分别签订进口钢材协议而形成连环购销合同。因此，在发展公司起诉物贸中心的同时，以上合同当事人也分别诉至法院，法院分别进行审理判决后，各方互为债权债务人。

另查明，在某材料厂与某轻工公司的诉讼中，某盐业公司为某轻工公司作诉讼担保。

【执行情况】

终审判决后，由于物贸中心不履行法院判决，发展公司于 1995 年 6 月向广西高院申请强制执行并请求拍卖查封财产以清偿债务。与此同时，某材料厂、某轻工公司也分别向法院申请强制执行。

在执行初期，广西高院考虑到此案是一起连环购销合同纠纷，所有执行人与被执行人均为国营企业并有财产可供执行，为减少执行的中间环节，决定采取连环执行方法，即四案合并执行。具体措施为：其一，每个案件的被告（债务人）应付给原告（债权人）债务由法院直接执行给发展公司；其二，所查封物贸中心的汽车、房产在法院的监控下可变卖处理，但必须将款汇给发展公司。发展公司当即表示异议并多次找法院申诉，因为从法律角度每个案件是一个独立的法律关系，发展公司既然已查封了足够执行的财产，从保护发展公司的合法利益出发，应立即按程序执行查封财产。因为连环执行从大局考虑虽有诸多好处，但只要任何一方提出异议或任何一个环节出问题必然影响到发展公司债权的实现，所有风险将有可能由发展公司承担。由于此意见没有得到支持，该执行方案为长达八年的执行拉开了序幕。

其一，在执行过程中，本应由法院监控处分的查封汽车（价值1000万元）被物贸中心擅自转移、变卖，并将变卖所得资金转移，在执行法院裁定以妨害执行公务追究责任并采取补救措施后仅回款141万元。1996年底，在拍卖处理查封房产时，又由于“地方保护”的原因，其他债权人同时出示了物贸中心近4000万元债务的几十份判决书，要求参与清偿此财产，如按比例清偿，发展公司仅能分得几万元。而该房产总价值为4500万元（经合法评估），发展公司查封其中价值1000万元的房产时，仅有工商银行查封了价值400万元的房产。为此，发展公司向执行法院提出强烈抗议，执行法院出面干预后，原查封价值1000万元的房产只执行回款150万元，在严重损害了发展公司利益的同时，也为“执行难”埋下隐患。

其二，在执行过程中，由于交通公司诉深圳某公司购销合同纠纷案因程序问题长达4年之久直到1999年才结案，使连环执行一度受阻，时间拖延。可在后来处分某交通公司合同标的物（钢材）款时，按连环执行方案及分配比例，发展公司可分配执行300万元，且法院已正式通知发展公司并要求提供进款账户。由于此钢材款也涉及另一债权人的利益及法院内部原因，而在划款过程中此款又被执行给另一债权人，本应得到实现的债权再次落空。发展公司为了保护自己的合法权益，在调查掌握深圳某公司在深圳还另有到期债权未执行的情况下，1999 年底，发展公司通过法院行使代位（交通公司）权，才将深圳某公司的到期债权 280 万元执行并直接划给发展公司。

其三，交通公司虽有法人资格，但其公司已资不抵债无执行能力。在执行过程中，查明其主管部门在开办交通公司时，有 735 万元的注册资金没有到位，按照法律规定，其主管部门应在出资不实的范围内承担责任。因此，发展公司及时申请追加其主管部门为被执行人，承担因注册资金不实的法律责任。1996 年执行法院从其主管部门执行 500 万元给某发展公司后，对于剩余的 235 万元，该主管部门却通过人大代表议案以“已出资到位”及当时承诺不再执行为由提出抗辩，拒绝执行。在经过重新审计并通过政协、人大及人大代表等监督程序后，2002 年才将 235 万元执行给发展公司。

其四，由于某盐业公司在诉讼过程中为轻工公司作诉讼担保，在轻工公司财产不足以清偿的情况下法院将盐业公司列为被执行人，并从盐业公司执行 200 万元给发展公司，承担了应承担的责任。

经过长达 8 年的执行，这起因投资 1805 万元引起的纠纷，最后以本金及赔偿金全部执行完毕（共回款 2221 万元）而终结，最大限度地挽回了发展公司的损失。

【案件评析】

本案的处理，既有启示，也有教训；也反映了“执行难”的现状及有待完善的执行法律制度：

首先，在诉讼策略上，发展公司在诉讼过程中，根据协议中“只投资但不参与管理、不论盈亏与否均收回本息”的条款，在案件定性上，抓住了本案“明为合作（联营），实为借贷”的关键问题，避开对方一直主张的“合作”性质，依法免除了因“合作”应共担的风险，诉讼策略是成功的。在诉讼措施上，本案在起诉时，及时有效地采取了财产保全措施，查封了被告方价值2000万元的可执行财产，为执行判决打下了基础，这一诉讼措施是正确的。

其次，本案是一起名为合作、实为借贷的无效合同纠纷，法律关系并不复杂，最高人民法院按照过错责任原则，除诉讼前已回款670万元（其中9万元利息），判决物贸中心返还本金1144万元并赔偿290万元（相当于银行贷款利息），逾期不履行的，则按银行利率的双倍罚息。此案如能依法执行并及时拍卖查封财产，发展公司的投资将很快得以收回。但在执行过程中，由于法院采取连环执行方案，涉及的单位多、执行的时间长，使本来不复杂的案件变为复杂；使普通的执行案件涉及复杂的法律关系；使本应立即实现的债权，在历时8年之后且通过全国人大、最高人民法院、广西人大等监督，才得以实现。

最后，在本案的执行过程中，竟出现已被法院查封的财产被重复查封、抵押并擅自变卖、转移的违法逃债行为，法院查封的财产多头管理，导致本来可顺利执行的案件执行长达8年之久，损害了债权人的合法权益。此案的执行如此“难”，除了法院执法不严的原因外，同时也与现实普遍存在的“地方保护”行政干预有很大的关系，这是人们不愿意看到的。因此，我国最近不断立法加强执行力度是非常及时的。

第二章　强制执行竞合的类型化分析

现代法学基本上是用抽象的概念编织起来的逻辑体系，对法律问题的研究无法离开类型化的研究方法。为了探索解决强制执行竞合的方法，必须对强制执行竞合的类型加以分析和研究，明确各类强制执行竞合的特点及其运行规律。所谓强制执行竞合的类型，就是指强制执行竞合所具有的具体形态，即表现强制执行竞合内容与产生方式的各种外部形式。在理论研究上，按照不同的标准以及从不同的角度，可将强制执行竞合划分为不同的类型。从最广泛的意义上看，执行竞合分为民事执行之间的竞合、民事执行与行政处罚之间的竞合、民事执行与财产刑执行的竞合。① 其中，民事执行之间的竞合又分为终局执行之间的竞合、保全执行之间的竞合、终局执行与保全执行之间的竞合等类型。

第一节　民事强制执行竞合的类型概述

所谓民事强制执行竞合的类型，就是按照一定的标准和角度，对强制执行竞合进行的分类。对民事强制执行竞合进行类型化的分

① 在我国法律语境下，民事强制执行与强制执行两个术语往往替代使用。在本书中，如未作特别说明，一般也不将二者区别对待。本章将主要探讨民事强制执行竞合的类型，但为了从宏观的视野观察和分析强制执行竞合的类型和样态，在第三节中会专门探讨民事强制执行与行政强制执行和刑事执行竞合的问题，故本章中分别使用民事强制执行、行政强制执行和刑事强制执行三个概念，以示区别。

析，是解决民事强制执行竞合问题的前提。

一、民事强制执行竞合产生的原因

在民事强制执行程序中，多个债权人同时或先后以其获得的不同的执行根据，对同一债务人的特定财产，请求法院予以强制执行，谓之执行竞合。可见，执行竞合产生之原因有四：第一，有多个执行根据；第二，有多个债权人；第三，针对债务人的同一特定财产；第四，先后或同时申请执行。其中，复数的执行根据是产生执行竞合的前提，其对执行竞合的分类研究也有着直接的影响，对强制执行竞合的类型化分析首先要研究执行根据的类型。

所谓执行根据，就是宣示存在一定的实体权利，同时确定该权利的种类和范围，并表明可以由执行机关强制执行的生效法律文书。作为执行根据的生效法律文书，根据不同的标准和角度，可分作如下类型：

（一）根据法律文书的制作主体不同，分为法院制作的法律文书和非法院制作的法律文书

法院制作的法律文书，主要是指人民法院制作的判决书、裁定书、调解书、支付令等。根据《民事诉讼法》第 201 条，《行政诉讼法》第 65、第 66 条，最高人民法院《执行规定》第 2 条的规定，属于人民法院民事强制执行范围的法律文书主要包括：人民法院民事、行政判决、裁定、调解书，民事制裁决定、支付令，以及刑事附带民事判决、裁定、调解书。

能够成为执行根据的、其他机构制作的法律文书，主要是指行政机关、仲裁机构、公证机构、外国法院等制作的法律文书。根据最高人民法院《执行规定》第 2 条的规定，其他法律文书具体包括：（1）依法应由人民法院执行的行政处罚决定、行政处理决定；（2）我国仲裁机构作出的仲裁裁决和调解书；（3）人民法院依据《中华人民共和国仲裁法》有关规定作出的财产保全和证据保全裁定；（4）公证机关依法赋予强制执行效力的关于追偿债款、物品

的债权文书；（5）经人民法院裁定承认其效力的外国法院作出的判决、裁定，以及国外仲裁机构作出的仲裁裁决；（6）法律规定由人民法院执行的其他法律文书。

（二）根据法院制作的法律文书解决问题的不同，分为判决书、裁定书、决定书

判决书，是指人民法院通过对案件的审理，根据查明和认定的案件事实，正确适用法律，对案件的实体问题作出权威性判定的法律文书。调解书，是指在民事诉讼、行政赔偿诉讼和刑事附带民事诉讼中，人民法院审判人员对双方当事人进行说服劝导，促使其就民事争议、行政赔偿争议自愿协商，达成协议，以解决当事人之间的实体权利义务的法律文书。支付令，是指人民法院依照民事诉讼法规定的督促程序，根据债权人的申请，向债务人发出的限期履行给付金钱或有价证券的法律文书。这三类法律文书，其实质都是将人民法院确认的当事人之间的实体权利义务关系，用法定的判定形式确定下来，因而解决的是实体问题。

裁定书，是指人民法院在审理民事案件过程中，对所发生的程序上应当解决的事项作出的权威性判定。也就是说，法院处理民事诉讼中的程序的事项，应当使用民事裁定。在行政诉讼和刑事附带民事诉讼中，可比照民事诉讼法的规定使用裁定。根据我国《民事诉讼法》第140条的规定，裁定主要用于解决下列程序事项：（1）不予受理；（2）对管辖权有异议的；（3）驳回起诉；（4）财产保全和先予执行；（5）准许或者不准许撤诉；（6）中止或者终结诉讼；（7）补正判决书中的笔误；（8）中止或者终结执行；（9）不予执行仲裁裁决；（10）不予执行公证机关赋予强制执行效力的债权文书；（11）其他需要裁定解决的事项。其中，财产保全和先予执行的裁定，具有财产给付内容，可以成为强制执行的根据。

决定书，指人民法院对民事诉讼中的特殊事项依法作出的权威性判定。民事决定的特殊事项，是指在诉讼中都有相当的紧迫性和

特别的重要性的特定事项。为保证人民法院公正地审理民事、经济案件，维护正常的诉讼秩序，正确处理人民法院内部的工作关系，常常使用民事决定。例如，回避的决定、延期审理的决定、妨害民事诉讼的强制措施的决定。其中，妨害民事诉讼的强制措施中的罚款决定，具有财产内容，可以成为强制执行的根据。

（三）根据法院判决的内容和性质不同，可分为给付判决、确认判决和形成判决

原告提起给付之诉，法院认为其请求权存在而为容许（即命被告为一定给付——作为或不作为）之判决，就是给付判决（如法院作出驳回原告诉讼请求的判决，由于该判决并不以被告给付为内容，则为确认判决）。法院根据原告提起的确认之诉，确认某种法律关系或者某种事实状态存在或者不存在的判决，则为确认判决（在确认之诉，原告胜诉时为确认判决，原告败诉时亦为确认判决）。原告提起形成之诉，法院容许原告之请求，而使法律关系发生、变更或消灭之判决，成为形成判决（在驳回原告诉讼请求的情况下，并不以形成法律关系为内容，故仅为确认判决）。[①]

在理论和实务中，通常认为只有给付判决才能成为执行根据。最高人民法院在《执行规定》第18条中，规定了人民法院受理执行案件应当符合下列条件，其中条件之一就是“申请执行的法律文书有给付内容，且执行标的和被执行人明确”。因此，所谓民事强制执行的竞合，实际上只存在于给付判决中，在确认判决和形成判决中不存在执行竞合的问题。

在给付判决中，根据给付的具体内容不同又可细分为两类，即给付财产的判决和完成一定行为的判决。给付财产的判决按其内容，又分为给付金钱的判决、交付动产的判决和缴付不动产的判决。在民事强制执行实践中，执行竞合主要发生于给付财产的判决

① 参见陈计男：《民事诉讼法论》（上），台湾地区三民书局2004年版，第365页。

类型中。

（四）根据法院判决能否终结诉讼程序为标准，可分为终局判决、中间判决

所谓终局判决，是指能够使某一审级之诉讼程序的全部或部分终结的判决。其中，能够使某一审级诉讼程序全部终结者，称为全部终局判决；仅能使诉讼程序部分终结的，称为一部终局判决。例如，原告诉请被告给付货款 10 万元、借款 8 万元，法院就货款及借款请求全部为裁判时，就属于全部终局判决；如法院仅就借款之请求作出判决时，则为一部终局判决。[①] 一部终局判决在我国法律中也有体现。我国《民事诉讼法》第 139 条规定："人民法院审理案件，其中一部分事实已经清楚，可以就该部分先行判决。"该条规定的先行判决，实际上就是一部终局判决。

所谓中间判决，是指诉讼中为终局判决作准备，就当事人各种独立的攻击防御方法达到适合裁判的程度时，或请求之原因及数额有争议，法院认为其属正当的，此时所作的判决就是中间判决。就诉讼程序上的中间争点，达到适合裁判的程度时，法院就该争点所为判断之裁定，称为中间裁定。中间判决与中间裁定，合称中间裁判。中间裁判的目的，并非为了终结诉讼程序，法院此时并未就当事人争议的诉讼标的作出最终判断，因此，当事人如果不服，不能就中间裁判单独提起上诉，只能在终局判决作出后与终局判决一并提起上诉。

二、民事强制执行竞合的具体类型

在了解了强制执行的各种根据后，下面探讨强制执行竞合的各种具体类型。在理论上，从不同的角度出发，根据不同的分类标准，可将强制执行竞合分为以下不同的种类：

① 参见陈计男：《民事诉讼法论》（上），台湾地区三民书局 2004 年版，第 365 页。

（一）终局执行之间、保全执行之间以及它们相互之间的竞合

根据强制执行竞合发生时间先后的不同，可将强制执行竞合划分为：保全执行与保全执行之间、保全执行与终局执行之间、终局执行与终局执行之间的竞合。

保全执行，是指在取得终局的、确定的法律文书以前，为保证人民法院将来作出的生效判决能得到顺利执行，对债务人的财产采取查封、扣押、冻结等执行措施以维持财产现状，限制债务人处分其财产。终局执行，是指债权人以发生法律效力的裁决或其他生效的法律文书为根据向法院申请的执行。在实践中，无论是在两个以上的终局执行之间，还是在两个以上的保全执行之间，抑或终局执行和保全执行之间，都有可能产生强制执行的竞合。

（二）金钱债权的强制执行之间、非金钱债权的强制执行之间及其相互之间的竞合

根据执行根据所确定的具体给付内容不同，债权分为金钱债权和非金钱债权。相应地，强制执行纠纷为金钱债权的强制执行和非金钱债权的强制执行。其中，金钱债权的强制执行，是指以给付金钱为内容的强制执行。非金钱债权的强制执行，是指以金钱给付以外的内容为执行标的的强制执行。以此为视角，可将强制执行竞合划分为金钱债权的强制执行与金钱债权的强制执行之间的竞合、金钱债权的强制执行与非金钱债权的强制执行之间的竞合以及非金钱债权的强制执行与非金钱债权的强制执行之间的竞合三种情形：

（1）两个以上的金钱债权的执行之间可以发生竞合。例如，甲分别欠乙和丙10万元货款，乙和丙分别向法院起诉甲，并各自取得生效判决书后，发现甲唯一的财产就是一栋价值15万元的房产，这时就会发生执行竞合。

（2）两个以上的非金钱债权的执行之间也可以发生竞合。例如，甲将自己居住的房屋卖给乙，乙支付价款后要求交付房屋并取得生效判决作为执行根据，丙认为房屋是他的，向法院提出甲归还房屋的诉讼并取得生效裁判作为执行根据，这时两个非金钱债权针

对房屋就发生了竞合。

(3) 金钱债权和非金钱债权之间也可能发生竞合。例如，甲欠乙货款10万元，乙向法院起诉后取得了生效判决书作为执行根据，甲将自己唯一的财产卖给丙，丙支付价款后要求交付房屋，并取得生效判决作为执行根据。这时，乙的10万元金钱债权和丙要求交付房屋的债权都针对该房屋，从而发生竞合。

(三) 依执行根据的制作主体不同，法院文书之间、其他机构文书之间及其相互之间的竞合

依作为强制执行根据的法律文书的制作主体不同，可将强制执行竞合分为：其一，法院作成的执行根据的强制执行之间的竞合，如法院判决与保全裁定之间的竞合，法院判决与判决之间的竞合；其二，其他机关作成的执行根据的强制执行之间的竞合，如仲裁裁决的强制执行之间的竞合，公证债权文书的强制执行之间的竞合以及仲裁裁决与公证债权文书的强制执行之间的竞合；其三，法院作成的执行根据的强制执行与其他机关作成的执行根据的强制执行之间的竞合，如法院判决的强制执行与仲裁裁决的强制执行之间的竞合，法院判决的强制执行与公证债权文书的强制执行之间的竞合。

(四) 控制性的强制执行之间、处分性的强制执行之间以及它们相互之间强制执行的竞合

根据强制执行竞合产生的效果上的不同，可将强制执行竞合划分为控制性的强制执行与控制性的强制执行之间的竞合、控制性的强制执行与处分性的强制执行之间的竞合以及处分性的强制执行与处分性的强制执行之间的竞合。

控制性的强制执行，是指以防止被执行人的财产被转移、隐藏、变卖、毁损为目的的强制执行，如查封、扣押等的执行，该强制执行产生的效果是限制债务人对其财产行使处分权。处分性的强制执行，是指将被执行人的财产进行变价以清偿债务为目的的强制执行，如拍卖、划拨等的执行。

总之，民事强制执行竞合根据不同的标准可以有不同的划分。

对于以上分类，有两点需要说明：其一，是有些分类存在重合的现象，如保全执行与控制性的强制执行之间，终局执行与处分性的强制执行之间，既有区别，也有联系。保全执行必然是控制性的强制执行行为，而控制性的强制执行行为既可能是保全执行，也可能是终局执行；终局执行既可能是控制性的强制执行，也可能是处分性的强制执行行为，处分性的强制执行一般只存在于终局执行之中。其二，强制执行的竞合，尽管从各种不同的角度出发存在诸多分类，但是，对于强制执行竞合的解决来说，并非所有的分类都有研究的价值。例如，在第三种分类中，由于不同的机关制作的法律文书在执行力上都是相同的，所以，一般情况下，这种分类方法在处理强制执行竞合问题上没有什么实际意义。

基于以上原因，本书在后面的内容中，将以第一、二种分类作为重点展开研究。

第二节　民事强制执行竞合的主要类型

在执行实践中，由于执行根据的种类、债权人请求内容及生效法律文书发出机关的不同，执行竞合的现象经常发生。根据执行根据的种类及债权人请求的内容等构成要件，理论界将强制执行竞合划分为三种类型：终局执行之间的竞合、保全执行之间的竞合和保全执行与终局执行之间的竞合。下面对这三种类型的执行竞合进行更为细致的探讨。

一、终局执行与终局执行之间的竞合

终局执行，是指以终局裁决或其他终局处理的法律文书为根据的强制执行。对已开始实施终局执行的特定财产，其他债权人依据不同的执行根据对其申请强制执行，就形成终局执行与终局执行之间的竞合。例如，债权人甲根据法院的一个以金钱给付为内容的终局判决向法院申请强制执行，法院决定拍卖债务人的一处房屋；而

同一时期，债权人乙又依据另一个以交付该房屋为内容的执行根据申请法院强制执行，要求该债务人向其交付同一房屋，这样，债权人甲和债权人乙之间就产生了请求上的排斥，他们的债权无法同时得到满足，于是，在这两个执行之间就发生了终局执行之间的竞合。

以终局执行根据的给付内容为标准，可将终局执行划分为金钱债权的终局执行和非金钱债权的终局执行。那么，金钱债权的终局执行之间、非金钱债权的终局执行之间以及它们相互之间是否都可以发生强制执行竞合？对于这一问题，我国台湾地区学者有不同的看法。有的学者认为“终局执行之间发生竞合的情形有二：一为金钱请求与特定物交付请求之竞合，另一为二执行名义均以交付同一特定物为请求内容时之执行竞合”[①]；也有的学者认为：“通常终局执行，限于金钱债权之支付始有强制执行之竞合可言……金钱债权终局执行之竞合，即所谓分配程序也，其情形有二：一为对于已为强制执行之财产，他债权人明示其欲就该财产处分所得价金受分配。二为对于已开始强制执行之财产，他债权人再申请强制执行，而视为参与分配之声明”[②]。以上两种观点中，前者认为终局执行之间的竞合不包括金钱债权终局执行之间的竞合，其理由是：金钱债权终局执行之间，尽管不同的执行根据的执行先后或同时针对同一债务人的特定财产，但是，各个执行程序之间并不互相排斥，执行只是量的问题。与此相反，后者却认为终局执行之间的竞合仅指金钱债权终局执行之间的竞合，因为非金钱债权的终局执行，如物之交付或债务人行为或不行为请求权的执行，通过一次执行即告终结，不发生强制执行的竞合。对此，笔者认为，如果仅仅从狭义上

① 郑玉波总编、杨建华主编：《强制执行法、破产法论文选辑》，台湾地区五南图书出版公司印行，第 91 页。

② 庄柏林：《强制执行之竞合及其效力》，载台湾地区《法令月刊》第 41 卷第 10 期，第 129 页。

理解强制执行竞合，则由于金钱请求的强制执行之间并不相互排斥，可以认为不发生强制执行竞合问题。但是，本书是从广义上探讨强制执行竞合的，也就是说，强制执行竞合的发生包括各个执行请求互相重合及互相排斥的情况，金钱债权的终局执行之间的竞合即属前者。所以，强制执行竞合的情形中，不能排除各个执行债权人均以满足金钱请求为目的的强制执行竞合。因此，终局执行之间的竞合应当包括三种情形：金钱债权请求的终局执行与非金钱债权请求的终局执行之间的竞合、非金钱债权请求的终局执行之间的竞合以及金钱债权请求的终局执行之间的竞合。

（一）金钱债权请求的终局执行与非金钱债权请求的终局执行之间的竞合

债权人依金钱债权的终局执行根据，请求对债务人的财产实施强制执行后，其他债权人又依非金钱债权的终局执行根据对该债务人的同一财产请求强制执行；或者债权人依非金钱债权的终局执行根据对债务人的财产请求实施强制执行措施后，其他债权人又依金钱债权的终局执行根据再申请对该财产实施强制执行，这时所形成的强制执行竞合，称为金钱债权的终局执行与非金钱债权的终局执行之间的竞合。例如，债权人甲以某一金钱债权的终局执行根据为依据，请求法院对债务人的某一特定动产或不动产进行查封后，另一债权人乙以交付同一特定动产或不动产为内容的终局执行根据为依据，申请法院就已经查封的财产强制执行。在这种情况下，债权人乙的请求，因为债权人甲的请求付诸实施而受到阻止，但是，如果法院置先行的查封于不顾而满足后一债权人乙的请求，则甲的请求就会落空。这种现象就属于终局执行之间的竞合。

（二）非金钱债权请求的终局执行之间的竞合

债权人对于债务人享有非金钱债权，并对债务人的财产依非金钱债权的终局执行根据请求法院实施强制执行后，其他债务人也依非金钱债权的终局执行根据对该债务人的同一财产请求法院实施强制执行，这种多个债权人分别依非金钱债权执行根据请求强制执行而产生的竞合，称为非金钱债权请求的终局执行之间的竞合。例如，债权人甲以其承租人的地位，依据要求债务人交付承租物为内容的终局执行根据，请求法院强制执行，而债权人乙则基于所有权人的地位，依据要求债务人返还所有物为内容的终局执行根据，请求法院对该债务人的同一特定物进行强制执行。在这种情况下，由于甲和乙的请求互相排斥，无法同时得到满足而产生非金钱债权请求的终局执行之间的竞合。

（三）金钱债权请求的终局执行之间的竞合

债权人对于债务人享有金钱债权，并对债务人的财产依金钱债权的终局执行根据请求法院实施强制执行后，其他债权人也依金钱债权的终局执行根据对该债务人的同一财产请求法院予以强制执行，这种多个执行根据都是以给付金钱为内容并且都是终局执行时所形成的执行竞合称为金钱债权请求的终局执行之间的竞合。例如，甲依据以给付金钱债权为内容的终局判决为执行根据，申请法院对债务人的汽车进行扣押，同时，乙依据以给付金钱债权为内容的终局判决为执行根据，申请法院对该债务人的财产进行强制执行。由于找不到债务人的其他财产，乙也申请法院对同一汽车进行扣押。这种债务人的财产不能同时满足数个债权人的执行请求的情形，就称为金钱债权请求的终局执行之间的竞合。

二、保全执行与保全执行之间的竞合

保全执行是强制执行的一种，是指在取得终局的、确定的法律文书以前，为保证人民法院将来作出的生效判决能得到顺利执行，对债务人的财产采取查封、扣押、冻结等执行措施以维持财产现状，限制债务人处分其财产。保全执行的执行根据，是经过保全裁判程序作出的法律文书。

在大陆法系国家，依所保全债权的种类，将保全执行分为假扣押执行和假处分执行两个方面。假扣押执行，是指对债权人以给付金钱或可换为金钱给付为内容的请求，为保全将来的强制执行而对债务人的财产予以查封，禁止债务人处分其财产的程序；假处分执行，是指就债权人金钱债权以外的请求，为保全以后的强制执行而采取的确保性、制止性或履行性措施，如禁止债务人变更请求标的物的现状，或确定有争执的法律关系的暂时状态等。[①] 我国《民事诉讼法》第9章规定的财产保全虽然是一种保全执行，但是，并没有区分假扣押和假处分两种制度。也就是说，我国现行的财产保全执行既承担着国外的假扣押执行的功能，又部分承担了国外假处分执行的功能，但在内容、措施等方面远不及两者丰富，所发挥的作用也因此受到很多限制，较两者小。例如，命令债务人容忍债权人通行其土地的保全执行就无法通过现行的财产保全执行完成。因此，为了扩大保全执行的功能，应当引入假扣押与假处分概念，按所保全请求权的性质对保全执行进行分类。[②]

保全执行之间的竞合，是指针对债务人的同一财产，有多个保全裁定，而在强制执行时发生的互相排斥现象。例如，甲依据保全裁定请求法院对乙的财产进行查封之后，丙以另一保全裁定为依据，也请求法院对乙的同一财产进行查封，这时，甲的保全执行与乙的保全执行之间就产生了竞合。从实践中看也是这样，由于财产保全的适用，特别是在不同的法院之间的保全裁定，均是针对同一债务人的同一财产，这就造成在执行中必然互相排斥，从而发生保全执行之间的竞合，如实践中常常出现的同一财产被重复查封、扣

① 陈荣宗著：《强制执行法》，台湾地区三民书局2002年10月版，第633页。

② 崔婕：《强制执行竞合的解决——兼论我国相关强制执行制度的完善》，载《法商研究》2001年第4期。

押、冻结的情况即属此类。[1]

由于保全执行可以分为假扣押执行和假处分执行两种，因此，保全执行之间竞合的情形具体地说有以下三种：

（一）假扣押执行之间的竞合

执行标的物经实施假扣押后，其他债权人再对同一执行标的物申请假扣押执行，这时，就产生了假扣押执行之间的竞合。例如，在甲与乙的债务案件中，甲为了保证法院判决生效后自己的债权能够得以实现，向法院申请对乙的财产进行查封。之后，在丙与乙的债务案件中，丙为了保证法院的判决生效后自己的债权能够得以实现，向法院申请对乙的同一财产进行查封，因此发生了两个假扣押执行之间的竞合现象。

（二）假处分执行之间的竞合

假处分执行之间的竞合，是指债权人依保全执行根据向法院申请实施假处分执行后，其他债权人也对该债务人的同一执行标的请求实施假处分执行而产生的两个假处分执行之间的竞合。例如，在甲诉乙侵占其房屋的案件中，甲请求法院对该房屋实施查封措施；与此同时，在丙诉乙房屋买卖、要求乙交付房屋的案件中，丙也请求法院对同一房屋实施查封。这样，两个假处分执行之间就发生了执行竞合。

（三）假扣押执行与假处分执行之间的竞合

假扣押执行与假处分执行之间的竞合，是指债权人依保全执行

---

① 对此，我国有学者认为，财产保全执行所采取的措施都是临时性、控制性的，不能实施其他处分性措施，如变卖、拍卖、分配等。既然不能将财产在保全期间最终处分，也就不发生两个以上保全裁定的执行排斥的问题。但如果其中一保全的权利人在本案中获胜诉判决，并申请执行时，就发生该判决的执行与已有的保全执行的矛盾，如果允许终局执行，保全执行就失去意义；这时，保全执行的竞合转化为保全执行与终局执行间的竞合（参见常怡主编：《强制执行理论与实务》，重庆出版社 1990 年版，第 135 页）。也有学者认为，我国民事诉讼法明确禁止重复采取保全措施，故在实践上和理论上均无发生保全执行间竞合的可能（参见孙加瑞著：《中国强制执行制度概论》，中国民主法制出版社 1999 年 12 月版，第 175 页）。

根据向法院申请实施假扣押执行之后，其他债权人又对该债务人的同一执行标的申请实施假处分执行；或者债权人依保全执行根据向法院申请实施假处分执行后，其他债权人又对该债务人的同一执行标的申请实施假扣押执行而产生的强制执行竞合。例如，在甲与乙的债务案件中，甲向法院请求对乙的房屋实施查封；同时，在丙诉乙侵占其房屋的案件中，丙也请求法院对同一房屋实施查封，因此而发生了假扣押执行与假处分执行之间的竞合。

根据实施假扣押与假处分的具体方法不同，假扣押执行与假处分执行之间的竞合又可分为以下三种具体形态：

1. 假扣押执行与假处分执行方法相同的竞合

例如，假扣押执行和假处分执行都是以实施查封作为禁止债务人对特定不动产所有权进行转移的方法。

2. 假扣押执行与假处分执行方法不相抵触的竞合

此种情形，是指对同一标的物，假扣押执行所采取的方法与假处分执行所采取的方法不同但不互相抵触。例如，依某一债权人的假扣押申请对债务人的某一土地查封后，依另一债权人的假处分申请命令债务人容忍其通行该土地的执行。

3. 假扣押执行与假处分执行方法相抵触的竞合

例如，对依据假扣押执行根据已实施查封的动产，其他债权人再依据假处分执行根据申请命令债务人交付该动产。①

三、保全执行与终局执行之间的竞合

保全执行与终局执行之间的竞合，是指在债权人请求实施的保全执行过程中，其他债权人依据终局执行根据针对债务人的同一特定财产请求实施强制执行；或者在债权人请求实施的终局执行过程中，其他债权人依据保全裁定请求对债务人的同一特定财产实施保全执行，所产生的执行竞合现象。例如，债务人的某一财产，在诉

① 杨与龄：《强制执行程序之竞合》，载台湾地区《法令月刊》第37卷第3期。

讼开始后至判决生效前，人民法院基于一方当事人的申请作出保全裁定，并且采取了查封、扣押或冻结措施；之后，其他债权人在与同一债务人进行的另一诉讼中获得胜诉，并根据法院的生效判决请求法院强制执行被查封、扣押、冻结的财产。在此情况下，如果获得胜诉判决的债权人的权利得以实现，即终局执行得以实现，则保全执行就失去了意义；如果法院维持保全执行现状，则终局执行就会受到阻止，终局执行中债权人的权利就无法得到保护。这样，由于不同性质的执行所发生的冲突和排斥而产生了保全执行与终局执行之间的竞合。

从不同的角度可以对保全执行与终局执行竞合的各种形态进行不同的分类：

（一）根据执行的种类及性质

终局执行可分为金钱债权的终局执行与非金钱债权的终局执行，而保全执行又可分为假扣押执行和假处分执行，因此，保全执行与终局执行之间的竞合具体包括四种形态：

1. 假扣押执行与金钱债权终局执行之间的竞合。

2. 假处分执行与金钱债权终局执行之间的竞合。

3. 假扣押执行与非金钱债权终局执行之间的竞合。

4. 假处分执行与非金钱债权终局执行之间的竞合。

（二）依据执行程序开始的时间

因各个执行申请提出的时间不同，保全执行与终局执行之间的竞合又可以分为以下几种：①

1. 假扣押执行在前

这种情况是指，债权人为了实现自己的金钱债权请求，在诉讼前或诉讼过程中，请求法院对债务人的财产实施保全执行，在债务人的财产被实施保全执行后，其他债权人如果再以终局执行根据请

① 谭秋桂著：《民事执行原理研究》，中国法制出版社 2001 年 10 月版，第 330 页。

求法院对该债务人的同一财产实施强制执行时，就产生了保全执行与终局执行之间的竞合。例如，在甲和乙的债务纠纷中，债权人甲为了防止乙处分其财产，在起诉前或诉讼过程中，请求法院对乙的一辆汽车实施扣押；之后，债权人丙以法院的生效判决为根据请求法院命乙交还同一汽车。这样，就发生了假扣押在前的假扣押执行与终局执行之间的竞合。

2. 终局执行在前，假扣押执行在后

债权人以生效判决为根据请求对债务人的财产实施强制执行后，其他债权人又以假扣押裁定为根据请求法院对同一财产实施强制执行，就产生了终局执行在前，假扣押执行在后的两种执行程序的竞合。

3. 假处分执行在前

对于已经假处分执行的标的物，其他债权人再以终局判决为根据请求法院对同一标的物实施强制执行，就产生了假处分在前的假处分执行与终局执行之间的竞合。

4. 终局执行在前，假处分执行在后

债权人以终局执行根据为依据请求法院对某一执行标的物实施强制执行后，其他债权人又以假处分裁定为根据请求法院对同一执行标的物实施假处分执行，就产生了终局执行在前，假处分执行在后的假处分执行与终局执行之间的竞合。

第三节 民事强制执行与行政、刑事执行的竞合

本书着重研究民事强制执行之间的竞合问题，但对民事执行与行政强制执行、财产刑执行的竞合问题也要稍作探讨。在法律理论中，存在责任竞合的问题，责任竞合特指行为人实施的某一违法行为符合两个或两个以上的责任构成要件，并且数个责任之间相互冲

突，不能同时并存的现象。[①] 责任竞合作为法律上竞合的一种类型，既可能发生在同一法律部门内部，如民法上侵权责任和违约责任的竞合、返还不当得利责任与侵权责任的竞合，也可以发生在不同法律部门之间，如民事赔偿责任与行政处罚、财产刑之间的竞合。在执行程序中，就分别构成了民事执行、财产刑执行、行政执行三者之间的竞合。

一、民事强制执行与行政强制执行的竞合

（一）行政强制执行的概念

长期以来，我国行政法理论界先后使用行政强制、行政强制执行、即时强制、行政强制措施等提法，来指称行政上有明显“强制性”且不以制裁为目的的一类行为。通常认为，行政强制执行，是指公民、法人或其他组织不履行行政机关依法所作行政处理决定中规定的义务，有关国家机关依法强制其履行义务或达到与履行义务相同状态的行为。[②]

当公民、法人或其他组织（行政相对人）不履行行政机关作出的行政处理决定、行政处罚决定时，可以强制执行。关于这一方面的基本制度是：以申请人民法院强制执行为原则（实为民事执行），以行政机关强制执行（即行政执行）为例外。我国《行政诉讼法》对此作出了明确规定，该法第 65 条规定：“当事人必须履行人民法院发生法律效力的判决、裁定。”“公民、法人或者其他组织拒绝履行判决、裁定的，行政机关可以向第一审人民法院申请强制执行，或者依法强制执行。”该法第 66 条规定：“公民、法人或者其他组织对具体行政行为在法定期限内不提起诉讼又不履行

---

① 民法学者认为，从权利人的角度来看，责任竞合和请求权竞合是同一问题的两个不同的方面。参见王利明著：《改革开放中的民法疑难问题》，吉林人民出版社 1992 年版，第 284 页。

② 应松年：《论行政强制执行》，载《中国法学》1998 年第 3 期。

的，行政机关可以申请人民法院强制执行，或者依法强制执行”。在行政机关强制执行前有“依法”两字，说明行政机关的强制执行权只有法律特别授予时才具有。

行政强制执行与民事强制执行，作为强制执行，有许多共同之处。对有些国家来说，二者并无实质区别，它们都是司法权的一部分，如美国。对另一些国家而言，虽然行政强制执行与民事强制执行是分开的，但行政强制执行在内容与方式上也都是从民事强制执行仿效而来，如德国。从我国具体情况看，行政强制执行与民事强制执行的区别在于：

1．执行的主体不同

从执行主体看，我国行政强制执行的主体是行政机关，这与民事强制执行的主体只能是司法机关不同。《行政诉讼法》第 65 条、第 66 条关于法院执行行政处罚决定、行政处理决定，实际上是民事强制执行。[①]

2．执行的根据不同

从执行根据看，行政强制执行的依据是行政处理决定和行政处罚决定，即使在由司法机关强制执行的情况下，其执行依据也是行政处理决定和行政处罚决定。而民事强制执行的根据虽然也包括行政处理决定和行政处罚决定，但更主要的是已经生效的人民法院或仲裁机关的判决、裁定或调解等法律文书。

3．执行的对象不同

从执行对象看，行政强制执行的对象比较广泛，可以是物，也可以是行为和人身，如对人身自由的限制，对财产的查封、扣押、冻结等。而民事强制的对象仅限于物和行为。最高人民法院《适

① 有学者认为，“如果执行依据是行政处罚或处理决定，那么执行行政处罚或处理决定的国家权力如同作出行政处罚或处理决定的权力一样，属于行政权，没有强制执行予以保证执行的行政权也是不完整的行政权。”参见刘翰、张根大：《强制执行权研究》，载《依法治国与司法改革》，中国法制出版 1999 年版，第 431 ~ 432 页。笔者认为，这种依执行根据确定执行性质的观点是有失偏颇的。

用意见》第254条规定："强制执行的标的应当是财物或者行为"。

4. 执行的结果不同

从执行结果看，行政强制执行不存在执行和解，只能强迫义务人履行义务；民事强制执行则可以执行和解。《民事诉讼法》第207条规定："在执行中，双方当事人自行和解达成协议的，执行员应当将协议内容记入笔录，由双方当事人签名或者盖章"。

（二）民事强制执行与行政强制执行的竞合

作为行政强制执行根据的，主要是行政机关作出的行政处理决定和行政处罚决定。其中，行政处理决定和行政处罚决定作出后，行政相对人没有提起行政诉讼而生效的，就直接进入行政执行程序；行政相对人提起行政诉讼但被法院判决维持的，也会进入行政执行程序。民事强制执行与行政强制执行的竞合，主要发生在行政处罚中财产罚与民事执行根据之间。

根据我国《行政处罚法》第8条的规定，行政处罚中的财产罚主要包括罚款、没收违法所得、没收非法财物。罚款和没收违法所得、没收非法财物的行政处罚，可以视为公法上的债权。因为基于行政程序产生的公法债权与基于司法程序产生的公法债权形式上都是以政府为一方当事人（权利人），内容上均要求对方为一定的给付或为一定的行为，与民法上的债权无异，应当认定为具有同一的债权性质。从大陆法系国家的立法来看，公法上债权的执行，广义上属于债权实现的一种，除刑法、刑事诉讼法、行政法、行政执行法另有规定外，准用民事强制执行法的规定。日本学者美浓部达吉指出："内容上具有财产的价值的公法关系，在其为财产关系之点，与私法关系有类似的性质，所以某程度内适用私法的规律。"①

如果行政处罚可以形成公法上的债权，那么对公法上债权就可以参照私法债权保护制度的做法。对公法上债权参照私法债权保护

① ［日］美浓部达吉著：《公法与私法》，中国政法大学出版社2003年版，第151页。

的理论基础在于：社会关系的复杂性决非一个法律部门能够圆满调整，公法上债权本质上并不排斥私法的调整，并且运用私法方法对公法上债权的保护更加周密，更重要的一点在于通过公法上债权的私法保护，私法精神不断向公法渗透，私法的自由、平等、人权的精神越来越多地体现在公法领域中，从而使得公法私法化，使公法运作更加符合现代法制的要求。① 因此，对公法上债权参照私法债权的保护不仅具有合理性，而且有利于公法上债权的实现，有利于法治国家的建设。

民法上债的保全制度是保护民法债权的重要手段，其目的是通过保全债务人的责任财产进而保障债权人债权的实现。在讨论债的保全制度时，民法学者所讲的“债权”、“金钱债权”、“非金钱债权”等概念仅限于系私法领域，公法上债权是否可以适用债的保全制度，民法学者未予探讨。不过，税法学者早已突破了理论上的瓶颈，不但率先承认税收权利是“国家作为债权人所享有的要求纳税人给付税款的权利”，税收债权为“一种公法上的债权或称公债权”，② 而且在《税收征管法》第50条明确规定：“欠缴税款的纳税人因怠于行使到期债权，或者放弃到期债权，或者无偿转让财产，或者以明显不合理的低价转让财产而受让人知道该情形，对国家税收造成损害的，税务机关可以依照合同法第七十三条、第七十四条的规定行使代位权、撤销权”。由此在我国确立了税务机关对于税收债权的代位权、撤销权。应当说，《税收征管法》第50条具有普适性意义，其原理可以广泛适用于其他公法上债权。

综上可见，既然行政处罚可以形成公法上的债权，且可以适用民法上债的保全制度进行保护，那么，在行政强制执行程序中，国家或地方政府作为公法债权的债权人，与民事执行程序中的私法债权人之间，就有可能针对债务人的同一财产同时或先后申请执行，

① 申卫星：《我国优先权制度立法研究》，载《法学评论》1997年第6期。

② 张守文：《论税收的一般优先权》，载《中外法学》1997年第5期。

而形成执行竞合的态势。

（三）民事强制执行与行政强制执行竞合的解决方案

当私法债权与公法债权发生竞合时，私法债权优先。由于罚款等财产性的行政处罚为公法上的债权，具有惩罚性和无偿性，而私法债权则是债权人基于支付的对价或受到损害而取得的请求债务人给付金钱或财产的权利，具有补偿性和对价性。这两种性质不同的责任决定了后者在道义上较前者更具有优先受偿的道德优势。而且，行政处罚如果不能得到执行影响也不大，因为可以通过其他替代性的行政处罚手段实现处罚的目的，而私法债权不具有这种特点。所以，从理论上看，建立私法债权优先于公法债权实现的制度是合理的。

值得注意的是，我国有关法律也认可这一原则。例如，《公司法》第 215 条规定："公司违反本法规定，应当承担民事赔偿责任和缴纳罚款、罚金的，其财产不足以支付时，先承担民事赔偿责任。"《证券法》第 207 条、《产品质量法》第 64 条均规定："违反本法规定，应当承担民事赔偿责任和缴纳罚款、罚金，其财产不足以同时支付时，先承担民事赔偿责任。"《个人独资企业法》第 43 条规定："投资人违反本法规定，应当承担民事赔偿责任和缴纳罚款、罚金，其财产不足以支付的，或者判处没收财产的，应当先承担民事赔偿责任。"

那么，顺理成章的就是，在执行程序中应当确立民事执行优先于行政处罚执行的原则。在最高人民法院《关于民事执行中多个债权人参与分配问题的规定（送审稿）》第 10 条中，有如下规定：对同一被执行人同时执行民事债权、行政罚款、司法罚款或者罚金、没收财产的，民事债权优先。① 该司法解释不仅承认行政罚款、司法罚款和财产刑具有公法上债权的性质，而且宣告了私法债权优先受偿的原则，符合立法原意和法理。

① 转引自肖建国：《论财产刑执行的理论基础》，载《法学家》2007 年第 2 期。

二、民事强制执行与财产刑执行的竞合

（一）财产刑执行的概念

刑罚执行，是指法定的司法机关将人民法院已经发生法律效力的判决，根据判决所确定的刑罚而将其付诸实施的刑事司法活动。

刑罚的执行与民事执行有一些共同之处，主要表现为都是代表国家的专门机关，对法院作出的生效判决强制付诸实现的活动。但亦有明显的不同，主要表现在：

1. 执行的主体不同

刑罚执行的主体是法律规定的刑罚执行机关，我国的人民法院、公安机关与司法行政机关都是特定刑罚的执行机关。根据《刑法》以及《刑事诉讼法》的相关规定，被判处死刑缓期2年执行、无期徒刑、有期徒刑的罪犯，在监狱内执行刑罚。对于被判处管制、剥夺政治权利的罪犯，由公安机关执行。没收财产的判决，无论附加适用或者独立适用，都由人民法院执行。而民事执行的主体，只能是人民法院，具体是人民法院的民事执行机构。

2. 执行的根据不同

刑罚的执行根据是人民法院刑事审判机构制作的发生法律效力的刑事判决与裁定，对于没有发生法律效力的判决与裁定，不得交付执行。而民事执行的根据，则是人民法院民事审判机构制作的发生法律效力的民事判决书、裁定书、调解书和支付令，此外还包括仲裁机构、公证机构等非司法机关制作的仲裁裁决书、公证债权文书等。

3. 执行的对象不同

刑罚的执行对象，是因实施犯罪行为应受刑罚处罚之人，具体可以是人身（如死刑、无期徒刑、有期徒刑、拘役、管制），也可以是物（如罚金、没收财产），还可以是资格（如剥夺政治权利）。而民事执行的对象，是民事债务人，且只能执行债务人的财产和行为，人身不能成为执行的对象。

4. 执行的结果不同

从执行结果看，行政强制执行不存在执行和解，只能强迫义务人履行义务，民事强制执行则可以执行和解。《民事诉讼法》第207条规定："在执行中，双方当事人自行和解达成协议的，执行员应当将协议内容记入笔录，由双方当事人签名或者盖章"。

（二）民事强制执行与财产刑执行的竞合

刑罚执行根据是人民法院生效的刑事判决、裁定，其内容包括死刑、无期徒刑、有期徒刑、拘役、管制五种主刑，以及罚金、没收财产、剥夺政治权利和驱逐出境四种附加刑。其中，死刑、自由刑、资格刑和驱逐出境的执行都不会和民事执行发生竞合，能够与民事执行发生竞合的主要是财产刑的执行。财产刑是以剥夺被告人财产为内容的一类刑罚的总称，分为罚金刑和没收刑两大类，前者指法院判处被告人向国家缴纳一定数额金钱，后者指法院判处没收被告人个人享有所有权的特定化的财产，包括部分或全部财产。

我国1997年刑法基于抑制贪利型犯罪，剥夺罪犯再犯能力、遏止其犯罪动机，兼顾惩罚和威慑犯罪的考虑，在刑法中大量地规定了罚金刑，没收财产刑的规定也为数不少，[①] 二者的数量占我国刑法全部罪名的55.7%。在审判实践中，贪利型犯罪比重很高，法院判决财产刑的案件数量巨大，并且主要集中在破坏社会主义市场经济秩序罪、侵犯财产罪和贪污贿赂罪这三个类罪之中。根据2004年江苏省高级人民法院对财产刑的适用与执行问题进行的专题调研，在其对苏北、苏中、苏南共7个中级法院、7个基层法院2003年间审理的1038件一审生效刑事案件进行抽查的结果显示，判处财产刑的案件共计402件，比例达38.7%。在经济犯罪案件中，破坏社会主义市场经济秩序罪和侵犯财产罪案件财产刑适用率

① 刑法共有罪名413个，其中169个罪名规定了罚金刑，61个罪名涉及没收财产刑。参见马登民、徐安柱著：《财产刑研究》，中国检察出版社1999年版，第323、353页。

较高。以镇江市两级法院2000年至2003年间审理的一审生效案件为例：四年间破坏社会主义市场经济秩序罪财产刑适用率依次为100%、84.2%、64.8%、95.2%，财产刑平均适用率达86.1%；侵犯财产罪财产刑适用率依次为95.1%、92.1%、72.8%、90.3%，财产刑平均适用率达87.6%；贪污贿赂罪财产刑平均适用率稍低，平均为25.5%（参见表1）。①

镇江市2000～2003年经济犯罪财产刑适用情况一览表（表1）

年份	2000年			2001年			2002年			2003年		
项目 罪名	案件总数	判处财产刑案件数	财产刑案件百分比	案件总数	判处财产刑案件数	财产刑案件百分比	案件总数	判处财产刑案件数	财产刑案件百分比	案件总数	判处财产刑案件数	财产刑案件百分比
破坏社会主义市场经济秩序罪	35	35	100	57	48	84.2	51	33	64.8	42	40	95.2
侵犯财产罪	772	734	95.1	902	831	92.1	899	654	72.8	828	748	90.3
贪污贿赂罪	65	34	52.3	77	16	20.8	43	3	7	60	13	21.7

（上述数字单位为“件”）

立法和实践中广泛存在的财产刑，要求我们必须关注财产刑的执行问题。财产刑执行系代表国家的法院基于刑法、刑事诉讼法的规定要求被告人缴纳一定金钱或移转其财产所有权给国家并移转财产占有的一种刑罚措施。就财产刑的主体双方及其所依据的法律来看，财产刑为一种公法上的关系；然而就财产刑的内容来看，均表现为一方当事人有请求对方当事人为一定给付的权利，而对方当事人则有作出一定给付的义务。因此关于财产刑的性质，历史上曾长

① 田幸、茅仲华、叶巍：《关于财产刑适用与执行问题的调研报告》，载《中国刑事法杂志》2005年第3期。

期存在“惩罚权说”和“债权说”两种观点；相应地，也就分别存在把财产刑执行视为刑罚权的实现和债权的实现两种观点。但是，“惩罚权说”过于强调刑罚中双方地位的不平等性，忽视了被惩罚者及其债权人的正当权利，不利于刑罚功能的真正实现。正如日本学者美浓部达吉指出的那样，“内容上具有财产的价值的公法关系，在其为财产关系之点，与私法关系有类似的性质，所以某程度内适用私法的规律。”① 因此，有学者提出，财产刑可以被视为被告人对国家所负的债务，国家则对于被告人享有公法上的债权。②

对财产刑本身的性质问题，我们无意作过多的论述（参见上文关于公法债权的讨论），我们着重关心的是财产刑的执行是否会与民事执行发生竞合。按照我国法律的规定，财产刑属于可以独立适用或附加适用的附加刑，包括罚金和没收财产两种。而民事执行的根据则包括民事判决、裁定、调解书和支付令，刑事附带民事判决、裁定、调解书，仲裁裁决书和调解书，以及公证机关依法赋予强制执行效力的债权文书等。因此，上述刑事法律文书与民事法律文书同时指向犯罪嫌疑人的某一特定财产时，就会发生执行的竞合问题。具体来说，财产刑的执行与民事执行的竞合，不仅会在罚金或没收财产与刑事附带民事判决、裁定、调解书之间产生，而且在罚金或没收财产与其他民事执行根据之间也会广泛存在，如刑事被告人对他人负有合同债务或者对本案被害人以外的人负有侵权损害赔偿责任等。

（三）民事强制执行与财产刑执行竞合的解决方案

从理论上来看，在发生民事强制执行与财产刑执行竞合的情况下，可以选择的解决方案无外乎以下几种：

---

① ［日］美浓部达吉著：《公法与私法》，中国政法大学出版社 2003 年版，第 151 页。

② 肖建国：《论财产刑执行的理论基础》，载《法学家》2007 年第 2 期。

1. 先民后刑

应当先对民事债权予以清偿，尚有余额的，再执行财产刑。我国现行刑法的有关规定，即体现了这种精神。《刑法》第 36 条规定：“由于犯罪行为而使被害人遭受经济损失的，对犯罪分子除依法给予刑事处罚外，并应根据情况判处赔偿经济损失。”“承担民事赔偿责任的犯罪分子，同时被判处罚金，其财产不足以全部支付的，或者被判处没收财产的，应当先承担对被害人的民事赔偿责任。”

2. 先刑后民

应当先执行财产刑，财产刑执行后尚有余额的，再对民事债权予以执行。如果是判决没收全部财产，按照先刑后民的原则，则根本不可能执行民事裁判或其他民事执行根据。这种观点不仅与现行《刑法》第 36 条等条款的规定相冲突，而且在法理上也是有害的，不利于刑事被害人和其他债权人的合法权益的保护。但这种做法，在我国司法实践中却时有出现，“2004 年香港凤凰卫视董事局原副主席周一男被害案”就是一例。

2004 年香港凤凰卫视董事局原副主席周一男被害案

周一男系香港凤凰卫视董事局原副主席，家住深圳福田区某公寓。周一男的邻居是一名香港人，该香港人妻子是湖北人。周妻向永进与这名湖北女子平日都喜爱打麻将，常邀到家中切磋手艺。2004 年 5 月初，湖北女邻居邀约了数名老乡拜访周家。由于周妻生性好客，加上又是邻居，所以对几人可谓招待有加。在打麻将期间，这几名湖北人发现周妻出手阔气，便心生歪念。事后，其中一人打听到周家很有钱，甚至还拥有一辆宝马轿车和一辆奔驰跑车，于是伺机作案。5 月 26 日中午，4 名湖北男子趁周一男夫妇带 5 岁小女儿出门、只有保姆在家时，潜入周家，以暴力制伏小保姆后，大肆搜刮周家财物。不满足的 4 名歹徒决定“守株待兔”，静待周一男回家。当日下午 3 点，周妻独自一人先返回家中，进门后随即便被躲藏在门后的歹徒制住，其中两人逼她交出银行卡和说出密码，并威胁不讲就用刀捅。周妻说了一串假密码想蒙混过关，谁知歹徒提款未果后返回周家，再次对周妻严刑逼供，并在获得真实密码提款后将周妻杀害。下午6点，周一男带着小女儿返家。歹徒用同样的方法获取了周一男的银行卡和密码后将其残忍杀害，而中途歹徒为了威逼周一男说出密码，竟将周一男的小女儿割喉放血致死。数日后，邻家一小孩玩耍时发现周家门缝有污血流出，小孩家人立即向公安机关报案。经过30余小时的缜密侦破，深圳警方在湖南长沙抓获犯罪嫌疑人谢某某，接着又在广东东莞、河北张家口等地抓获另外4名犯罪嫌疑人。

检察机关提起公诉后，该案在经过了一审和二审后，5名主犯均被判处死刑，剥夺政治权利终身，并处没收个人全部财产。但在随后的民事诉讼中，被害人向永进的父亲在深圳市中级人民法院（以下简称深圳市中院）支持其总数达百万元的民事索赔的判决后，竟作出惊人之举：向永进的父亲向广东省高级人民法院提出上诉，表示不服深圳市中院作出的刑事附带民事判决，请求改判5名被上诉人赔偿各种损失1万元。其上诉理由是：5名被上诉人的个人财产已被深圳市中院判决全部没收，已没有任何财产来履行刑事附带民事判决确定的赔偿金额，因而上百万元的民事赔偿对上诉人来讲，已没有任何实际意义。①

3. 按执行措施的先后顺序进行清偿

在民事执行理论中，存在所谓的“优先原则”或“优先主义”，即首先对债务人的财产申请查封的债权人，享有优先于其他无法定优先权（如质权、抵押权等）的债权人受清偿的权利。如按照此原则来处理财产刑与民事执行的竞合问题，则不必区分被执

① 参见胡纪平：《财产刑与民事执行的竞合及其处理》，载《当代经济》2007年第9期。

行人所负给付义务（责任）的性质是刑事上的还是民事上的，而只是按照采取强制执行的先后顺序予以执行。

4. 按比例平等清偿

在民事执行中，平等原则或平等清偿原则是指，先申请查封的债权人，除有法定优先权者外，无优先受偿的权利，各债权人应当按债权额的比例就执行所得公平地予以分配。如按照此原则来处理财产刑与民事执行的竞合问题，则不应区分其性质，而只需按照比例来执行财产刑和民事债权。

笔者认为，在民事执行与财产刑执行发生竞合的情况下，先民后刑的观点是较为妥当的。我国现行法也确立了民事执行优先于财产刑执行之原则，具体就表现在我国《刑法》第 36 条的规定之中。该条规定，附带民事案件中所确定的民事赔偿责任优先于同一犯罪行为所判处的罚金的执行。但我国法律没有明确规定的是，犯罪分子所负的其他债务能否优先于罚金的执行。有的学者担心，“如果对犯罪人所承担的任何与犯罪无关的民事赔偿责任也适用该原则的话，那么财产刑将无法执行。”① 这种观点值得商榷。

其实，从我国《刑法》第 36 条规定上看并不能得出其他民事赔偿责任或民事债务不能优先于财产刑的结论。而且《刑法》第 60 条明确规定了犯罪分子于刑事判决生效前发生的合法债务的执行应当优先于没收财产的执行。立法者在衡量犯罪分子负担的民事债务与没收财产刑之间的冲突时，价值取向于私法债权的保护是不言而喻的。笔者认为，立法者的这一立法意图也应贯彻到罚金刑执行和私法债权发生竞合时的解决机制中，全面确立私法债权执行的优先原则。在最高人民法院《关于民事执行中多个债权人参与分配问题的规定（送审稿）》第 10 条中规定，对同一被执行人同时执行民事债权、行政罚款、司法罚款或者罚金、

① 邵维国著：《罚金刑论》，吉林人民出版社 2004 年版，第 300 页。

没收财产的，民事债权优先。该司法解释不仅承认行政罚款、司法罚款和财产刑具有公法上债权的性质，而且宣告了私法债权优先受偿的原则，符合立法原意和法理。

从理论上看，财产刑执行后于私法债权得到执行，具有法律上的正当性和实践中的正义性。首先，由于财产刑是国家向被告人收取一定数额的金钱或没收其合法财产作为刑罚方法，为公法上的债权，具有惩罚性和无偿性；而私法债权则是债权人基于支付的对价或受到损害而取得的请求债务人给付金钱或财产的权利，具有补偿性和对价性。这两种性质不同的责任决定了后者在道义上较前者更具有优先受偿的道德优势。其次，财产刑易科制度表明财产刑具有可替代性，可以易科自由刑或者以社会服务、矫正劳动等其他刑罚或强制措施代替罚金刑；而私法债权的补偿性决定了只有金钱或财产赔偿才能达到恢复原状弥补损失的目的。最后，国家和私法债权人承受执行不能的能力存在差异。国家科处被告人财产刑并非追求财政收入，国家也不会因财产刑未实际执行而导致财政困难；而私法债权人则不同，执行与否可能影响到当事人的基本生活。① 所以，在民事执行与财产刑执行发生竞合的情况下，先民后刑的观点是较为妥当的。

---

① 肖建国：《论财产刑执行的理论基础》，载《法学家》2007 年第 2 期。

第三章 民事强制执行竞合的理论基础

理念制约甚至决定行为，构建科学的、完善的法律制度必须以一定的法学理论为基础。强制执行竞合问题的解决也概莫能外。人民法院的执行活动是一项极具实际操作性的工作，执行人员要使主观的司法活动符合客观实际，要将法律规定、生效法律文书运用实施到具体案件中。执行工作可能需要解决生效法律文书上并未载明的、意想不到的问题，可能引发“执行难”、“执行乱”的问题。尽管我国的执法环境具有一定的复杂性，一项执行法律制度还要充分考虑该项制度实施的社会背景、民众心理，而且，这些问题有时并非完全渊源于纯粹的法律上的原因，但是，我们必须认识到执行实务需要由执行理论的指导、理性的指引，否则，闭门造车的代价是高昂的，甚至会误入歧途。所以，强制执行法学的研究应当先从强制执行的原理出发，发现其固有的规律，同时借鉴外国有益的强制执行法律原则和制度，使之符合司法现代化的要求，继而完善我国各项强制执行制度，提高人民法院执行工作的运作水平，切实解决“执行难”、“执行乱”的问题，解决强制执行竞合中的疑难问题。

在完善我国强制执行制度时，首先必须弄清楚这样几个前提性问题：强制执行程序的目的是什么，即强制执行程序的价值取向是什么？强制执行程序的基本原则如何？这些问题从表面上看似乎无关痛痒，但其实直接关系到我国各项强制执行制度的安排，关系到强制执行制度解决实践中问题的实效性。因此，本章打算首先对这些基本的理论问题进行研究。

第一节　民事强制执行程序的目的

德国法学家耶林指出："目的是全部法律的创造者。每条法律规则的产生都源于一种目的，即一种实际的动机。"① 作为一个哲学范畴，目的是主体在认识客体的过程中，按照自己的需要和对象本身的固有属性预先设计，并以观念形态存在于主体头脑中的某种结果，它体现了对自身的需求与客观对象之间的内在联系。人与动物最基本的区别在于，人的活动是有目的的。马克思指出："蜘蛛的活动与织工的活动相似，蜜蜂建筑蜂房的本领使人间的许多建筑师感到惭愧。但是，最蹩脚的建筑师从一开始就比最灵巧的蜜蜂高明的地方，是他用蜂蜡筑房以前，已经在自己头脑中把它建成了。劳动结束时得到的结果，在这个过程开始时就已经在劳动者的表象中存在着，即已经观念地存在着。"② 马克思这段关于人类目的活动与动物本能活动区别的精辟论述，对我们研究目的论具有普遍的方法论意义。当前，我国民事执行制度改革正在如火如荼地进行，如果不清楚强制执行程序的目的是什么，怎么能推进执行改革？怎么能深化执行体制改革？因此，研究强制执行程序的目的不仅有重要的理论意义，也有非常重要的现实意义。

一、民事强制执行程序目的与民事诉讼程序目的的关系

强制执行程序的目的与民事诉讼程序的目的并不完全是同一个事物，只有在正确认识二者关系的前提下，才能科学地界定强制执行程序的目的。

---

① ［美］博登海默，邓正来译：《法理学、法哲学与法律方法》，中国政法大学出版社 1999 年版，第 109 页。

② 《马克思恩格斯全集》第 23 卷，第 202 页。

（一）民事诉讼程序的目的学说评介

诉讼目的论，与诉权论、既判力本质论同被视为传统民事诉讼法学理论中三大抽象而重要的基本理论。① 自民事诉讼程序的目的论产生后，到目前为止，在民事诉讼制度为什么而设立的问题上，在德国、日本等大陆法系国家先后形成了多种不同的学说。

1．权利保护说

这种学说认为，国家禁止以私力救济私权，乃设立民事诉讼制度，由法院对当事人的实体权利予以保护，所以，保护实体法所规定的实体权利就是民事诉讼制度的目的。这种学说为德国学者萨维尼、温德雪德所倡导，至今仍为德国目前之通说。这一学说的最大缺陷为不能解释民事诉讼在保护权利的同时，为何还要讲求诉讼经济和程序公正。

2．私法秩序维持说

德国学者标罗认为，民事诉讼制度是国家基于维护自身制订的私法秩序而设立的。国家为了调整私人之间的利害关系而制定了司法规则，从而建立了私法秩序。但仅有私法秩序不行，还必须要建立一种制度来维持这种私法秩序，保障私法法规的实效性，这种制度就是民事诉讼制度，维持私法秩序也就是民事诉讼程序的目的。

3．纠纷解决说

针对权利保护说和私法秩序维持说的对立，日本学者兼子一提出了纠纷解决说，并得到了三月章等人的支持，使之成为日本的通说。该说认为，以裁判解决纠纷的诉讼或审判制度在实体法尚不发达的时代就已存在，实体法是在解决纠纷的过程中逐渐形成和发展起来的，即使在实体法相当完备的今天，仍然存在没有实体法依据的情况，但法院并不能因此拒绝作出裁判，因此，认为民事诉讼程序的目的在于保护实体权利或维持私法秩序都是本末倒置，只有解

① 陈荣宗：《举证责任分配与民事程序法》，台湾地区三民书局 1984 年版，第 153 页。

决纠纷才是民事诉讼制度的目的。

4. 程序保障说

随着人们对诉讼程序的重视尤其是对正当程序的强调，只重视判决结果的诉讼目的观受到了怀疑和批判。日本学者井上治典认为，保障当事人在诉讼程序中平等地进行攻击和防御才是民事诉讼的目的，判决只不过是程序保障的结果。而且，民事纠纷的解决并不都要经过判决，在许多情况下，纠纷是通过当事人之间达成和解解决的，通过判决解决纠纷的设想没有能够很好地把握民事诉讼对于解决纠纷的功能和作用。

5. 权利保障说

日本学者竹下守夫通过对宪法赋予法院的司法权的作用进行考察，认为民事诉讼制度的目的在于保障以宪法为基础的法律规范所认可的国民的权利，简言之，民事诉讼的目的在于保障权利。竹下守夫认为，权利保护说没有考虑实质权与请求权的功能差异，纠纷解决说无法解释现代型诉讼（如公害诉讼、产品责任诉讼等）的目的，程序保障说极端轻视国家司法权在诉讼中的作用，因而都是有局限的，只有权利保障说才能全面地说明民事诉讼的目的。[①]

诉讼目的论引入我国后，国内学者也相继提出了维护社会秩序说、诉讼目的多元论、纠纷解决说、利益保障说等多种观点。但相比较而言，其影响力都不及上述诸学说，故不详述。

（二）民事强制执行程序与民事诉讼程序的异同

从上述分析看，各种诉讼目的学说其实都是在讨论民事审判程序的目的，而没有涉及民事执行的目的。所以，很难说这些目的论与民事执行目的论有直接的关系。当然，关于执行程序与民事诉讼程序的关系，理论界存在很大争议，代表性的观点有：

① 关于上述各学说的内容，参见李祖军：《民事诉讼目的论》，法律出版社 2000 年版，第 102 ~ 123 页。

1. 把民事执行程序视为民事诉讼程序的组成部分

有的学者认为，“执行程序在民事诉讼中与审判程序相结合，构成民事诉讼的有机组成部分。我国立法上将执行程序置于民事诉讼法典之中，实际上就是将执行程序视为民事诉讼程序。”① 将强制执行程序视为民事诉讼程序的组成部分，其理由概括起来有三：“一是我国将强制执行法律规定在民事诉讼法中，而且世界上大多数国家都是这样规定的。二是民事审判和强制执行都是保护当事人民事权利的程序，只不过保护的当事人在不当阶段的同一权利。三是民事诉讼是强制执行的前提和基础，强制执行是民事诉讼的继续和发展，二者密不可分。”②

2. 认为民事诉讼有广义与狭义两种涵义

广义的民事诉讼包括审判程序和执行程序，狭义的民事诉讼只包括民事审判程序，不包括民事执行程序。例如，有的学者认为，强制执行与民事诉讼的关系，因民事诉讼是广义还是狭义而有所区别：广义的民事诉讼与强制执行是包含与被包含的关系，强制执行是广义民事诉讼的一部分；狭义的民事诉讼与强制执行是并列关系，同为保护民事权利程序之一种，前者是确认当事人权利的程序，后者是实现当事人权利的程序。③

3. 认为强制执行程序是与民事诉讼程序根本不同的两类程序

有的学者认为，强制执行程序是与审判程序、诉讼程序相并列的一种程序。执行程序是民事诉讼法中的法定程序，它与审判程序密切相关，是案件审结后具有执行力的法律文书的实施程序。但是，执行程序不同于审判程序和诉讼程序，它是以人民法院的司法

① 江伟主编：《民事诉讼法》，高等教育出版社、北京大学出版社2000年版，第365页。

② 最高人民法院执行办公室：《民事诉讼和强制执行的关系》，载《人民司法》2001年第11期。

③ 孙加瑞著：《中国强制执行制度概论》，中国民主法制出版社1999年版，第24页。

执行权为基础的，以强制性为特点的，以多种措施为主要内容的独特程序。如果说审判程序以审判权为基础，诉讼程序以诉权为基础，那么执行程序就是以司法执行权为基础。[①] 也有学者认为，民事执行程序与民事诉讼程序是迥异的两类程序，后者为解决纷争、确认民事权利的程序，前者是以国家强制力为后盾的实现裁判所确认的权利的程序。[②]

综合以上各种观点，我们发现无论其具体观点是什么，但在民事强制执行程序与民事审判程序既有联系又有区别这一点上，是都不否认的。尤其当强制执行根据是法院制作的判决书、裁定书、调解书等裁判文书时，这种联系就更为密切，这时民事审判是民事强制执行的前提，民事强制执行是民事审判程序的继续。但是，即使如此，也不能用民事审判程序的目的来套用到民事强制执行程序之中。因为这毕竟存在根本上的差异，这主要表现在：

首先，民事审判程序与民事强制执行程序的价值目标不同。当我们研究民事审判程序的时候，我们会发现，几乎没有学者否认审判公正的价值是审判程序的首要价值目标，效率价值只是次要的价值目标。但是，民事强制执行程序中的价值排序，却是效率优先、兼顾公正。正如我国刑事诉讼法学者指出的那样，“一个国家特定时期占社会主导地位的刑事诉讼法律价值观，是形成该国特定时期刑事诉讼目的的决定性因素，刑事诉讼目的就是占社会主导地位的刑事诉讼法律价值观的反映，是国家在刑事诉讼上所追求的价值目标的最集中的体现。”这一观点，在界定民事强制执行程序的目的时也是适用的。

其次，民事审判与民事执行的任务不同。民事审判的任务是对

① 柴发邦主编：《中国民事诉讼法学》，中国人民公安大学出版社 1992 年版，第 517 页。

② 肖建国著：《民事诉讼程序价值论》，中国人民大学出版社 2000 年版，第 619 页。

当事人之间的争执作出判断，以确定其实体权利义务关系；但执行程序的任务是实现经确定的权利，以安定当事人之间的法律关系。任务不同于目的，但任务在一定程度上能够反映目的，民事审判与民事执行在任务上的差异也反映了其目的上的差异。[①]

最后，民事审判与民事执行的功能不同。民事审判的功能在于对当事人之间的争执作出居中裁判，在审判程序中，法官处于超然的第三者位置对当事人之间的争执作出裁判，所以有人将其比作运动场上的裁判员；而民事执行的功能则在于实现当事人的权利，并以此确保司法的威信，在执行程序中，执行者不再处于第三者的中间立场，而是站在债权人一方，采取强制措施实现债权人的权利。"一种社会事实的功能应该永远到它与某一社会目的的关系之中去寻找。"[②] 同样，民事审判与民事执行在功能上的差异，也能在一定程度上反映二者在目的上的差异。

总之，民事审判与民事执行既有联系也有区别，尤其是二者在价值目标、任务和功能上存在较大差别，所以，民事执行的目的与民事审判的目的存在某种一致性，但又不可能完全同一，我们不能简单地以民事诉讼的目的来套说民事执行的目的。

二、民事强制执行程序的目的之应然定位

（一）我国既有强制执行目的学说的评介

在我国，理论界对民事强制执行目的论的研究并不多见，而且普遍存在将强制执行的目的与强制执行的任务、目标、价值、功能等混同的现象。司法实务界对强制执行目的的研究，则通常是从强制执行的概念中进行推导，可以说有几种关于强制执行的概念，就有几种强制执行目的论。就目前的资料来看，代表性的观点主要有

---

① 谭秋桂著：《民事执行原理研究》，中国法制出版社 2001 年版，第 57 页。

② ［法］E·迪尔凯姆著：《社会学方法的准则》，商务印书馆 1995 年版，第 125 页。

如下几种：

1. 强制债务人履行义务说

有的学者认为，强制执行是指“人民法院的执行组织依照法律规定的程序，对生效的法律文书确定的内容，运用国家的强制力量，依法采取强制措施，强制负有义务的当事人完成义务的行为”。① 这种观点似乎是把强制执行作为手段，把强制债务人履行义务作为强制执行的目的。

2. 实现生效法律文书的内容说

有的学者认为，强制执行是指“人民法院按照执行根据，运用国家执行权，依据执行程序迫使被执行人实现法律文书确定的内容的行为”。② 这种观点似乎是把强制执行作为手段，把实现生效法律文书的内容作为强制执行的目的。

3. 实现债权人的债权说

有的学者认为，“所谓民事强制执行，就是国家执行机关以已生效的法律文书为执行根据，依照法定程序，运用国家强制力，强制债务人（被执行人）履行执行根据已确定的义务，以实现已确定的民事权利（债权）的活动。”③ 这种观点似乎是把强制执行作为手段，把实现债权人的民事权利作为强制执行的目的。

4. 满足强制执行请求权说

有的学者认为，“强制执行是以强制实现民事、经济法律和行政法律、法规上的强制执行请求权为目的的活动。”④ 据此，该学者似乎认为民事执行的目的是强制实现民事、经济法律上的强制执行请求权。

---

① 柴发邦主编：《民事诉讼法学新编》，法律出版社 1992 年 6 月版，第 423 页。

② 常怡主编：《民事诉讼法学》，中国政法大学出版社 2002 年修订版，第 422 页。

③ 孙加瑞主编：《中国强制执行制度概论》，中国民主法制出版社 1999 年版，第 14 页。

④ 常怡主编：《强制执行理论与实务》，重庆出版社 1990 年 11 月第 1 版，第 2 页。

5. 保护私权和维护公共秩序双重目的说

有的学者认为，“强制执行是债权人取得执行根据，请求国家运用强制力实现其权利的程序，所以，保护私权是强制执行制度的首要目的。由于强制执行已排除了债权人自力救济而进入了公力救济，以国家的强制力来实现私权，因此，维护社会公共秩序是强制执行制度的次要目的。”①

6. 实现法的安定说

有的学者认为，综合考量统治者的需要以及民事执行的任务、价值和功能等要素，民事执行的目的在于实现法的安定。“执行程序是实现法的安定的最终途径，法的安定也是执行程序的最终目的。法的安定包括两个方面：一是法律程序的安定，简称程序安定；二是实体法律关系的安定，即权利的安定。”② 有的学者进一步指出，前述五种观点都可以称之为“债务目的论”，这种认识在实践中带来十分严重的不良后果：其一，导致人民法院由公正执法者演变为“义务兑现者”，替债务人背上了沉重的债务包袱；其二，迫使人民法院由公正执法者演变为“违法者”，“执行乱”难以杜绝；其三，助长执行人员机械执法意识，不能正确处理严格执法与正确贯彻落实中央政策的关系。③

（二）我国民事强制执行程序目的之应然定位

笔者认为，正确界定强制执行的目的，离不开对强制执行的价值、任务和功能的正确认识。正如在本书第一章中所界定的那样，强制执行是指执行机关依据执行根据，运用国家强制力，强制债务人履行生效法律文书所确定的义务以实现债权人权利的行为。从这一概念来看，强制义务人履行生效法律文书确定的义务，是执行手

① 江伟主编：《中国民事诉讼法专论》，中国政法大学出版社 1998 年版，第 266～267 页。

② 谭秋桂著：《民事执行原理研究》，中国法制出版社 2001 年版，第 57 页。

③ 参见霍力民主编：《强制执行的现代理念》，人民法院出版社 2005 年版，第 46 页。

段；实现债权人的权利，是执行目的；实现生效法律文书的内容和满足执行申请人的请求权，以及实现法的安定，则是执行的法律效果和社会效果。因此，强制执行的目的当为实现债权人的债权无疑。

把实现债权人的债权作为强制执行的目的，是由强制执行的任务、功能所决定的。虽然学界关于民事审判程序与民事强制执行程序的关系的理解各异，但有一点几乎是所有人都承认的，即民事审判程序的主要任务和功能是确认当事人之间发生争议的权利义务状态，以解决纠纷；民事强制执行的主要任务和功能是实现为生效裁判文书所确定的民事权利和义务。我国台湾地区学者亦持这种观点，如杨与龄教授认为，“权利，需其内容可以实现，始具有价值……时代进步，国家权力渐强，法律日臻完善，私权之保护，原则上禁止自力救济，而由国家以公权力行之。此种保护国家私权之程序，可分为二：一为确定私权之程序……此一程序，即民事诉讼程序，系由审判机关任之。二为实现私权之程序。私权确定后，义务人如不履行义务，私权被侵害或不满足之状态，仍不能除去，审判机关之判决，亦形同空文，国家为维持司法之威信及社会秩序，乃运用公权力，强制义务人履行义务，以实现私权之内容。此一程序，即强制执行程序……强制执行程序，乃实现确定之私权为目的。”①

对于有学者对实现债权的目的论所提出的质疑，如导致人民法院由公正执法者演变为“义务兑现者”，替债务人背上了沉重的债务包袱云云，笔者认为，执行机关以公权力保护私权这是它天然的义务，如果不愿承担这个义务就不需要设置这个公权力机关。至于迫使人民法院由公正执法者演变为“违法者”，“执行乱”难以杜绝的责难，我们认为在逻辑上也是难以成立的，“执行乱”的原因虽说有法律不完善的因素在里面，但归根结底还是执行机关及其工

① 杨与龄编著：《强制执行法论》，台湾地区三民书局2007年修正版，第3～4页。

作人员本身素质不高，不能担当强制执行的重任所致，与实现债权的目的论没有必然联系。

当然，任何一种理论学说都需要进行阐释，而不可能指望一个概念或定义就能完成理论使命。笔者认为，强制执行的目的虽然是实现债权人的债权，但还应当对这一目的进行进一步的解构。具体来说，包括以下两个方面的内容：

首先，要注意对多个债权人的债权进行公正的保护和实现。在一个执行案件中，强制执行的目的就是保护该债权人的利益，无须更多地解释。但是，当债权人为多人时，就涉及对多个债权人如何保护和实现的问题。例如，当多个金钱债权的债权人同时对债务人的特定财产申请强制执行，而债务人的财产不足清偿所有债务时，也就是在出现强制执行竞合的情况时，是采取各债权人平等分配财产呢？还是优先保护和实现先申请的债权人的债权呢？换句话说，是采取平等主义呢？还是采取优先主义呢？再如，当债权人基于不同类型的债权申请强制执行时，有的债权人的债权基于民法上的担保物权而享有优先权，有的则只是一般债权，那么应不应当对享有优先权的债权给予优先实现呢？上述问题的解决，从强制执行程序的目的是实现债权人的债权这一目的本身来说，并不能给出直接的回答，还需要借助于强制执行的另一理论基础，即强制执行程序的价值。但总的来说，民事执行程序与民事审判程序公正优先、兼顾效率的价值定位不同，它是实现债权人债权的程序，应当强调债权实现的实效性、快捷性，因此注重效率、兼顾公平将是处理多个债权人的债权实现的基本指导思想。

其次，要注意对债权人和债务人之间权利进行平等的保护。从某种意义上说，我国长期存在的“执行难”问题，是对债权人的债权没有很好的保护的一个突出表现。但是，实践中出现的“执行乱”问题，尤其是有些执行法院随意扣押被执行人作为人质、任意变更被执行人、随意重复查封和肆意解除查封措施等，则是没有注意对被执行人权利进行依法保护的突出表现。强制执行的目的虽然是实现法律文书确定的债权人的债权，但却不能以牺牲债务人的合法权益为代价来实现这一目的。因此，如何建立各种执行救济制度，尤其是在执行竞合的情况下，建立债权人和债务人的执行救济制度，就是保障强制执行程序的目的以合理的方式实现的重要途径。

第二节 民事强制执行程序的价值

从根本上看，任何法律制度都以实现一定的法律价值为出发点和最终归宿，民事强制执行程序也是一样。因此，从价值角度分析和探讨民事强制执行程序及强制执行竞合问题，对于强制执行竞合解决方法的设计和操作意义重大。

价值最初是经济学中的一个专业术语，表示商品交换的社会尺度。19 世纪时，经思想家们和各种哲学流派的影响和推动，价值这一概念开始延伸到哲学和社会科学的各个领域。[①] 关于价值的概念，尽管学术界作出了多种界定，但是，仍没有达成共识。马克思指出，"价值这个普遍的概念是从人们对待满足他们需要的外界物的关系中产生的"，[②] "是人们所利用的并表现了对人的需要的关系的物的属性"，"表示物的有用或使人愉快等等的属性"。[③] 将这一概念运用到法学领域，就产生了法学上的价值。对法学上的价值，即法律价值也有不同的理解。有学者认为，法律价值是"以法与人的关系作为基础的，法对于人所具有的意义，是法对人的需要的满足，也是人关于法的绝对超越指向"。[④] 也有学者认为，在法学中，价值是指主体与客体之间的需要以及满足需要相统一的效应关

---

① 肖建国著：《民事诉讼程序价值论》，中国人民大学出版社 2000 年 5 月版，第 56 页。

② 《马克思恩格斯全集》第 19 卷，人民出版社 1995 年版，第 406 页。

③ 《马克思恩格斯全集》第 26 卷，人民出版社 1995 年版，第 139 页。

④ 卓泽渊著：《法的价值论》，法律出版社 1999 年版，第 10 页。

系。在价值关系中，存在着两个尺度：一是客体性能与属性；二是主体的需要和利益。当客体的性能与属性同主体的需要和利益相一致时，就表明具有价值。在实践中，由于主体的需要具有多样性，如公正的需要、效率的需要等，因此，就产生了公正价值和效率价值。① 按照法理学界的通说，可以从三个方面来理解法学上的价值：第一，它是指法促进哪些价值，如自由、民主、正义、效率、秩序等，这种价值构成了法律所追求的理想和目的，因此可以称之为"目的价值"；第二，指法本身有哪些价值。这种意义上的价值可以称为"形式价值"，是由法的目的价值所决定，并最终去实现和体现法的目的价值；第三，在不同类价值之间或同类价值之间发生矛盾时，法根据什么标准来对它们进行评价，即法律所包含的价值评价标准。

尽管不同的法律制度对法律价值的关注有所差异，但是，公正和效率始终是各项法律制度永恒的话题和追求，每一领域的学者们都在努力探讨和协调二者的关系。作为法律程序和制度的一种，民事强制执行程序也是如此。一方面，就保护债权人的权利而言，债权人不仅希望执行程序迅速，更希望其权利能得到完全实现；另一方面，就债务人而言，民事强制执行程序又需要兼顾债务人的正当利益，避免因强制执行程序的不当而侵害债务人的人格和正当权利。那么，在民事强制执行程序中，如何将两者协调起来而不发生冲突，是民事强制执行所要达到的目的。民事强制执行程序中的每一项制度和规定、措施的出台，要么是为了保证公正，要么是为了提高效率，或者是协调二者之间的关系。而民事强制执行竞合的解决，也正与民事强制执行的价值相吻合。

① 刘敏著：《当代中国的民事司法改革》，中国法制出版社 2001 年 8 月版，第 24～25 页。

一、执行公正

（一）公正、执行公正的涵义

公正，也称正义。尽管人们普遍认为公正或正义是社会制度和法律规范不可或缺的基本价值蕴涵，但是，对于什么是正义或者说什么是法律正义这一问题在不同的时代、不同的人中却有不同的理解。例如，乌尔比安认为，正义是各人得其所应得；柏拉图认为，正义即和谐；亚里士多德认为，正义即平等；卢梭认为，正义即自由；阿奎那认为，正义就是共同幸福，等等。

美国学者罗尔斯对正义作了系统的分类，将正义分为实质正义、形式正义和程序正义三大类。实质正义是关于社会的实体目标和个人的实体性权利与义务的正义；形式正义的基本涵义是严格地一视同仁地依法办事；而程序正义则是介于实质正义与形式正义之间的正义，它要求规则在制定和适用中程序具有正当性。

在具体的法律制度中，实质正义是指立法在确定人们实体权利义务时所要遵循的价值标准，如平等、公平、合理等；形式正义是指法律适用方面的正义，只要严格依法办事，或者说严格地执行和遵守体现实质正义的法律和制度，就符合形式正义；程序正义是指立法者在程序设计、司法者在程序操作过程中所要实现的价值目标。就程序利益的分配而言，程序正义与实质正义有内在联系，就程序规范的普遍效力和遵循的强制性要求而言，程序正义又和形式正义密不可分。但是，程序正义既不属于实质正义也不能简单地归结为形式正义。“程序正义本质上是一种过程价值，它主要体现于程序的运作过程中，是评价程序本身正义与否的价值标准”。①

我国学者一般认为，公正是指人们之间分配关系上的合理状态，“公正是指人们之间权利或利益的合理分配关系，如果人们之

① 张卫平主编：《司法改革评论》（第一辑），中国法制出版社 2001 年 11 月版，第 204 页。

间的权利或权益分配——分配过程、分配方式和分配结果——是合理的，则被称之为公正；反之，则被称之为不公正”。①

什么是司法公正？从司法的角度而言，司法活动之所以存在，就是因为当事人之间的实体法律关系发生了争议，双方当事人之间实体权利义务的分配有可能处于不合理的分配状态，司法活动的目的即是对这一不合理的分配关系进行矫正，使它回复到实体法的规定上来。因此，司法活动实际上是司法机关通过司法程序在当事人之间分配程序性权利、义务和重新分配实体权利义务的过程。司法公正简单地说，就是指在司法过程中，当事人之间的实体权利义务和程序权利义务的合理分配关系。

司法公正不仅包括审判公正，还包括执行公正。审判公正是司法公正的重要组成部分和中心内容，但是，人民法院仅依靠审判活动难以真正实现其公正的社会价值。而在执行程序中，人民法院将审判的结果通过强制执行程序付诸实施，使当事人的合法权利得以公正地实现。从某种角度讲，法律的公正和正义的伸张在执行程序中可以更为直观地被人们所感受，如果法律所确定的权利与义务得不到实现或不能及时实现，势必影响到当事人乃至社会公众对司法的怀疑。社会对司法公正的要求，同样也是对执行行为的要求，因此，执行公正作为司法公正的一部分，成为不容忽视的重要方面。

综上所述，执行公正就是指在强制执行过程中，执行当事人之间的实体权利义务和程序权利义务的合理分配关系。

（二）执行公正的基本内容

就公正与司法的关系而言，将司法公正分为司法的实体公正和程序公正两个方面较为妥当。同样，作为司法活动的重要内容，执行公正也应当包括执行的结果公正和执行的程序公正两个方面。

1. 执行结果公正

执行的结果公正是人们对强制执行的基本价值需求，如果执行

---

① 陈桂明：《诉讼公正与程序保障》，中国法制出版社1996年版，第2页。

结果不公正，即使执行程序再公正，也不能认为是公正的执行。那么，什么是执行结果公正？有的学者认为，强制执行的结果可以从两个方面来考察：其一，是强制执行程序是否实现了裁判所确定的内容；其二，是强制执行程序是否实现了权利人的实体权利。前者是强制执行程序意义上的结果，后者是强制执行实体意义上的结果。也就是说，强制执行结果可以从程序和实体两个方面进行衡量。①

笔者认为，上述观点值得商榷。因为，强制执行的目的是为了实现债权人的权利，以保护私权，在执行程序中，为了达到这一目的，法院必须依照裁判所确定的内容采取强制措施，所以，裁判内容的实现既是程序上的结果也是实体上的结果，将两者进行人为的区分并无实际意义。因此，强制执行结果公正，是指强制执行通过实现裁判确定的债权人的权利，使权利从法定状态转变为实有状态，维护了债权人的权利。从这个意义上说，公正的强制执行程序也是实现执行结果公正的重要工具。

2．执行程序公正

执行程序公正主要是指执行程序进行过程中所要遵循的价值标准。美国学者罗尔斯将程序公正分为三种，即纯粹的程序正义、完善的程序正义和不完善的程序正义三种模式。②

所谓纯粹的程序公正，是指只要程序要件得到充分满足和考虑，那么无论得到什么结果都应当认为是公正的。“在纯粹的程序公正中，不存在对正当结果的独立标准，而是存在一种正确的或公平的程序，这种程序若被人们恰当地遵守，其结果也会是正确的或公平的，无论它们可能会是一些什么样的结果。纯粹程序公正的一

① 谭秋桂著：《民事执行原理研究》，中国法制出版社2001年10月版，第69～70页。

② ［美］罗尔斯：《正义论》，中国社会科学出版社1988年版，第80～81、221～225、532页。

个明确特征是：决定正当结果的程序必须实际地被执行，因为在这些情形中没有任何独立的、参照它即可知道一个确定的结果是否正义的标准”。[①] 所谓完善的程序公正，是指在程序之外存在着决定结果是否合乎正义的独立标准，而且，也存在着使这个标准得以实现的程序，即完善的程序公正有两个特征：其一，是在程序之外存在着衡量是否公正的标准，其二，同时也存在着使这一结果得以实现的程序；所谓不完善的程序公正，是指程序未必一定能得到正当的结果，需要借助程序正当化的手段、采取程序之外的方法使结果正当。在现实的法律制度包括民事强制执行程序中，往往是虽然在程序之外存在着衡量什么是公正的客观标准，但是，百分之百地满足这个标准得以实现的程序却不存在。所以，承认程序公正的意义，并把不完善的程序公正通过正当化手段、程序技术装置或拟制使之成为完善的程序公正就显得至关重要了。

罗尔斯对程序公正的分类比较恰当地反映了程序公正的类型。执行程序公正也是如此。同时，笔者认为，执行程序公正并不仅仅是达到执行结果公正的工具，其本身具有独立的内在价值。

一般地说，执行程序公正具有以下功能：其一，有助于实现司法结果的公正。在审判过程中，法院只有严格遵守公正的程序，确保程序公正，才能更好地查明事实，作出正确的裁判。在强制执行程序中，法院只有严格地按照执行程序采取强制措施，确保程序公正，才能有助于实现债权人的权利，从而实现执行结果的公正。其二，程序公正会产生使结果正当化的效果。结果的正当性意味着通过行使权利所产生的结果被人们作为正当的东西加以接受。在公正的程序下，当事人受到了平等的对待，并且受到了充分的程序保障，特别是判决结果或执行结果是在法院按照公正的程序严格依法进行而产生或达到的，那么，该结果一般会被当事人所接受及被社会所认可。其三，程序公正有限制恣意的功能。在法院解决纠纷和

① ［美］罗尔斯：《正义论》，中国社会科学出版社 1988 年版，第 82 页。

运用国家强制力实现当事人权利的过程中，由于法官素质的原因，法官的恣意是难免的，因此，有必要设置一些制度来限制法官的恣意，如诉讼中的审级制度。程序公正要求对当事人予以充分的程序保障，当事人的程序权利得到充分的尊重的同时也约束了法官的权力，所以，程序公正本身也有助于限制恣意。

具体来说，强制执行程序的公正价值主要体现在以下方面：

(1) 执行程序公开。程序公开，是指程序的每一个阶段和步骤都应当以当事人和社会公众看得见的方式进行。英国有句古老的法律格言："正义不但要伸张，而且必须以看得见的方式被伸张"(Justice must not only be done, but must be seen to be done)。这并不是说，看不见就不能接受，而是说，没有公开就无所谓公正。公开的目的就是让公众亲眼看到公正的实现过程，这一过程对当事人和社会公众具有提示、感染和教育作用，有助于提高公众遵守法律的自觉性，同时又提供了对程序实施社会监督的可能。

对于法院的强制执行程序来说，公开的要求也同样重要。如果执行程序是在不公开的状态下进行的，那么，不管它的结果如何，人们对它的公正性总是持有怀疑。反思我国传统的民事强制执行制度，其中弥漫着国家干预的强职权主义司法理念，执行程序充满了暗箱操作的色彩，违反了"主体平等、私权自治"的原则，这种强职权主义忽视了司法的被动性，使得执行程序的运作缺乏应有的公开性及透明度，当事人的知情权、参与权也没有得到应有的保护，暗箱操作严重，这样做的后果就是只要法官执行不到生效法律文书确定的债权，当事人就对执行法院产生了怀疑，怀疑我们的法官是否穷尽了执行措施，怀疑我们的法官是否尽了职责。于是，法院就成为被指责的对象，被迫承担起本应是债务人的责任，原本就存在的债权人的风险全部转嫁给人民法院，执行法院成为众矢之的。因此，我们在执行改革中，应着重更新工作理念，赋予当事人更多的程序权利以及程序义务，增强执行程序的透明度、参与度，使当事人能够理解执行工作。因此，执行程序公开是解决"执行难"、"执行乱"的有效途径之一。

正是意识到了执行程序公开价值的重要性，最高人民法院在2006年制定了《关于人民法院执行公开的若干规定》，该司法解释已于2007年1月1日生效。该司法解释第1条规定，所谓执行公开，就是指人民法院将案件执行过程和执行程序予以公开。[①] 目前，全国各级法院普遍制定了执行案件流程管理规定，建立全国法院执行案件管理系统，实行上网公开，查询案件的进展情况，通过流程管理在内部对执行案件进行监督，以促使执行人员规范、及时地执行。但是，执行权的实施毕竟是对外的，因此我们不仅应当强调执行程序对当事人公开，还应当将公开的重心转向社会，要让当事人和社会知道执行的每一个程序和执行程序的每一步发展。具体来说，理想的执行程序公开应当包括以下内容：

第一，公开执行案件的立案标准和启动程序。法院在受理执行案件立案后，应当及时将立案的有关情况、当事人在执行程序中的权利和义务以及可能存在的风险书面告知当事人；不予立案的，应当制作裁定书送达申请人，裁定书应当载明不予立案的法律依据和理由。

第二，公开执行进程。为避免案件暗箱操作和消极执行，应实行执行进程告知制度，定期向权利人通告进入执行程序后已经采取的措施和下一步拟进行的工作、采取的手段，以及权利人所应承担的相应义务、责任和穷尽执行手段后的后果，使权利人能及时了解执行案件的进展情况、所遇到的困难以及法官所做的工作，增加执行案件的透明度。

第三，公开调查结果。其中包括申请执行人提供线索后法院调查的结果，还包括法院依职权调查的被执行人财产状况和被执行人申报财产的状况。前者应及时告知申请执行人，后者应主动告知申

① 参见最高人民法院《关于人民法院执行公开的若干规定》，2007年1月1日起实施。

请执行人调查结果。

第四，公开执行强制措施采取情况。拘留、拘传是执行过程中采取的比较严厉的强制措施，查封、扣押、冻结、划拨等是对被执行财产所采取的主要手段。法院采取这些措施，应当依法制作裁定书，并送达被执行人，说明对其采取强制措施的理由和法律依据，告知被制裁者复议的权利。在实施措施后还要将有关情况及时告知其他当事人，或者以方便当事人查询的方式予以公开。

第五，公开执行财产处理情况。法院拟委托评估、拍卖或者变卖被执行人财产的，应当及时告知双方当事人及其他利害关系人。评估结束后，法院应当及时向双方当事人及其他利害关系人送达评估报告，及时通知当事人及其他相关当事人参加拍卖。拍卖、变卖结束后，应当及时将结果告知双方当事人及其他利害关系人。在涉及多名申请执行人参与分配的执行案件中，还应当公开参与分配案件的相关情况，将被执行人的财产的处理方案、分配原则和分配方案以及相关法律规定告知申请参与分配的债权人，必要时，应当组织各方当事人进行听证。

第六，公开执行程序的相关事项。法院依职权对案件中止执行的，应当制作裁定书，并送达当事人。裁定书应当说明中止执行的理由，并明确援引相关的法律依据。对已经中止执行的案件，人民法院应当告知当事人中止执行案件的管理制度、申请恢复执行或者人民法院依职权恢复执行的条件和程序。法院对据以执行的生效法律文书终结执行的，应当公开听证，但申请执行人没有异议的除外。终结执行应当制作裁定书并送达双方当事人。裁定书应当充分说明终结执行的理由，并明确援引相应的法律依据。对于法定执限内未执结案件，应当及时向申请执行人说明原因。

（2）执行程序合理。亚里士多德曾经说过：“人是一种理性的动物。”[①] 人们在安排自己的事务时，一般愿意通过理性而不是那种随机和任意的行为或赤裸裸的暴力来进行，理性是人的本质属性之一，理性能力是指人类所具有的以推理或积极的行为来实现其有目的的结果的能力。一个人被认为具有理性，主要是指它具备了最低限度的理性能力；而一项判断或结论也只有在它是确定、可靠的和明确的认识为基础的情况下，才能被认为是“理性的”或“合理的”。[②] 因此，程序理性原则又可称为程序和理性原则，它要求法律程序在实施过程中必须符合合理性要求，而不能是任意的和随机的。

马克思·韦伯的形式理性理论，构成了现代程序的合理性原则的主要理论基础。韦伯主要在两种意义上使用“形式”这一概念：首先是指按照抽象的一般性法律规则处理具体问题，而不是具体情况具体处理；其次是指法律体系的独立性和自我完善性，即法律规则的适用不受道德、宗教、政治以及权力者个人意志等实体性要素的影响，强调法律的自治性。[③] 因此，形式性是指法律强调其外部形式，如一般性、独立性等，而不涉及它的内在价值范畴。而合理性，则主要是一个政治社会学的概念。哈贝马斯认为，“合理性意味着对一种政治制度的公认。”[④] 而这种公认又是基于一定的社会公认价值。它们或者依靠法律规则，或者仰仗传统信仰，或者依赖统治者人格魅力而维持着对社会的统治。因此，合理性是与正当性相等同的概念，合理性的统治意味着这种统治被社会认为是正当的；同时这也表明合理性主要是一个价值的概念，具有合理性的事

---

① ［美］博登海默：《法理学——法哲学及其方法》，华夏出版社 1987 年版，第 245 页。

② 陈瑞华：《刑事审判原理论》，北京大学出版社 1997 年版，第 67 页。

③ 黄金荣：《法的形式理性论——以法之确定性问题为中心》，载《中国社会科学》1999 年第 2 期。

④ 艾四林：《哈贝马斯对韦伯合理性理论的改造》，载《求是学刊》1994 年第 1 期。

物意味着它得到人们价值上、情感上的认同。[①] 因此，形式合理性是指法律具有普遍适用的规则，且用法律之内的标准来处理案件；同时法律一般、独立的性质被社会所承认，得到人们的普遍认同。因此，形式合理性要求法律程序具有独立性、可预期性，排斥程序的任意性、随机性。

笔者认为，执行程序合理性，要求在整个强制执行过程中，具备一整套合理的、固定的、便于操作的程序，从而限制执行人员的恣意，使执行程序体现出公正性、可预见性。所以，在强制执行程序的每一个环节和步骤中，都必须有程序规范的存在，从执行程序的申请、执行措施的采取到执行救济的实施以及执行监督的进行等，都要遵循严格的执行程序规则。具体而言，执行程序合理性应当包含以下几个方面的内容和要素：

第一，确定性。法律的确定性，意味着法律规定了人类一定行为与一定后果之间稳定的因果关系。法律确定的东西不会因为一人一事而擅加改变，从而为人群建立和保持大致确定的预期，使公民个人和组织机构的行为有可预期性、持续性，以便于人们相互交往和建立促进各方利益的社会关系。在执行程序中，欲使其具有合理性的品格，必须保障执行法律规范的确定性，使人们面对执行过程和执行竞和问题时，对其处理结果有可预期性。

第二，中立性。中立性一般指自己不能做自己案件的法官。裁判者不能有所偏倚，而且须让人看上去不会偏倚，因此，“利益无涉”成了审判官资格的普遍限制，回避是民事诉讼、刑事诉讼与行政诉讼中普通确认的诉讼原则。在执行程序中，虽然与法院居中裁判的诉讼格局不同，但执行机构保持地位的中立性对执行程序的公正同样重要。

第三，平等性。法律面前人人平等的核心是在法律过程中的平

---

① 黄金荣：《法的形式理性论——以法之确定性问题为中心》，载《中国社会科学》1999 年第 2 期。

等的尊严与发言权。程序的设计应当保障各方当事人具有同等效果的进攻和防御手段，禁止强者利用与法律无关的天然因素压服弱者。为此，仅仅在形式上确认各方当事人的平等参加人地位是不够的，在此基础上还需要进攻和防御手段配置的平等化。在执行程序中，应当对相同性质的债权人的债权予以平等的保护，参与分配制度就是其典型的表现。

第四，参与性。“参与”（participation）一词经常出现在政治学的著作中。在政治学家看来，参与是指“一种行为，政治制度中的普通成员通过它来影响或试图影响某种结果”。[①] 一般而言，普通公民对政治活动尤其是政治决策活动的参与是民主社会的一个重要标志。在法律程序中，让那些与案件有直接利害关系的主体充分而富有意义地参与程序过程之中，对于确保程序结果的公正性、客观性是非常有益的，因为“如果诉讼各方在一个法律适用过程中都能提出证据、阐述并证明自己的主张，真想就更可能产生，法律也可以得到正确的适用，从而使程序产生好的结果”。[②] 在执行程序中，保障债权人和债务人充分的程序参与权和表达意见的权利，并保障各债权人平等的参与权，对于执行竞和等疑难问题的解决是有益的。

第五，人道性。人道主义（humanitarianism）作为一种思潮或思想体系，最迟始于资产阶级的思想家们，它是以个人为着眼点的观点，主张每一个人是一个独立的实体，尊重个人的平等和自由权利，承认人的价值和尊严，把人当做人看待，而不把人看做人的工具。在强制执行领域，传统上把人身乃至生命作为执行对象，是非常不人道的。现代国家一般只将人的财产和行为作为执行对象，并强调强制执行债务人财产时，应当为其本人和家属保留必要的生活用品和生活必需品，实际上是人道性在执行程序中的体现。

---

① See Jack H. Participation, pp. 1 – 5, 1987 by Prentice – Hall, Inc.

② 陈瑞华：《刑事审判原理论》，北京大学出版社 1997 年版，第 63 页。

(3) 执行程序救济。民事强制执行程序是一种强制实现具有执行力的法律文书所应当遵循的法定程序，其基本目的是迅速、经济和适当地从事实上实现执行根据所确定的当事人权利、义务关系。因此，民事强制执行程序具有确定性、主动性、命令性、强制性的特征，显示其具有很强的行政权性质。实际运作中，民事强制执行程序确实体现了其行政性的特点：当事人在强制执行程序中具有被动性。以致有的执行人员认为，强制执行就是要充分、确定地实现申请人依据法律所具有的实体权利，被申请人当然不能赋予其过多的权利，以免其妨碍执行的效率。也许鉴于上述原因，我国民事执行程序中对执行救济缺少了必要的关注。

"无救济则无权利"，又译作"救济先于权利"（Remedy Precedes Rights）或"没有救济的权利不是权利"（A right without remedy is not right）。这一为英美法国家家喻户晓的法律格言所强调的是，救济对于权利实现的重要作用。如果人们关注权利的实现，就必须关注权利的救济。所谓执行救济，就是指执行当事人或案外人因执行机构的执行行为而致权利受到侵害时，法律上给予其救济的一项制度。① 执行救济分为广义执行救济和狭义执行救济。广义执行救济不仅包括事前救济、事中救济和事后救济，还包括当事人或案外人向其他法律监督机关提起申诉的途径。

执行救济对于执行程序公正来说至关重要。民事执行程序是民事审判程序的延续，是人民法院行使审判权的重要组成部分，不仅审判阶段要强调程序公正，执行阶段同样要强调程序公正。② 传统的执行模式下，在执行过程中强调法院的主动性，以"最大限度地实现执行依据所确定的债权"为追求目标，因此认为执行工作的唯一目的就是实现债权，而忽视对当事人和案外人权益的保护，

---

① 江伟主编：《民事诉讼法学》，复旦大学出版社 2002 年 12 月版，第 191 页。

② 童兆洪著：《执行工作改革的发展与理念更新》，载《人民法院报》2001 年 7 月 30 日。

不仅侵害了债务人和案外人的合法权益，同时也损害了人民法院的形象和法律的公正。完善执行救济制度，赋予当事人和案外人必要的救济渠道，制约执行权的行使，防止执行权的滥用，是实现执行中程序正义的基本要求。

二、执行效率

法律制度的终极目的在于实现正义，但是，“迟来的正义是非正义”。在民事强制执行中，人民法院不但要通过迫使债务人履行义务，实现债权人的债权，最终实现审判程序的公正，而且应当尽可能以迅速、廉价、恰当的方式实现审判程序的公正。如果民事强制执行效率低下，费用高昂，方式或方法不当，不仅不利于保护债权人的合法权利，而且还可能损害债务人的合法权益，最终损害司法程序的公正性。所以，效率也是强制执行程序不可或缺的重要价值，失却效率的公正和失却公正的效率都是和现代法治精神背道而驰的。

效率，是指从一个给定的投入量中获得最大的产出，即以最少的资源消耗取得同样多的效果，或以同样的资源消耗取得最大的效果。[①] 效率原本是一个经济学上的概念，现在已被运用到包括法学在内的其他学科领域。一般认为，司法效率价值包括司法结果的效率价值和司法过程即司法活动本身的效率价值。就民事强制执行程序而言，执行效率一方面是指执行机关运用最少的司法资源投入，最大程度上公平地保护当事人的合法权益；另一方面是指执行人员应当尽量缩短个案的执行周期或增加单位时间内的办案数量。主要内容有：

（一）执行结果的效率

执行结果的效率主要表现为强制执行活动的效果的实现必须符合主体的期望和需求。在民事强制执行中，执行机关的期望和需求

① 张文显著：《法学基本范畴》，中国政法大学出版社 1993 年版，第 273 页。

是通过运用执行权，强制义务人履行义务，实现债权人的权利并维护正常的社会秩序。从执行当事人的角度看，尽管不同的执行当事人参与强制执行程序的目的有所差异，但是，一般来说，他们都期望获得法律的公正的保护，以充分地满足或维持个人的利益。根据执行结果效率的要求，在执行程序中，人民法院不仅应当充分运用各种强制执行手段实现债权人的债权，而且还要依法执行，同时还要兼顾债务人的利益，防止侵害第三人的合法权益。

强制执行程序的运行成本不仅仅指对执行活动的直接投入（包括人力、财力和时间），亦即强制执行的直接成本，还包括错误执行的成本。“每一个错误的判决都会导致资源的无效率利用，因而会支出不适当的费用，这种不适当的费用就是错误成本。”[①]当执行结果错误时，虽然也投入了大量的执行成本，但其效果却是零。为此，经济分析大师波斯纳指出，诉讼制度的目的就是要使直接成本和错误成本之和最小化。[②] 因此，提高执行结果的效率的最重要的方法之一，就是努力实现执行结果的公正性，当然这种结果的公正性在很大程度上是依靠执行程序的公正性来保障和实现的。

（二）执行过程的效率

执行过程的效率，也称为执行经济原则，表现为执行程序的运作必须具备一定的经济合理性，即以最小的执行成本，实现最大的执行效益。执行经济原则是社会发展的必然要求。因为，在社会经济发展过程中，作为社会总体来讲，资源总是有一定限度的，社会发展客观要求每项投入都要取得一定的效益，否则，就会影响整个社会的发展水平。所以，效益原则是一切社会行为所必须遵循的基本原则之一，执行工作也不能例外。由于民事强制执行活动是一项耗费大量资源的活动，在当前司法资源比较缺乏的情况下，执行活

① 刘敏：《当代中国的民事司法改革》，中国法制出版社 1997 年版，第 68 页。

② ［美］波斯纳：《法律的经济分析》（下），中国大百科全书出版社 1997 年版，第 550 页。

动必须符合效率价值。

司法的效率价值包括司法结果的效率价值和司法过程的效率价值，而司法过程的效率是指司法投入与司法产出之间的最佳函数关系。它表明，在司法介入恒定的情况下，取得最大司法收益或效益；或者在司法产出恒定的情况下，投入最小的司法资源。① 这表明，追求效率可以通过以下几种途径实现：其一，是多投入多产出，以达到效率的最大化；其二，是通过减少成本消耗，力求以最小的资源投入来达到效率的最大化；其三，是投入的资源或成本不变，只是通过改进资源或成本的投入方式来实现效率最大化。由于我国目前正处于社会主义初级阶段，社会生产力水平不高，国民收入相对很差，司法资源稀缺，成本有限，因此，在以上三种途径中，我国采用后两种方法更为经济、合理。也就是说，执行过程的效率就是尽量降低执行成本，实现“低投入高产出”。

综上所述，强制执行程序过程的效率主要体现在两个方面的内容：其一，执行迅速、及时。裁判确定以后，尽快地实现已经确定的裁判的内容，是民事强制执行的首要目标，迅速、及时是强制执行的重要价值。如果裁判得不到及时的执行，那么，由于执行周期的延长，会增加执行的耗费，不仅会损害债权人的利益，而且也损害了国家司法的权威性和法律的尊严，影响社会安定。其二，廉价。这是指执行中人力、物力和财力的投入量，其核心是要求执行中尽量减少人力、物力和财力的投入而追求最大的执行效益。执行过程的效率要求裁判不但要迅速地实现，而且还要以最少的代价实现。

民事强制执行工作必须有章可循才能确保其效率，所以，通过民事强制执行立法明确执行机关与审判机关的职责分工，规范执行机关和执行人员的执行行为，完善强制执行制度，必然有利于执行机关及其人员认真履行职责，从而不断提高强制执行的效率。到目

① 刘敏：《当代中国的民事司法改革》，中国法制出版社 1997 年版，第 68 页。

前为止，我国还没有单独的民事强制执行法，关于强制执行的内容，主要规定于《民事诉讼法》的第3编。从立法方面看，主要存在以下问题：（1）法律规定过于笼统，可操作性较差。例如，《民事诉讼法》第204条规定：案外人对执行标的提出异议的，执行员应当按照法定程序进行审查。但是，其中的法定程序是什么，民事诉讼法并没有进一步作出规定，这就使执行人员无所适从。(2) 内容不完备，漏洞较多。《民事诉讼法》第3编对强制执行制度的许多内容都没有作出规定，如强制执行机构的设置、执行救济与执行监督，等等。（3）一些执行制度和措施的规定不够科学，如关于处理执行标的物上的优先权的问题上，我国规定采取涂销原则，即优先权因拍卖而消灭，这种规定不仅会增加拍卖的难度，而且会影响执行效率。可见，民事强制执行立法存在的问题，已经严重地影响了执行公正和效率的实现。

三、强制执行程序中公正与效率的关系

执行公正和执行效率是强制执行程序的两个不可或缺的重要的价值目标，应当说，失却效率的公正或没有公正的效率都不符合强制执行的价值的要求。但是，公正与效率有时会出现矛盾，即追求公正价值，效率价值将会降低；追求效率价值，公正价值又会降低。在两种价值出现矛盾时，是公正优先还是效率优先？这个问题是改革完善我国强制执行制度同时也是解决强制执行竞合问题必须解决的重大理论问题和实践问题。

（一）司法公正与司法效率关系的论争

在司法领域，如何看待公正和效率的关系，不同学派、学者之间有不同的观点，总的来说，有公正优先说和效率优先说。

1. 公正优先说

公正优先说认为，在司法的价值系统中，公正处于至高无上的地位，如德国法学家拉德勃鲁赫主张，法律的终极目标是实现正义，所以，法律的价值首先是指正义，正义是一种绝对价值，是一

种不可能来自任何其他价值的价值。“在忽视正义的地方，在作为正义核心的平等在成文法条款中不断遭否定的地方，那里的法律就不仅仅是‘不公正的法律’，而是完全失去了法律的本性”。[①] 美国学者罗尔斯也认为，正义是至高无上的，“正义是社会制度的首要价值，正像真理是思想体系的首要价值一样。一种理论，无论它多么精致和简洁，只要它不真实，就必须加以拒绝或修正；同样，某些法律和制度，不管它们如何有效率和有条理，只要它们不正义，就必须加以改造或废除。”[②] 由此可见，司法就是要实现公正，不公正的司法制度，即使有效率，也必须予以改革。

2. 效率优先说

效率优先说认为，在司法价值体系中，效率处于最高的地位，如美国经济分析法学家波斯纳主张，“对正义的要求绝不能独立于这种要求所应付出的代价”，[③] 所以，公正是好的，但不能为了公正而付出巨大代价。

（二）司法公正与司法效率的关系

公正和效率尽管是两个不同的价值，但它们并不总是发生冲突的，两者的关系既有统一性的一面，也有对立性的一面。

1. 两者的统一性

首先，司法公正有利于实现司法效率。在司法过程中，只有适用公正的司法程序，作出公正的判决，才能使当事人认同这样的结果，避免上诉及再审程序的发生，降低国家的司法成本和当事人的诉讼成本，从而提高司法效率。其次，司法效率的实现也有利于促进司法公正。因为，追求司法的效率价值，必然会缩短诉讼的周期，加快审判活动的进程，这就要求当事人及时收集证据，从而有

---

① 转引自梁治平：《法辨》，贵州人民出版社 1992 年版，第 194 页。

② ［美］罗尔斯著，何怀宏译：《正义论》，中国社会科学出版社 1988 年版，第 1 页。

③ ［美］波斯纳著，蒋兆康译：《法律的经济分析》（上），中国大百科全书出版社 1997 年版，第 32 页。

利于法院查明事实，作出正确的裁判。

2. 两者的对立性

为了使司法过程符合公正的要求并使司法程序产生公正的结果，国家司法机关和当事人必须耗费必要的司法资源，而为了提高司法程序的效率，司法机关和当事人又必须使司法过程的资源消耗降低到最低的程度。可见，司法公正和司法效率两者之间在一定程度上又存在着对立性。两者的对立性表现在三个方面：其一，司法公正的追求会增加司法成本，降低司法效率。如根据司法公正的要求，当事人在诉讼中应当有充分的陈述自己主张和理由的机会，有充分的收集证据的时间，为了保证裁判的公正性还要增加审级等，这些必然会增大司法成本，降低司法效率。其二，对司法效率的片面追求也会损害司法的公正性。为了实现司法效率，必然要求降低司法成本，简化司法程序，缩短案件的审理时间，从而有可能司法公正失去程序、时间的保障，不利于法院查明案情，影响司法公正价值的实现。其三，国家对司法资源的投入是有限的，司法机关不可能为了查明某一个案件的事实真相而不惜代价地、无限制地耗费司法资源，也就是说，公正的实现必须有一个必要的限度，这个限度会迫使法官放弃对公正的绝对追求，以实现司法效率。

（三）强制执行程序中公正与效率的关系

在强制执行法律制度中，明确公正与效率的关系，对于构建完善的强制执行制度具有重要的理论和现实意义。

通过对前面两个问题进行分析，可以明确：在强制执行程序中，公正与效率是不可或缺的两大价值。在处理公正与效率的关系问题上，从强制执行的目的出发，并结合强制执行程序本身的特点，笔者认为，应当实行效率优先兼顾公正的原则。具体理由如下：

首先，强制执行法尽管是民事程序法的重要组成部分，但是，强制执行法与民事诉讼法在目的、任务、功能和价值等方面都存在很大的差别。在民事诉讼程序中，当事人之间的实体权利义务关系还处于争执和不明状态，民事诉讼的任务就是查明事实，并以此为基础对当事人之间发生争议的权利义务关系作出裁判，解决当事人之间的纠纷，其基本功能在于矫正并消除法律关系争议，恢复社会秩序，实现社会正义。所以，民事诉讼必须以公正作为首要的价值目标。而在民事强制执行阶段，当事人之间的实体权利义务关系已经由生效的法律文书所确定，非经法律程序不得变更或废弃，强制执行的任务就是要采取有效的措施迫使债务人履行法律文书确定的义务，实现债权人的债权并最终实现法律关系和社会秩序的稳定。由于这一阶段中，债权人和债务人之间的实体权利义务关系的公正性已经在民事诉讼程序中得到体现，裁判文书确定的当事人之间的实体权利义务关系是否公正，不再是强制执行程序所要解决的问题，所以，强制执行的功能只能是以最经济的方式及时实现法律文书确定的债权人的债权，效率应当是强制执行程序的首要价值。

其次，经过民事诉讼，法院对当事人之间的实体权利义务关系作出了公正的裁判，但如果债务人拒不履行法律文书确定的义务，债权人的债权就不能实现，这样通过诉讼获得的公正就会失去其现实意义。因此，只有通过强制执行程序，才能使审判程序获得的公正付诸实现。但是，如果强制执行程序效率低下，费用高昂，不仅不利于保护当事人的权利，而且还会影响国家司法的权威性，并最终损害司法的公正性。所以，强制执行程序中坚持效率优先，也是实现司法公正性的客观要求。

第三节　民事强制执行程序的原则

“原则”一词在现代汉语中的涵义是“说话或行事所依据的法则或标准”。[①] 英文中 Principle 往往被翻译成“原则”或“主义”，在法律英语中具有如下涵义：（1）法律的诸多规则或学说的根本

① 参见《现代汉语词典》，商务印书馆 2005 年第 5 版，第 1676 页。

的真理或学说，是法律的其他规则或学说的基础或来源；（2）确定的行为规则、程序或法律判决明晰的原理或前提，除非有更明晰的前提，不能对之证明或反驳，它们构成了一个整体或整体的构成部分的实质，从属于一门科学的理论部分。① 相应地，民事强制执行程序的基本原则就是执行法的基本概念以及具体规则提供本源或出发点的原理。它本身是法律的一个部分，可能直接体现为法律规范，也可能体现于法律规范之中。它在法律制定时是立法准则，在法律实施时是行为准则，在出现法律漏洞时是补充规则，因而是强制执行法不可或缺的组成部分。本节将在简要介绍国内外关于强制执行原则学说的基础上，着重分析强制执行中的当事人主义与职权主义问题。

一、国内外学者关于强制执行程序的原则的观点评介

（一）我国台湾地区学者关于强制执行基本原则的认识

在大陆法系国家和地区民事诉讼法和强制执行法学著作中，经常使用“主义”一词来表达基本原则，他们称之为“立法主义”或“立法原则”。② 我国有学者称之为民事强制执行法的基本原则。③ 此处以我国台湾地区学者的观点为例，择其要者予以评介。

1. 当事人平等主义与当事人不平等主义

从当事人的地位来看，在执行程序中，债权人与债务人的权利义务不设差别的，称当事人平等主义，也称同等或同视主义。反之，双方的权利义务设有差别的，为当事人不平等主义，也称不同等或异视主义。

在民事诉讼中，为了实现判决的公平、公正，必须尽可能充分

① 转引自陈桂明：《诉讼公正与程序保障》，中国法制出版社 1996 年版，第 47 页。

② 参见杨与龄编著：《强制执行法论》，台湾地区三民书局 2007 年修正版，第 23 页。

③ 参见谭秋桂著：《民事执行原理研究》，中国法制出版社 2001 年版，第 405 页。

地让当事人进行攻击防御，所以各国民事诉讼程序均采当事人平等主义。但是，在执行程序中，有的认为当事人之间的权利义务关系业已确定，执行程序的任务在于尽快地实现债权人的债权，所以应当偏重债权人的保护，不宜使债务人与债权人处于同等的地位，因而实行当事人不平等主义；也有的认为执行程序同样是一种法律程序，为了体现当事人在法律面前平等，必须对双方当事人平等对待，因而实行当事人平等主义。

我国台湾地区学者杨与龄旗帜鲜明地指出："民事诉讼，为使两造当事人各尽攻击防御之能事，以期裁判之公平，故采当事人平等主义。强制执行，当事人之权利义务，业已确定，为迅速实现债权人之权利，自应偏重债权人利益之保护，不宜使债务人与债权人处于同等之地位。"① 因此，我国台湾地区"强制执行法"采用当事人不平等主义，强调执行机构应当站在权利人的立场上进行职权干预，否则等于是怀疑和否定已由法官在双方当事人处分权的监督之下既已裁判的结果。

2. 当事人进行主义与职权进行主义

在强制执行程序的发动（开始）的问题上，有下列三种立法主义：一是当事人进行主义，也称申请主义，即强制执行程序的开始，须依当事人的申请；二是职权进行主义，也称职权主义，即开始强制执行程序，无须当事人申请，执行机关应依职权发动执行程序；三是折中主义，即强制执行程序的开始及进行，原则上采取当事人进行主义，对于必须迅速实施强制执行的，则例外地采取职权进行主义。

我国台湾地区学者杨与龄认为，作为一种保护私权的程序，民事执行应体现私权的根本特征，即尊重当事人的处分权，债权人取得执行名义后，是否实施执行，应尊重其意思。"私权，依处分权主义，原则上得由权利人处分之。债权人取得执行名以后，愿否实

① 杨与龄编著：《强制执行法论》，台湾地区三民书局2007年修正版，第23页。

施执行，自应尊重其意思。”① 此外，如果债权人在强制执行程序开始以后，撤回执行申请的，也由应尊重债权人的意思，终结执行程序。

3. 形式审查主义与实质审查主义

法律赋予执行机关对当事人之间的实体权利义务关系具有审查权的，即执行机关对于强制执行当事人之间是否存在权利义务关系，或者执行标的物是否为债务人所有，具有实质上的审查权的，为实质审查主义；仅赋予形式上的审查权的，即执行机关只能对当事人的申请进行形式审查，无权审查当事人之间的实体权利义务关系的，为形式审查主义。

由于对当事人之间的实体权利义务关系进行审查并作出判断，往往费事耗时，所以各国法律都规定，执行机关不对当事人之间的实体权利义务关系进行审查，而根据审执分立原则，实体权利义务关系争议由审判程序解决，执行程序只处理程序上的问题。因此，虽然各国法律赋予执行法官对于执行名义是否具备法定要件以及执行标的物是否为债务人所有等事项，具有审查的权限，但仅限于形式审查，即其审查结果并不具有确定当事人之间实体权利义务关系的效力。如果根据形式审查的结果，发现债权人查报之财产确实不是债务人所有，仍应由债务人提起异议之诉以求救济。至于执行程序上实施的事项，所涉及的事实认定及法律判断，则有实质上的审查权。例如，债权人对于分配表所载各债权人债权金额的计算及分配的次序声明异议的，执行机关经过审查，如果认为其异议不成立，可以裁定驳回。②

4. 属地主义与普及主义

就对外国裁判的执行来说，各国民事执行的立法原则可以分为三种情况：一是实行属地主义，即认为外国法院所作的确定判决，

① 杨与龄编著：《强制执行法论》，台湾地区三民书局 2007 年修正版，第 24 页。

② 谭秋桂著：《民事执行原理研究》，中国法制出版社 2001 年版，第 406 页。

其执行力不及于本国，不得在本国领域内强制执行；二是实行普及主义，即认为外国法院所作的确定判决，其执行力也及于本国，可以在本国领域内强制执行；三是实行折中主义，即原则上采取属地主义，例外采取普及主义，也就是说，外国法院所作的确定判决，须经本国法院以裁判的形式认可其执行力，才能在本国领域内强制执行。

以上三种立法原则，属地主义可以保护本国的利益及司法权的完整性，普及主义则可促进国际贸易的发展。为了兼顾司法权的完整性与平等保护原则，德国（《德国民事诉讼法》第 711 条第 1 款）、日本（《日本民事执行法》第 24 条）采取折中主义。近年来，在承认与执行外国法院所作裁判的问题上，国际上出现了由“互惠原则”向“礼让原则”（Comity）发展的趋势，即只要外国裁判与本国主权不相抵触，就应承认其效力，并可强制执行。我国立法就体现了这种发展趋势，我国《民事诉讼法》第 265 条规定：“外国法院作出的发生法律效力的判决、裁定，需要中华人民共和国人民法院承认和执行的，可以由当事人直接向中华人民共和国有管辖权的中级人民法院申请承认和执行，也可以由外国法院依照该国与中华人民共和国缔结或者参加的国际条约的规定，或者按照互惠原则，请求人民法院承认和执行。”最高人民法院《执行规定》第 2 条规定，经人民法院裁定承认其效力的外国法院作出的判决、裁定，以及国外仲裁机构作出的仲裁裁决，可以成为人民法院的执行根据。

5. 平等清偿主义、优先清偿主义与团体优先主义

对金钱债权的强制执行，以其分配方法为准，有三种立法原则：一是平等清偿主义（又称分配主义），是指对于执行债务人财产所得的金额，在执行程序终结前，其他债权人可以请求参与分配，按各债权人债权额数的比例，平等受偿。先申请查封的债权人，如果没有法定优先权，就不能享有优先受偿的权利。这一原则源于罗马法，目前法国、意大利和日本旧民事诉讼法采之。

二是优先清偿主义（又称质权主义），是指数个无法定优先权（如抵押权、质权等）的债权人，对债务人的同一标的物请求强制执行时，先申请查封（包括终局执行与保全执行）的债权人，享有优先受偿的权利。这一原则源于日耳曼法，目前德国（《德国民事诉讼法》第804条）、奥地利采用这种原则。

三是团体优先主义（又称折中主义），是指申请执行的债权人与在一定期限内请求参与分配的债权人，成为一个团体，可以依债权额数比例，平等受偿，并对该期限以后请求参与分配的债权人有优先权。瑞士债务执行和破产法采取这一原则（《瑞士债权收取与破产法》第110条、第111条）。瑞士债权收取与破产法规定，在债务人的财产受查封的最初30日内，请求附带查封的各债权人，均以同一顺位资格按债权比例受偿，其次的30日内申请附带查封的债权人，另外成为一群团。

我国台湾地区学者杨与龄认为，优先主义违反“债务人之总财产为债权人之共同担保”的原则，且厚此薄彼，有失公允；平等主义虽可纠正优先受偿主义之缺失，但在执行终结以前，其他债权人均得参与分配，有碍执行程序之终结，并使债务人有伪造债权参与分配，损害正当债权人利益的机会，其弊害亦巨。团体优先主义，既能在一定范围内维护债权人平等，又能减少债务人制造假债权的机会，并可使执行程序迅速终结。[①] 所以，一些原采平等主义的国家或地区，如日本和我国台湾地区，现已改采团体优先主义（参见《日本民事执行法》第49条、第87条，我国台湾地区“强制执行法”第32条）。

6. 再查封主义与不再查封主义

以对查封物能否再次查封为标准，可分为再查封主义与不再查封主义。再查封主义是指，对于已查封的债务人财产，其他债权人可以再提出查封请求，执行机关也可以对已查封物再为查封。请求

① 杨与龄编著：《强制执行法论》，台湾地区三民书局2007年修正版，第25页。

查封在先的债权人有优先权，即有权就标的物卖得价金优先受偿；请求在后的债权人，如就执行标的受清偿时，请求查封在先的债权人，有权提出异议。在德国和日本，执行不动产采取再查封主义（《德国民事诉讼法》第 804 条第 3 款、《日本民事执行法》第 47 条）。

不再查封主义，指对于已开始实施强制执行的债务人财产，其他债权人不得再申请查封。例如，日本对动产的执行就采取不再查封主义（《日本民事执行法》第 125 条第 1 款）。在不采优先清偿主义的国家，先申请查封的债权人对已查封的财产不享有优先清偿权，自无再查封之必要；如有再申请强制执行者，应合并执行程序。

7. 承受主义、涂销主义与剩余主义

在民事执行中，在拍卖标的物时，对于执行标的物上的担保权或其他优先权，各国法律的处理方法不尽相同，并因此而形成了三种不同的处理执行标的物上负担的立法原则。

一是承受主义，指执行标的物上有担保物权或优先受偿权或用益物权等负担时，其权利不因拍卖而消灭，而由拍定人承受。这种立法原则的理论根据是物权具有追及效力，德、奥等国的民事执行法采取这一原则，日本在实施民事执行法之前，也采取该原则。例如，抵押权不因法院拍卖抵押物而丧失抵押效力。所以，抵押物由普通债权人申请法院拍卖后，抵押权人未就卖得价金请求清偿的，只是丧失受偿的机会，其抵押权并未消灭，可以对于拍定人行使追及权。

二是涂销主义，也称负担消灭主义，是指执行标的物上有担保权或其他优先权负担时，其权利因拍卖而消灭，拍定人取得该标的物后，不承受先前存在于该标的物上的任何负担。根据这个原则，依民事执行程序转移的物权与依一般民事买卖转移的物权在效果上完全不同，优先权无法妨碍普通债权人行使权利。法国在民事执行中采取这种原则。

三是剩余主义，指执行标的物由后顺位的优先债权人或普通债权人申请拍卖时，只有卖得的价金在清偿优先债权以及支付执行费用以后，还有剩余可能的，才能进行拍卖。这一原则是基于补救承受主义及涂销主义的缺失而产生的。德、日两国均在剩余主义限制下，兼采承受主义或涂销主义。①

8. 并用主义与分离主义

以是否可以数种执行方法并用为准，民事执行的立法原则可分为并用主义与分离主义两种。并用主义，就是对于已查封的财产，可以同时并用两种以上的执行方法，如拍卖与强制管理等。分离主义，指对于已查封的财产，不得同时使用两种或两种以上的执行方法，如可以拍卖，也可以强制管理，但不得并用两者。目前，越来越多的国家采取并用原则，以期灵活运用执行方法而维护当事人的利益。

（二）我国大陆学者关于强制执行基本原则的认识

我国民事诉讼法“执行程序编”并未明确规定强制执行法的基本原则。目前，理论界对该问题有不同的认识，概括起来主要包括以下几个：

1. 依法执行的原则

依法执行原则，指在执行工作中必须以确定的法律文书为依据，如果法律文书不存在、无效或尚未确定，就不能进行执行工作。执行工作必须依照法定程序和方式进行。例如，我国《民事诉讼法》第218条规定：“人民法院决定冻结、划拨存款，应当作出裁定，并发出协助执行通知书”，《民事诉讼法》第205条规定：“采取强制执行措施时，执行员应当出示证件。执行完毕后，应当将执行情况制作笔录，由在场的有关人员签名或者盖章”。

① 杨与龄编著：《强制执行法论》，台湾地区三民书局2007年修正版，第26～27页。

2．执行标的有限原则

该原则包括两层涵义：首先，民事执行的对象一般是一定的财产不包括人身；其次，对财产的执行要有一定的限度，不能超出当事人应当履行的范围，同时也不能超出当事人自身财产的范围，除了特定情况下（代位执行）执行的范围不能扩展第三人。

3．申请执行与依职权并用原则

我国《民事诉讼法》212 条规定："发生法律效力的民事判决、裁定，当事人必须履行。一方拒绝履行的，对方当事人可以向人民法院申请执行，也可以由审判员移送执行员执行"。一般来说，民事执行是民事问题当事人可以自由选择是否要求对方履行，同时，民事执行的依据往往是已经确定的法律判决，这些判决是司法机关对民事问题作出的权威认定，体现了国家意志，判决的内容能否得到执行关系到国家的意志能否真正实现，所以从这个角度上说司法机关可以依职权主动执行。

4．民事强制执行与说服教育相结合原则

该原则指执行工作既要采取强制手段，又要做好被执行人的说服教育工作，使其能够自觉履行已经确定的法律文书，以减少执行中的阻力。我国《民事诉讼法》第 220 条与 226 条都作了相关的规定。

5．人民法院执行与有关单位、个人协助执行相结合原则

我国《民事诉讼法》规定：人民法院在决定冻结、划拨存款，扣留、提取收入时，应当作出裁定，并发出协助执行通知书，相关单位必须办理。协助人民法院开展执行工作，是相关法人、自然人应尽的义务，否则，要承担法定的不利后果。如果有当事人与被执行人互相勾结，拒不执行判决裁定的情节严重的很可能构成拒不执行判决裁定罪。

此外，还有其他一些观点，如全面保护当事人利益原则、迅速及时原则、民事执行权由法院独立行使原则、执行当事人地位不平等原则、立执兼顾与审执配合原则、正确处理执行工作与社会安定

关系原则，等等。①

（三）对上述关于强制执行基本原则各种观点的评述

1. 关于大陆法系强制执行法立法主义的评述

大陆法系强制执行法领域的“立法主义”或“立法原则”，是对强制执行法立法上某种倾向的概括。前述我国台湾地区学者所阐述的对立范畴的“立法主义”都是一些成对的范畴，每对范畴表明在某一方面立法上可以采取两种完全不同的倾向，二者利弊互见，因此在某种情形下采用此种倾向，而在其他情形下采用彼种倾向。两种对立的倾向通常都不是“原则”和“例外”的关系，而是“主”与“次”的关系，有时甚至是完全平行的关系。有些立法主义，如平等清偿主义、优先清偿主义和团体优先主义，只是调整强制执行竞合的情况下，金钱债权的清偿原则问题，对整个强制执行法的基本精神没有体现。因此，这些立法主义不具备基本原则应有的贯彻始终性的属性，不应当理解为强制执行法的基本原则。当然，并不是说这些原则不重要，只是说它们不具有强制执行法基本原则的品格；实际上，这些原则恰恰是解决强制执行竞合的具体原则，我们将在下一章中对其详加探讨。

2. 关于我国大陆学者提出的各种观点的评述

首先，有些原则过于具体和明确，不适合充当强制执行法指导性的法律原则。也就是说，这些观点实质上是混淆法律原则和法律规则（法律规范）之间的关系。法律原则是法律规则背后的目的，它为法律规则的正当性提供了论证依据，也为法官将法律规则适用于具体案件提供了法律理由，正像张文显教授指出的那样：“法律原则是指可以作为规则的基础或来源的综合性、稳定性原理和准则。原则的特点是，它不预先设定任何具体的、确定的事实状态，

① 参见常怡主编：《强制执行理论与实务》，重庆出版社 1990 年版，第 68 ~ 70 页；刘家兴：《民事诉讼法教程》，北京大学出版社 1982 年版，第 324 页；柴发邦主编：《民事诉讼法学新编》，法律出版社 1992 年版，第 438 页。

没有规定具体的权利和义务，更没有规定确定的法律后果，但是，它指导和协调着全部社会关系或某一领域的社会关系的法律调整机制。”① 例如，民事执行权由法院独立行使原则，执行标的有限原则等，就不具备基本原则的品格。这些原则尽管在执行程序中适用，但由于过于具体，只能算作是具体规则。

其次，有些原则政策性很强，无法上升为强制执行法的基本原则。例如，强制执行与说服教育相结合原则。由于说服教育纯粹是一项政策性的行为，而不是一项法律行为，因此无法在执行程序中设立可操作性的具体规则。另外，说服教育仅是一种工作方法，执行机构可以根据具体案情做好思想工作，但不能以说服教育作为执行的必经程序，更不能将其上升为强制执行的基本原则。况且，多数案件并不需要说服教育。又如，正确处理执行工作与社会安定的关系，民事执行是个别执行，是对个别债务人的财产和行为采取强制执行措施，只要依法执行，一般也并不涉及社会安定问题。

最后，有些原则不仅不具有基本原则的品格，而且容易产生歧义，从而破坏其他法律原则和制度的效力。例如，立执兼顾与审执配合原则，要求法院在立案和执行过程中都要注意判决后的执行问题，虽然有其合理性，但却可能造成严重的后果：法院对于将来可能无法执行的案件不予立案，或者在诉讼中及早终结诉讼程序，或者滥用职权采取保全措施等。再如，全面保护当事人利益原则，到底是全面保护债权人的利益，还是全面保护债务人的利益，抑或兼顾？如果兼顾，当发生冲突时，又应当如何处理呢？这种本身内涵不清晰的原则，可能在实践中成为执行机构推诿责任的借口。

二、我国强制执行程序的基本原则的应然范围

恩格斯指出：“原则只有在符合自然界和历史的情况下才是正

① 张文显著：《21世纪西方法哲学思潮研究》，法律出版社1996年版，第391页。

确的，这是对事物的唯一唯物主义的观点。”① 强制执行的基本原则只能在特定的具体社会条件下才能存在，并且是随着社会生活的发展变化而不断变化的。我们认为，我国的民事执行原则应具备以下条件：首先，必须能体现民事执行制度的目的和理想；其次，必须符合民事执行原则的发展趋势；最后，必须能体现民事执行制度与其他法律制度相互配合的功能。

强制执行法基本原则的基本性，首先体现在它们所负载价值的根本性上。强制执行活动所反映的基本规律、基本价值取向是什么？由于强制执行阶段的主要任务就是落实法律文书确定的权利义务，因此，在反映公正与效率这一价值观念取向上，各国几乎都毫无例外地认可民事执行中的效率优先原则。尽管对效率优先的具体内容各国都各有特色，但要求在执行时迅速落实裁判文书内容应为执行阶段的首要价值取向。同时，由于执行活动主要是针对被执行人所采取的各种强制措施，极易在实施时损害被执行人的合法利益。因此，要求在整个执行活动时必须依法进行也是其基本规律的要求。换言之，快速、依法等原则，皆体现了我国社会强制执行领域中的根本价值，而非一般价值。其次，作为强制执行活动的基本原则，其基本性还应体现在生效领域的完全性上。强制执行法基本原则的效力须完全地贯彻于强制执行法律规范的始终，才能完成强制执行基本原则对全部的价值导向作用，效力贯穿强制执行法始终遂成为强制执行法基本原则的特征。

从强制执行程序所承载的价值目标及其内在规律性来分析，强制执行法的基本原则应包括以下几个：

（一）强制执行合法原则

强制执行合法原则，是指执行程序的参与者在执行活动中，必须严格依照执行法律规范的要求办事，保证生效的法律文书得以执行。执行法律规范体现了执行法律制度的程序性和强制性特点，执

① 《马克思恩格斯全集》第3卷，人民出版社1995年版，第374页。

行法律规范一旦制定，就必须坚决执行，这是社会主义法制原则的要求。强制执行合法原则之所以能成为强制执行的基本原则，就在于它反映了整个强制执行活动的基本规律，如果离开了这个规律，强制执行活动便会杂乱无序，整个执行活动就难以体现其内在的价值和规律。

从内容上讲，执行的合法性包括：第一，强制执行应有合法依据，即执行的法律前提是要有依法可以据以执行的生效法律文书。第二，执行行为应符合法律关于强制执行的规定，不但开始执行、停止执行和结束执行应符合法律规定，采取执行措施的种类以及实施执行措施的程序也应符合法律的规定。例如，采取强制执行措施时，执行员应当出示证件；执行完毕后，应当将执行情况制作笔录，由在场的有关人员签名或者盖章（《民事诉讼法》第205条）。第三，执行合法原则还要求在整个执行程序中，既应依法保护债权人的合法权益，也应依法保护被执行人的合法权益。第四，执行的合法性原则还要求在执行案件时，应严格依照执行依据所确定的内容执行，而不是在执行中对执行内容大打折扣，不能对已经裁定确认的法律关系和给付内容重新调解，不能随意改变执行内容，也不能擅自变更执行对象，这既是执行工作本身的性质和规律所决定的，也是维护法律文书之权威性的必然要求。

（二）强制执行及时原则

强制执行及时原则，是指人民法院在保证办案质量、不违背法律的前提下，尽量缩短执行周期，减少执行成本，尽快实现生效法律文书所确定的内容，以达到早日稳定社会关系的目的。该原则体现了民事执行程序的基本价值要求。正如肖建国教授指出的那样：“民事执行程序的特殊性质决定了它的价值追求有别于民事诉讼程序：民事诉讼程序需慎重地确认双方当事人间的实体权利义务关系，因此，其更多地追求的是公正，而民事执行程序则是要实现已经裁决确认的权利义务关系，因此在公平与效率之间更多地倾向于效率。换言之，民事执行程序应当奉行效率优先原则。”①

从民事执行制度的发展趋势来看，对物执行的广泛运用，揭开了强制执行制度的新篇章。在对物执行中，破产（一般执行）与强制执行（个别执行）相分立的趋势越来越明显，两者在社会生活中的目的和功能逐渐发生了变化，这种变化就是破产制度侧重于对全体债权人的平等保护，而民事执行制度则侧重于对个别债权人的优先保护。在价值目标上两种制度有所差异，前者追求的是彻底、严格的公平、平等，后者体现的是公平前提下的效率、及时原则。因此，在破产程序中，为了实现全体债权人公平受偿的目的，程序设置上不能避免周期长、费用高的弊端；而在民事执行程序中，为达到保护个别债权人的宗旨，就必须坚持时间优先或效率优先原则。在世界范围内，民事执行原则存在着由债权人平等原则向效率优先原则发展的总趋势，无论是英美法，还是大陆法中的德国法，都将效率优先原则作为民事执行制度的一项基本原则。即使是被视为债权人平等原则之代表的法国法，也并未采取严格的平等原则。1869 年以后的法国判例对于债务人的债权之执行，1950 年后的法国民法对于不动产执行的规定，都由原来的债权人平等原则转为走向效率优先原则。日本法和我国台湾地区现行法尽管在立法上推行彻底的债权人平等原则，但在学理上，已有学者对此提出了异议。② 可见，强制执行及时原则必然要求在金钱债权执行竞合的情况下，采取优先清偿主义。

（三）强制执行方式适当原则

强制执行方式适当原则，是指采取执行措施的时间、地点、措施应平衡债权人与债务人之间的利益关系，避免因不当执行而人为

① 肖建国著：《民事诉讼程序价值论》，中国人民大学出版社 2000 年版，第 619 页。

② 陈荣宗著：《民事程序法与诉讼标的理论》，台湾地区三民书局 1977 年版，第 93 页。

扩大经济损失。执行方式适当原则之所以能成为强制执行的基本原则，归根结底在于其所承载的民事强制执行的价值因素，本章前文已对作为强制执行公正价值内涵之一的执行程序合理的价值目标进行过详细论述。具体来说，强制执行方式适当原则包括以下几方面的内容：

首先，在强制执行程序中，债权人权利的实现固然成为立法和执行实务中首要关注的价值目标，但债务人的人格及其基本生存权也受保护，不得任意侵害，这是执行程序公正价值的基本要求。基于这一价值目标，各国立法均对债务人及其家属生活的保障给予明确规定。

其次，对于被执行人财产执行之合理化，亦即在执行中尽量保留物之最大使用价值，不致使被执行人因承担债务而生意外或过分之损失，已成为各国强制执行立法的又一目标。例如，《德国民事诉讼法》第810条第1项规定，尚未与土地分离之孳息，如不以对不动产实施强制执行的方法查封时，即可扣押之。此项扣押必须在通常成熟期前一个月内始得为之。《日本民事诉讼法》第568条规定：果实与土地分离前，亦得查封，但其查封非于通常成熟时期前一个月内，不得为之。我国台湾地区“强制执行法”第57条第2项、第60条规定：仅有因查封物之性质，须迅速拍卖者，须提前拍卖。查封物易腐坏者，执行处得不经拍卖程序依职权变卖。

我国执行实务中亦注意到该类问题对双方当事人利益之影响，也在执行方式的适当方面有所发展。例如，最高人民法院《执行规定》第34条：被执行人为金融机构的，对其交存在人民银行的存款准备金和备付金不得冻结和扣划，但对其在本机构、其他金融机构的存款，及其在人民银行的其他存款可以冻结、划拨，并可对被执行人的其他财产采取执行措施，但不得查封其营业场所。《执行规定》第42条的规定：被查封的财产，可以指令由被执行人负责保管。如继续使用被查封的财产对其价值无重大影响，可以允许被执行人继续使用。这种执行方式显然是对申请执行人与被执行人利益关系衡平的结果。

最后，执行适当原则应体现在执行的时间、地点的选择上，执行财产的选择上和执行措施的选择上。执行的时间、地点的适当表面看来仅是一个时机问题，但如果把握不好，不仅会使执行工作徒劳无功，而且也会损害当事人的合法权益。对执行财产的适当选择在很多情况下也是必需的。一般而言，债务人并无选择可供执行财产之自由。因为从法理上讲，债权人在强制执行程序中，仅有执行请求权，至于选择何种执行财产始能圆满实现债权人之权利，应为执行机关之义务。故我国台湾地区学者马志锰认为："此种选择权，毋宁赋予执行法院，依具体情形而定，但于无害债权人利益之范围内，应尊重债务人之意思，如此似较合理。"① 我国台湾地区"强制执行法"在一定情形下给予债务人之选择权。我国台湾地区"强制执行法"第 96 条规定："供拍卖之数宗不动产，其中一宗数宗之卖得价金，以足清偿强制执行之债权额及债务人应负担之费用时，其他部分应停止拍卖。前项情形，债务人得指定其应拍卖不动产之部分，但建筑物及其基地，不得指定单独拍卖。"《瑞士强制执行与破产法》第 95 条也有类似的规定。

4. 强制执行措施穷尽原则

强制执行措施穷尽原则，是指在开始执行程序后，应针对被执行人采取各种可能的强制执行措施，而不能随意中止执行程序。只有在穷尽了各种强制执行方法、措施和途径之后，对被执行人的财产进行了必要的调查、审计，依法采取了查封、扣押、冻结、拍卖、变卖等执行措施仍不能满足债权人债权的，法院才能裁定中止或终结案件。该原则体现了对债权人之权利的全面保护，使得执行机构负有必须采取一切合理合法之方法确保申请执行人债权之实现的义务。

① 马志锰著:《强制执行法之发展趋势》，载《法学丛刊》第 18 卷第 70 期，第 59 页。

从各国强制执行立法的发展趋势来看，强制执行立法已由个人主义立场转为社会主义，在实现私权的过程中，也考虑到了一定的社会利益，因此，各国都普遍在执行程序中强化了法院的职权，赋予法院积极保护及平衡各种利益的任务。执行措施穷尽原则正是体现了各国强制执行立法的这种发展趋势和保护债权人之利益、约束法院任意行为这执行程序的价值目标。在我国强制执行法上确立执行措施穷尽原则，能够发挥以下几方面的积极作用：

第一，债权不能通过强制执行得到实现乃是一种客观存在。权利能否实现以及实现的程度，并不完全取决于执行的力度，客观上取决于债务人的履行能力及债权人举证的效果等因素。执行穷尽原则可以减轻法院面临的巨大舆论压力，有利于执行工作获得社会公众的理解和支持。

第二，执行穷尽原则还可以增强当事人在经济交往中的风险防范意识，促使他们通过自身努力，未雨绸缪，防止发生纠纷或避免日后权利无法实现；同时，还可以促使他们在取得执行依据后，及时申请执行，并积极配合法院的执行工作，防止出现执行不能的局面。

第三，当前执行难度较大的是因当事人恶意逃债、转移财产，法院只有在有效采取各种执行措施后，才有可能查清债务人的履行能力。如果可用、能用的执行措施未用，不仅客观上易使债务人逃债的可能性变为现实性，更易引起权利人和社会公众对法院执行程序公正的怀疑。反之，才能有效打击债务人恶意逃债之行为，树立执行公正形象。

第四，执行穷尽原则有利于诉讼资源的合理运用。在“执行难”问题久解未决的背景下，执行力量和任务的矛盾日益突出。在出现执行不能的情况下，继续执行无助于债权的实现，只能造成诉讼资源的浪费，将一部分已穷尽了各种执行措施而又执行不能的案件，通过法定程序予以中止或终结，可以避免诉讼资源的浪费，并可以集中精力执行那些能够产生实际效果的案件。

第四章　各国解决强制执行竞合问题的理论与实践

比较研究的方法，无论在自然科学还是在社会科学领域，都是一种非常重要的研究方法。爱因斯坦曾说："知识不能从经验中得出，而只能从理智的发明同观察到的事实两者比较中得出。"① 比较研究也是法学研究的一种重要的方法，通过比较研究不同国家和地区在不同政治、经济和文化背景或相同背景下的法律现象和法律制度，才能做到去"粗"取"精"、去"伪"存"真"、"洋为中用"、"古为今用"。在民事强制执行法领域，强制执行竞合的现象不是中国所独有的现象，而是一个在世界各国司法实践中普遍存在的问题。在强制执行竞合的问题上，欧美国家和地区已经经历了数百年的理论探索和制度建设，它们的经验和教训完全可以为我国借鉴或引以为戒。因此，本章拟就两大法系关于强制执行竞合的理论和制度进行比较，总结其经验教训，以期对我国强制执行制度的完善有所裨益。

第一节　各国关于终局执行、保全执行之间竞合的学说

在国内外理论界，依据强制执行的效果、机能的不同为标准，

① ［美］爱因斯坦：《爱因斯坦文集》（第1卷），商务印书馆1976年版，第278页。

通常将强制执行划分为终局执行与保全执行两种类型，相应地，强制执行竞合就可以分为终局执行之间的竞合、保全执行与终局执行之间的竞合、保全执行之间的竞合三种形态。[①] 下面，笔者将根据强制执行竞合的三种形态，对各国解决竞合问题的理论和实践分别加以介绍。

一、终局执行之间的竞合

所谓终局执行，是指为了实现债权人经生效法律文书确认的债权而进行的执行活动。按照应实现的债权的具体种类的不同，终局执行又可分为金钱债权的终局执行与非金钱债权的终局执行。因而，终局执行之间的竞合又可分为三种形态，即金钱债权终局执行之间的竞合，金钱债权与非金钱债权终局执行之间的竞合，非金钱债权终局执行之间的竞合。

（一）金钱债权终局执行之间的竞合

金钱债权终局执行之间，各执行程序目的相容且程序相同，即都需要对债务人的财产进行查封、扣押、变卖或拍卖并以所得价款来清偿生效法律文书中确定的债权，因此，在两个以上的金钱债权终局执行之间发生竞合时，可将后申请的金钱债权的终局执行并入在先的金钱债权执行程序之中，在后的执行申请被视为参与分配的申请，此即参与分配制度。

适用参与分配制度解决金钱债权终局执行之间的竞合问题，是各国通例。但各国在参与分配的适用条件、分配原则、分配程序等问题上却大相径庭。在适用条件上，多数国家并不以被执行人的财产不足清偿全部债权为条件。在分配原则上，德国、英国、美国立法采优先清偿主义，即先申请对债务人的财产进行强制执行的债权

① 参见杨与龄编著：《强制执行法论》，台湾地区三民书局 2007 年修正版，第 306 ~ 308 页；常怡主编：《强制执行的理论与实务》，重庆出版社 1992 年版，第 121 页；谭秋桂著：《民事执行原理研究》，中国法制出版社 2001 年版，第 328 页。

人较后申请对同一财产进行强制执行的债权人具有优先受偿的地位，对同一财产申请强制执行的各债权人按时间先后组成一个分配序列；法国、日本立法则采平等清偿主义，对债务人的同一财产申请执行的各债权人（有担保权的债权人除外），不分申请执行的先后，一律按债权额比例平等受偿；而瑞士和我国台湾地区立法则采折中主义，即以某个时间点为标准将对债务人的同一财产申请执行的各债权人分为两个集团，在该时间点前申请执行的债权人集团优先于在该时间点之后申请执行的债权人集团得到清偿，同一集团内部的各债权人之间不分先后，一律按债权额比例平等受偿。

在所有强制执行竞合的问题中，金钱债权之间强制执行竞合最为复杂和重要，构成了强制执行竞合制度的核心内容。对于其中金钱债权的清偿原则和参与分配制度等内容，笔者还将在下文相关章节进行详细的介绍，此不赘述。

（二）金钱债权与非金钱债权终局执行之间的竞合

某债权人以金钱债权的终局执行根据，请求对债务人的特定财产实施强制执行后，他债权人又以非金钱债权执行根据请求对该财产进行终局执行；或者某债权人以非金钱债权终局执行根据对债务人的特定财产申请强制执行后，他债权人又依金钱债权的终局执行根据再对该财产申请强制执行，这时就会产生金钱债权与非金钱债权针对特定财产的执行竞合问题。例如，甲请求拍卖乙的汽车以清偿借款，丙基于所有权请求乙返还非法占有的该汽车，两个执行根据中的债权内容不同，一个是清偿借款的金钱债权，一个是返还财产的非金钱债权，但都是终局执行，即属此处所谓金钱债权与非金钱债权终局执行之间的竞合。

在前述金钱债权与非金钱债权终局执行之间，彼此执行请求内容不同且相互冲突，无法适用参与分配的制度，那么应如何处理呢？对此，各国一般都没有明确的法律规定。在大陆法系理论上主要存在三种学说：第一种观点，认为应依申请执行时间的先后来定，先申请者，优先获得执行；后申请者，无法得到执行。第二种观点，认为应根据权利的性质决定执行的先后，如果非金钱债权是基于物权产生的，该非金钱债权应当优先执行。第三种观点，认为原则上应根据已申请时间的先后处理，但如果申请在后的债权是基于物权产生的，后申请的基于物权产生的债权优先于先申请的金钱债权。①

其中，第一种观点的立论根据是，“执行名义请求权是否基于物权属实体法律关系的认定，而执行机构并无此项判断权，如果另外再通过诉讼解决，于判决前执行程序势必陷于停止状态。因此，应以执行之先后决定优先次序，后执行程序如于实体上有排除前执行程序之权利者，应提起第三人异议之诉排除前执行程序后始得执行。”② 我国大陆也有学者持此主张，认为“对执行竞合的解决思路是遵循时间优先原则，同时赋予实体权利人提起异议之诉的权利”。③ 但也有学者反对这种观点，他们认为，“债权人对执行标的是否享有物权固属实体事项，但该实体事项一般通过执行根据即可认定，执行根据的内容通常即表明了债权人债权存在的范围及理由。因此，权衡强制执行迅速性与妥当性的要求，应赋予执行机构对此等问题的判断权，无须后执行程序的债权人另提起第三人异议之诉以为救济。”④ 况且，第三人异议之诉并不当然停止强制执行，对后执行程序债权人的保护极为不利，判决确定后前执行程序已结束时尤其如此。第二种观点虽然考虑到了实体法上物权优先于债权，但并不全面，在非金钱债权和金钱债权请求权均基于债权时，依此方法并不能得到解决。因此，笔者认为第三种观点较为可取，

---

① 参见杨与龄编著：《强制执行法论》，台湾地区三民书局2007年修正版，第307页。

② 张登科著：《强制执行法》，台湾地区三民书局1990年版，第568～569页。

③ 江伟主编：《中国民事诉讼法专论》，中国政法大学出版社1998年版，第296页。

④ 常怡、崔婕：《完善民事强制执行立法若干问题研究》，载《中国法学》2000年第1期。

即金钱债权终局执行与非金钱债权终局执行发生竞合时，原则上先申请执行者优先，但对执行标的享有物权者更优先，这是一种最为公平、合理的解决办法。

（三）非金钱债权终局执行之间的竞合

两个以上的债权人分别依据非金钱债权终局执行根据，对同一债务人的同一项财产请求强制执行，因执行内容和目的的冲突也会产生执行竞合，此即为非金钱债权终局执行之间的竞合。例如，甲占有一辆汽车，乙基于所有权请求返还，丙基于买卖合同关系请求交付，如果乙和丙都在向法院起诉并获得终局执行根据时，这时就会产生两个非金钱债权终局执行之间的竞合。

对于非金钱债权终局执行之间的竞合问题，各国法律上一般也没有明确的规定。在理论上，如同金钱债权与非金钱债权终局执行竞合的解决一样，也存在三种学说。我国台湾地区学者杨与龄认为，“关于非金钱债权执行名义之执行程序竞合，除按声请先后执行外，如执行名义所载之请求权基于物权而生者，应视其内容而定先后，其互不排斥者，则并予执行。”① 笔者认为，非金钱债权终局执行之间的竞合，应区分如下情况分别处理：（1）如果有的属于基于物权产生的非金钱债权，有的属于普通债权，则基于物权产生的债权所依据的终局执行根据应当优先执行。前述乙基于所有权请求甲返还汽车，丙基于买卖合同关系请求甲交付汽车即属此类。（2）如果数个债权均基于物权而产生，则应视权利内容而定。例如，数个债权都是基于抵押权而生的债权，则应按照抵押权产生的先后顺序决定执行的先后。（3）如果数个非金钱债权都是普通债权，则应按照先申请先执行的原则处理。（4）如果依据数个非金钱债权的终局执行根据进行强制执行时，其执行目的并不矛盾时，此时并不真正存在强制执行竞合的问题，可以合并执行。例如，甲拥有一片土地，乙和丙分别基于地役权而生之允许通行的执行根据

① 杨与龄编著：《强制执行法论》，台湾地区三民书局2007年修正版，第307页。

申请拆除地上障碍物的，则可以合并执行。

二、保全执行之间的竞合

保全执行是强制执行的一种，是指在取得终局的、确定的法律文书以前，为防止一方当事人的行为或者其他原因致使判决裁定不能执行或者难以执行，而采取的旨在禁止一方当事人处分、变更执行标的物，以维持现状的措施。① 保全执行的执行根据，是经过保全裁判程序作出的法律文书。在德国、日本和我国台湾地区，将保全执行分为假扣押和假处分两个方面。假扣押是债权人以给付金钱或可换为金钱为内容的请求，为保全将来的强制执行而禁止债务人处分其财产的程序；假处分则是就债权人金钱债权以外的请求，为保全以后的强制执行而禁止债务人变更请求标的物的现状，或确定有争执的法律关系的暂时状态的程序。②

我国立法没有区分假扣押与假处分，但我国《民事诉讼法》第9章的“财产保全”即是一种保全执行。先予执行制度在一定程度上也起到了保全执行的作用，如最高人民法院《适用意见》第107条规定，需要立即停止侵害、排除妨碍的，以及需要立即制止某项行为的，也可先予执行。应当看到，我国现行的财产保全执行既承担着国外假扣押执行的功能，又部分承担了国外假处分执行的功能，但在内容、措施等方面远不及两者丰富，所发挥的作用也因此受到很多限制。例如，命令债务人容忍债权人通行其土地的保全执行就无法通过现行的财产保全执行完成。因此，为了扩大保全执行的功能，应当引入假扣押与假处分概念，按所保全请求权的性

---

① 孙加瑞主编：《强制执行实务研究》，法律出版社1994年版，第467页。

② 参见陈荣宗著：《强制执行法》，台湾地区三民书局2002年10月版，第636页。

质对保全执行进行分类。[①]

当债权人以保全执行根据请求对执行财产实施强制执行以后，他债权人又以保全执行根据请求对同一财产实施保全执行，就会产生保全执行之间竞合。由于大陆法系的保全执行又分为假扣押执行和假处分执行两种，保全执行之间的竞合又可分为以下几种形态。

（一）假扣押执行相互之间竞合

执行财产经实施假扣押执行以后或与此同时，他债权人再申请对同一财产实施假扣押执行，就形成假扣押执行之间的竞合。例如，甲对乙提出金钱债权请求，在诉讼中甲请求扣押乙的某项财产，法院作出采取保全措施的裁定并对财产实施扣押。此后，丙以要求乙支付违约金为由，对乙提起诉讼，并请求对乙的同一财产采取保全措施，这样就产生了两个假扣押执行之间的竞合。

保全执行竞合的本质，实际上就是数个债权人对债务人的同一财产能否申请法院重复采取“扣押”[②] 的问题。从国外民事诉讼立法中的相关规定来看，不同国家的做法有很大差异：

德国法上有假扣押与假处分制度，在假扣押执行竞合方面禁止超额扣押而允许重复扣押，如《德国民事诉讼法》第 803 条第 1 款规定：“对动产的强制执行，以扣押的方法为之。扣押的范围不得超出清偿债权人与支付强制执行费用所必要的限度。”该法第 804 条第 3 款规定：“扣押在先所生的质权优先于扣押在后所生的

---

① 限于行文思路的原因，本部分对我国诉讼保全程序的完善不再做更多的探讨。相关探讨可参见江伟、肖建国：《民事诉讼中的行为保全初探》，载《政法论坛》1994 年第 3 期。

② 在法国、德国和日本等国的民事强制执行法中，将限制债务人对其财产行使处分权的强制执行措施统称为“扣押”，而在我国台湾地区，则将限制债务人对其动产或不动产行使处分权的强制执行措施称为“查封”，将限制债务人对其他财产权利行使处分权的强制执行措施称为“扣押”。但是，在我国台湾地区的理论界和实务界中，“查封”与“扣押”常常是通用的。例如，杨与龄教授就将查封界定为“查封，亦称扣押，乃保全债权人执行名义所载债权之实现，限制债务人对于执行标的物之处分权之执行行为”。

质权。”从德国法来看，德国对重复扣押采取了完全放任的态度，究其原因就在于德国实行了彻底的优先原则。按照德国法的规定，不论债务人是公民、法人还是其他组织，也不论债务人的财产能否清偿所有债权，有执行根据的债权人都可以依申请重复扣押的方法来保障自己债权的执行。各查封债权人以申请重复扣押时间的先后组成一个受偿序列，先为扣押者其债权优先于后为扣押者而受清偿。这样，就简化了执行程序，有利于执行竞合的解决。

有的国家允许超额扣押和重复扣押，如法国。在法国法上，并没有像德国法那样具有一般保全性质的假扣押和假处分制度。法国法仅就各个具体案件，规定不同的保全措施，以保全债权人将来的强制执行。作为保全措施的扣押，其主要目的在于防止债务人故意处分其财产，损害债权人的利益，因而扣押不能使债权人取得优先于其他债权人优先受偿的权利。① 也就是说，法国法上采取的是平等清偿主义，各债权人就扣押的财产平等分配，故允许重复扣押和超额扣押，亦能化解保全执行竞合的问题。

有的国家则对动产、不动产和债权进行区别对待，如日本。关于假扣押之执行，《日本民事执行法》规定，对于业经裁定开始强制拍卖之不动产申请强制拍卖时，执行法院应再为强制拍卖开始之裁定，并准用于对不动产之假扣押执行（《日本民事执行法》第175 条、第47 条和第48 条）。对于已扣押之动产，则不得再行假扣押。《日本民事执行法》第125 条第1 款规定：“执行官，不得对扣押物或者已经执行了假扣押的动产再次扣押。”该法第128 条规定：“动产的扣押，不得超过扣押债权人的债权及执行费用之偿还所必要的限度。”对于已受假扣押之债权，则得再为假扣押命令

① 参见江伟主编：《中国民事诉讼法专论》，中国政法大学出版社1998 年版，第291 页。

（《日本民事执行法》第 149 条）。[①]

我国台湾地区在假扣押执行竞合时，采取的是合并执行的方法，不允许重复假扣押。根据我国台湾地区“强制执行法”第 33 条的规定，执行标的物经实施假扣押执行后，他债权人再申请假执行者，如均以保全金钱债权的请求为目的，则申请在后者应与前案合并执行。该法第 133 条规定：“因执行假扣押收取之金钱，及依分配程序应分配于假扣押债权人之金额，应提存之。”第 134 条规定：“假扣押之动产，如有价格减少之虞或保管需费过多时，执行法院得因债权人或债务人之声请或依职权，定期拍卖，提存其卖得金。”第 135 条规定：“对于债权或其他财产权执行假扣押者，执行法院应分别发禁止处分清偿之命令，并准用对于其他财产权执行之规定。”由此观之，我国台湾地区与日本之做法，既有相同之处，又有区别。

（二）假处分执行相互之间竞合

如果多个保全执行请求均是非以清偿金钱债权为目的，其间所产生的执行竞合就称为假处分执行相互间的竞合。例如，甲诉乙非法侵占其房屋，并请求对该房屋采取保全措施，禁止乙将其转让。与此同时，房屋的承租人丙向法院起诉，请求维持租赁关系，并请求采取保全措施，禁止乙将房屋租给其他人。这两个执行之间发生的竞合就是假处分执行相互间的竞合。

关于假处分执行相互之间竞合问题的解决，各国与假扣押的处理方法基本相同。下面仅以我国台湾地区的做法为例加以介绍。根据我国台湾地区“民事诉讼法”第 535 条的规定，假处分所必要之方法，由裁判法院裁量决定。因此，如果法院对同一执行标的物作出内容不同的假处分裁定，债权人据此分别申请执行时，如其内容不相抵触，可以分别执行，其中先获得法院终局胜诉判决者，可

① 参见杨与龄编著：《强制执行法论》，台湾地区三民书局 2007 年修正版，第 310 页。

排除他债权人之假处分；如相互抵触，则申请执行在后者，不能申请强制执行，以免否定先实施的假处分执行的效力。如果前后两个假处分裁定要求的方法相同，则应并案处理，申请在后的假处分，不得再为查封或其他执行行为。但依据法律规定对标的物的假处分需分类登记者，仍应通知登记机关登记事由，以防止先实施假处分的债权人未获确定裁判前，与债务人串通办理不动产所有权转移登记。最后，先取得本案胜诉终局判决者，可排除他债权人之假处分执行的效力。[①]

（三）假扣押执行与假处分执行的竞合

多个保全执行程序之间，如果有的以清偿金钱债权为目的，有的非以清偿金钱债权为目的，其间发生的竞合称为假扣押执行与假处分执行之间的竞合。例如，甲以金钱债权请求对乙的房屋实施假扣押执行，丙以物权请求对乙的该房屋实施假处分执行，这两种执行之间的竞合就是假扣押执行与假处分执行之间的竞合。

根据实施假扣押与假处分的具体方法不同，假扣押与假处分执行之间的竞合又可分为假扣押与假处分执行方法相同的竞合、假扣押与假处分执行方法不相抵触的竞合、假扣押与假处分执行方法相抵触的竞合三种；根据假扣押与假处分执行请求的先后，又可将其分为假扣押在前的假扣押与假处分执行竞合、假处分在前的假扣押与假处分执行竞合两种。此类竞合的具体处理方法，因假处分裁定所要求的执行方法不同而有所区别：

（1）对于同一标的物，假处分裁定所要求的假处分方法与假扣押的执行方法相同时。例如，两者均以查封的方法来禁止债务人转移特定不动产的所有权或其他处分行为，就属此类。我国台湾地区学者杨与龄认为，其具体处理方法有四：其一，无论假扣押在先还是假处分在先，后案均与前案合并办理。其二，前案所扣押的财

① 参见杨与龄编著：《强制执行法论》，台湾地区三民书局2007年修正版，第310页。

产，与后案合并办理时，前案的扣押亦视为后案的扣押，前案因撤回申请或撤销案件时，后案应续行前案的执行程序。其三，后案在合并办理时，仍应通知登记机关其执行事由，以免登记机关因债务人同意而办理将执行标的物所有权转移给债权人的登记。其四，前案或后案所保全的债权请求，如果因先取得终局执行名义而转变为终局执行时，后取得终局执行名义的债权人不得提出异议或要求排除在先的终局执行；执行法院对终局执行执行完毕时，应将假扣押或假处分的执行措施予以撤销。

（2）对于同一标的物，假处分裁定所要求的假处分方法与假扣押的执行方法不相同，但也不互相抵触的情形。杨与龄教授认为，这种情况下两案可以合并办理，分别实施强制执行措施。例如，对于债务人所有的某宗土地，甲债权人取得命令债务人允许通行的假处分裁定，乙债权人取得准许假扣押的裁定，甲、乙分别依据两个裁定申请保全执行，即属适例。对此，前述四种保全执行的方法中，第三、四两点依然可以适用。

（3）对于同一标的物，假处分裁定所要求的假处分方法与假扣押的执行方法不相同，且相互抵触的情形。这种情况下应如何处理？有两种观点：第一种观点认为，假处分所保全的债权请求，如果是物权请求，依据物权优先与债权的原理，得排除已经实施在先的假扣押执行而为强制执行；如果假处分所保全的是债权请求，则仅可以排除在后的假扣押执行，换言之，实行先申请先执行原则。第二种观点认为，如果假扣押与假处分裁定的执行方法相抵触，则实施在先的可排除实施在后的执行；但是，实施在先的保全执行不能排除在后的终局确定判决的执行。杨与龄教授认为，假扣押与假处分执行均是公法上的行为，如果后实施的保全执行可排除在先的保全执行，则被排除者仍可再次重新申请执行以排除之，如此循环往复，难有终了之时。[①] 因此，第二种观点似乎更为妥当。

三、终局执行与保全执行之间的竞合

为防止因一方当事人的原因或者其他原因，使裁判不能执行或难以执行，对方当事人可请求对争议标的或相关财产采取保全措施，并请求执行机关执行，这就是保全执行。在以维持执行标的之现状为目的的保全执行过程中，他债权人依终局执行名义对同一执行标的再申请强制执行，或者在终局执行过程中，他债权人又请求对标的为保全执行时，就产生保全执行与终局执行之间的竞合。在此种情况下，如果依他债权人的终局执行名义实施执行，势必会损害保全执行的功能，从而使保全执行失去存在的意义；如果保全执行的效力得以维持，又会使终局执行受阻，从而使终局执行请求人的权利落空。对于保全执行与终局执行之间的竞合，我国法律没有规定明确的解决办法。在大陆法系理论上，有三种不同的观点，即终局执行优越说、保全执行优越说和折中说，下面分别介绍并进行评述。

（一）终局执行优越说

该学说认为，对于债务人的特定财产，如有保全执行在先时，其他债权人对该财产进行强制执行的，终局执行有优先于保全执行的效力。保全执行的债权人不得以其保全执行在先为由，排除其他债权人的终局执行。其理由主要有以下几点：

第一，保全执行只是为了保证将来的判决得以实现，才对债务人的财产采取的控制性手段，保全执行仅有禁止债务人对保全财产任意处分的效力，不是最终执行的依据，执行权利人并不因保全执行而获得较其他执行权利人更为优越的法律地位。所以，当终局执行与保全执行竞合时，应当首先满足终局执行权利人的请求。例

① 参见杨与龄编著：《强制执行法论》，台湾地区三民书局2007年修正版，第311～312页。

如，执行权利人甲在诉讼中已申请法院扣押执行义务人乙的财产，但执行权利人丙在以乙作为被告的诉讼中获得胜诉判决，并依据该生效判决申请执行乙的财产，则执行权利人甲申请法院对乙的财产的扣押措施即告无效。

第二，财产保全在程序上，仅是以释明方法（即保全申请人要将保全的原因向法院说明）取得执行根据，而终局执行的债权人在诉讼中。必须通过证明方法才能获得胜诉判决。如果保全执行可以排除终局执行，岂不等于容易取得的执行根据，反而比难以取得的执行根据更受保护？所以，不能认为保全执行有优于终局执行的效力。[①]

第三，被保全的权利如果是物权请求权时，保全执行权利人可基于实体法上物权人的地位，以第三人异议之诉的方法，直接排除执行权利人的终局执行，不必在保全执行的效力方面特别承认有优于终局执行的必要。否则，执行义务人的特定财产一旦有保全执行存在，执行权利人纵然有执行根据存在，也无法执行。

第四，如果承认保全执行有优先于其他债权人终局执行的权利，那么，债务人可以串通其亲友，利用保全执行来阻止有终局执行根据的债权人的执行，从而使经年累月才取得的终局执行根据化为泡影。这极有可能加剧“执行难”、“执行乱”现象，不利于强制执行竞合问题的解决。

对于上述理由，多数学者持反对意见，他们认为：

第一，保全制度的目的是保全债权人将来使其本案判决有执行保障，所以凡是破坏将来判决执行的事，包括终局执行在内，都是背离保全制度的立法精神的。这样，就会使保全制度形同虚设。如果终局执行在先，他债权人可以依终局执行根据请求对已实施保全执行的标的实施强制执行，将来本案判决的执行就失去了保障，保

① 杨建华主编：《强制执行法、破产法论文选辑》，台湾地区五南图书出版公司印行，第94页。

全债权人的利益就得落空，保全执行制度的目的、价值与功能就不能实现，保全执行制度也就失去了存在的意义。所以，不能认为终局执行有优越的效力。

第二，尽管终局执行优越说大多以执行平等主义为依据，强调债务人所有财产为全体债权人的共同担保，各债权之间是平等的，所以，认为不应使保全执行的债权获得较其他债权人优越的法律地位。但是，这并不能必然推导出终局执行优先于保全执行。因为，根据执行平等主义，同样可以推论出终局执行不得优先于保全执行。其实终局执行优越说，恰恰是违背了执行平等主义或债权平等原则。实质上，执行平等主义或债权平等原则与强制执行竞合并无必然联系。执行平等主义和债权平等原则所要解决的是债权的量的问题，具体地说，在破产执行程序和参与分配程序中，各债权为金钱债权或已转化为金钱债权，但是债务人又资不抵债，这就需要运用执行平等原则或债权平等原则来对各债权进行数量上的平等分配。而强制执行竞合针对的是债权的质的问题，非债权的量的问题。两者的区别是：数债权人无法同时获得满足的排斥现象是债权的质的问题，如债权人甲的债权是请求债务人交付特定财产，与此同时，债权人乙又以同样内容的债权请求强制执行，这一问题不能用数量分配方法来解决，即无从运用执行平等主义或债权平等原则，只能依时间而有先后执行。因此，保全执行与终局执行的竞合排斥是质的问题。所以，用解决量的问题的平等主义原则为方法而支持终局执行优越者，其所用的方法不正确。

第三，终局执行优越说的第二个理由也不成立。因为，这一理由实际上是基于这样的认识：财产保全的效力低于终局执行根据，保全执行仅属于终局执行过程的一部分。同一债权人的保全执行与本案终局执行之间虽然有从属关系，但与他人的终局执行之间则无任何从属关系，而是各自独立的执行。在有从属关系的情况下，保全执行将因本案的终局执行而丧失其存在的价值，因此，保全执行与终局执行之间有优劣的可能；而在没有从属关系的保全执行与终局执行之间，则没有优劣的可能。各执行根据的效力是相同的，不能因为有的是暂时的，有的是确定的或者终局的，而在效力上有高低之分。

第四，终局执行优越说的第四个理由也不充分。因为保全执行优越说也可以此种理由作为其根据，即债务人在受强制执行之时，可能串通其他债权人取得终局执行根据，随时使执行的结果成为泡影，损害债权人的利益。

（二）保全执行优越说

该学说认为，保全执行与终局执行发生竞合时，应当首先保障保全执行债权人的权利，先行的保全执行有阻止后来的终局执行的效力。其理由是：

第一，诉讼保全的目的是通过对债务人财产现状的维持而使将来的判决能够得到顺利执行，因而，凡是破坏将来本案判决执行的情形，都是违背保全执行制度的设立目的的。同样，如果他债权人依终局执行根据可对已保全的标的强制执行，那么，保全申请人就无法获得本案终局判决中的权利，保全制度就会形同虚设，保全执行的价值和功能也将丧失。

第二，保全执行所具有的禁止处分的效力是不特定的，并不能认为只具有排除执行义务人的任意处分的效力，相反，而是同样对其他执行权利人具有拘束力，包括以终局执行名义进行的处分，亦被排斥。[①] 所以，已保全执行的标的物，不得实施终局强制执行。

第三，保全执行优先会助长地方保护主义是没有根据的。因为，在终局执行优先的情形下，债务人也可使用类似的方法，况且，地方保护主义与该国司法缺乏权威性、独立性与公正性，以及司法体制的缺陷等综合因素有密切联系，并不能以此来否定保全执行优越说。

在持保全执行优越说的观点中，可分为温和派和强硬派。与以

① 常怡：《强制执行理论与实务》，重庆出版社 1990 年版，第 124 页。

上观点相比，较为温和的观点认为，对于已存在保全的特定财产，其他债权人进行终局执行时，其终局执行虽不违法，但若保全执行权利人在本案中获得确定的胜诉判决时，保全执行权利人就可以否认其他执行权利人终局执行的结果。保全执行权利人可以凭其本案判决的执行名义，直接办理取得的特定财产所有权，从而否认第三人因拍卖而取得所有权的效果。①

保全执行优越说具有其合理之处，但也有以下几点值得探讨：

首先，先行的保全执行不应一概否认其他债权人的终局执行。凡是不妨害保全债权人将来的执行的行为，当然不违背保全执行制度的目的，应当准许其他债权人进行。因为保全执行的债权人，如果不愿意继续进行保全或者保全执行被撤销或本案败诉，那么，其他债权人对于同一特定物所进行的扣押结果不应受保全执行撤销的影响，可以继续进行拍卖或转移占有的处分行为，以满足其请求。因此，为兼顾其他终局执行的债权人的利益，不能绝对否定其他债权人的扣押行为，而只能认为先行的扣押不受后行的扣押的约束。

其次，保全执行排斥后行的终局执行，仅限于财产保全期间。在保全期间届满，或者保全债权人的本案胜诉而进入终局执行，则不能排斥其他债权人的终局执行。根据债权平等原则，获得胜诉判决的保全债权人不得因其前行的保全执行而获得优先于其他债权人的权利，他们之间应是平等的。

（三）折中说

该学说认为，保全执行与终局执行的效力没有高低之分。两者竞合时，应当在保全执行获得终局裁决后，由保全执行权利人和终局执行权利人对债务人的财产按比例受偿。也就是说，法律既然承认保全执行制度存在的价值，那么，强制执行机关就应当尊重保全执行的效力。所以，终局执行的执行权利人只能对已进行保全执行

① 陈荣宗：《强制执行之竞合》，载《民事程序法与诉讼标的理论》1977 年版，第 59 页。

的标的物采取查封措施，但不得进而将该物拍卖、变卖。也就是说，保全执行对终局执行的排斥是相对的。保全执行排斥的是对保全财产所采取的最终处分行为，而对于不违背保全执行的目的，不破坏保全财产的现状的控制性终局执行行为，则应当允许。如果终局执行有处分性强制措施时，保全执行的权利人可以对终局执行的权利人提起执行方法的异议或第三人异议之诉，以阻止终局执行的进行。

折中说的折中之处在于，对已执行保全的财产可以申请扣押，但不得请求进行拍卖、变卖或转移所有权等最终处分。实际上，此时的终局执行不过是相当于保全执行，如果以后保全执行的原因消灭了，就可以进行最终处分。此说为日本实务界所采纳。在司法实践中，如果其他债权人申请法院就已经实施保全执行的财产进行拍卖的，法院以裁定准许其申请，但实际上并不进行拍卖，其目的是在等待本案的诉讼结果以及保全执行债权人有无提起异议或第三人异议之诉，以防止问题的扩大。

由于折中说吸收了终局执行优越说和保全执行优越说的优点，而又避开了两者的不足之处，并有所发展，所以逐渐成为通说。

以上三种学说皆各有其理论依据，并争执不休。对此，笔者认为，尽管实践中也存在着在终局执行过程中，其他债权人又以保全执行请求对同一标的物采取执行措施的情况，但一般情况下是保全执行在先而终局执行在后。从时间上看，保全执行先于终局执行。因此，保全执行优越说本质上是从优先清偿原则出发，优先保障申请执行或采取执行措施在先的保全债权人的债权，强调的是效率和机会平等，而终局执行优越说和折中说本质上是从平等清偿原则出发，要求平等保障保全执行债权人和终局执行债权人的债权，强调的是公正和实体平等。

第二节 各国关于金钱债权之间强制执行竞合的学说

在终局执行之间竞合的问题上，金钱债权之间的强制执行竞合问题最为重要和复杂。当多个债权人为满足其生效法律文书中确定的金钱债权请求，而就债务人的统一特定财产申请强制执行时，虽然各国大都采用参与分配制度加以解决，但各债权人对该特定财产是平等地受偿，还是先申请执行的债权人有优先受偿权？对此问题的不同的回答，形成了立法例上平等清偿原则、优先受偿原则和折中原则的对立。目前，世界各国对金钱债权的强制执行竞合问题普遍采取参与分配制度加以解决，但在参与分配的顺序上究竟采取何种立法原则，则有明显的不同。随着对参与分配制度研究的不断深入，人们发现它解决的不仅仅是一个执行财产的分配问题，更涉及强制执行的价值取向、法律传统、立法政策等诸多方面。因此，研究和比较金钱债权的各种清偿原则，对于规范和完善我国的强制执行立法、克服“执行难”问题有着重要的现实意义。

一、金钱债权强制执行原则的历史演变

金钱债权的强制执行原则始终与强制执行法律制度的历史发展相伴，并内在地体现于一定历史时期的强制执行法律制度之中。纵观强制执行制度的历史发展，大体上经历了一个由对人执行到对物执行、由一般执行到个别执行、由平等清偿原则到优先清偿原则的发展过程，这同时也是法律文明的历史演进过程。

（一）古代罗马法时期

按照诉讼形式的不同，古代罗马法大致经历了三个时期：法定诉讼时期（公元前 2 世纪前）、程式诉讼时期（公元前 2 世纪到公元 3 世纪）和非常诉讼时期（公元 3 世纪以后）。在法定诉讼时期，对于金钱债权的强制执行，主要采取对人执行和平等清偿的原

则。《十二铜表法》第三表规定：债务人不履行到期债务时，债权人可在法官监督下实施自力救济，即在债务人不能清偿其金钱债权时，可以拘禁、杀害债务人或者将其作为奴隶出卖；如果有数个债权人，则共同分享出卖的价金或分割其尸体。由于对人执行极其不人道，公元前326年，帕特利亚法禁止出卖和屠杀债奴，仅允许债务人以劳务抵债。①

在程式诉讼时期，判决的执行仍以对人执行为主，但大法官另创对物执行（exeatio in bona）制度，两者相辅而行。对物执行采取"财产趸卖"（venditio bonorum，又译作"财产委付"）和"财产零售"（distractio bonorum）两种方法。"财产趸卖"的具体程序是：先由大法官根据原告（债权人）的申请，谕令原告或其他管财人接管或占有债务人的全部财产，以免债务人擅自处分，称"保全扣押"，并将接管事项予以公告，以便其他债权人也可参加；公告30日期满后仍不清偿的，大法官即召集债权人会议选举拍卖人，将债务人的全部财产整体、公开趸卖，除有质权或优先权的情形外，债权人之间依债权额的大小比例获得清偿。"财产趸卖"是对债务人财产的一般执行，亦是后世破产制度的最早萌芽。② 但由于财产趸卖制度对债务人非常不利，在帝政后期随着程式诉讼的式微，终被废止。"财产零售"虽然在程式诉讼时期产生，但并不常用。

在非常诉讼时期，如判决为金钱给付而被告不主动履行，债权人可申请对物执行，其方式为"财产零售"和"判决扣押"（pignus ex causa judicati eaptum）。"财产零售"与财产趸卖相同的地方是，亦需先接管或占有债务人的全部财产，而不论负债的多少；不同之处在于，"财产零售"不是对债务人的财产整体拍卖，而是将

---

① 林升格著：《强制执行法理论与实务》，台湾地区五南图书出版公司1983年版，第43页。

② 周楠著：《罗马法原论》（下册），商务印书馆2005年版，第979页。

债务人的财产逐项拍卖，至所得现金足以清偿债务为止；清偿顺序依次为共益费用、优先权、普通债权等，不足清偿的债务人仍需负清偿义务。[①] 在判决扣押程序中，债权人只能申请就执行所需的财产加以扣押，而不是债务人的全部财产；“判决扣押”仅适用于债务人有清偿能力而债权人较少的情况。[②] 扣押时，应先扣押债务人的动产和活物，不足清偿时才能扣押债务人的不动产，最后是债务人的债权（本书第三章阐述的强制执行合理化原则，应该肇始于此）。

综上可见，罗马法时期经历了从“对人执行”向“对物执行”的转变。在对金钱债权的强制执行方面，实行的是平等清偿原则。具体来说，财产诉讼时期的“财产趸卖”和“财产零售”是对债务人全部财产的一般执行，即把债务人的全部财产变卖后由各债权人按债权额的比例受清偿，这类似于现代的破产清算制度。对于非常诉讼时期的“判决扣押”制度，也属于平等清偿原则，罗马法学家保罗曾有精辟的论述，“在裁判官允许占有之后，这不被看做是对提出要求者的允许，而被视为允许所有债权人占有财物”；[③] 也就是说，扣押人并不因获准扣押而享有任何优先受偿的权利，各债权人均有权就扣押的财物变价后平等受清偿。

（二）日耳曼法时期

公元5世纪初，罗马帝国灭亡。在欧洲众多的蛮族王国中，罗马法逐渐为日耳曼法所取代，罗马法上的平等清偿原则也随之为日耳曼法上的强制执行优先清偿原则所取代。

按照日耳曼法的规定，对于动产的执行，执行官实施查封后，即使法院取得动产的占有地位，债务人在一定期间内也享有回赎

---

① 周楠著：《罗马法原论》（下册），商务印书馆2005年版，第980~981页。

② 周楠著：《罗马法原论》（下册），商务印书馆2005年版，第999页。

③ 参见《司法管辖权审判诉讼》，黄风译，中国政法大学出版社1992年版，第80页。

权；对于不动产的执行，执行官首先驱逐债务人离开其不动产，使其丧失对不动产的占有，同时禁止债务人处分不动产，然后直接将不动产交由债权人承受或者变价为金钱后供其清偿。① 由是观之，先申请执行的债权人就查封的动产或不动产享有优先受偿权。事实上，这正是日耳曼民族所固有的“先向法院申请者，其权利优先”法谚的生动体现。

（三）罗马法复兴时期

12 世纪至 19 世纪的罗马法复兴运动，对欧洲各国的法律制度产生了深刻的影响。受罗马法复兴运动的影响，意大利、法国、荷兰先后吸取了罗马法上强制执行平等主义精神，重新确立了金钱债权平等清偿原则。随着法国对罗马法的全面继受，法国王室对包括民事诉讼法在内的法典进行了重新编撰活动。拿破仑上台后，于 1804 年、1806 年相继制定了《法国民法典》和《法国民事诉讼法典》。其中，就强制执行的原则而言，当时的法国民法典和民事诉讼法典完全继承了罗马法的精神，无论是对动产的执行还是不动产的执行，除享有法定优先权的情形外，各债权人均按照债权额比例平等受偿。随着拿破仑的征服活动，意大利、荷兰、比利时、卢森堡、巴西等国相继接受了法国法上的平等清偿原则。

德国从 15 世纪开始普遍地继受罗马法。但是，按照传统的日耳曼法的优先清偿原则，债权人因查封行为而以查封时间先后获得优先受偿权，这与罗马法上的平等清偿原则产生了不可调和的矛盾。为解决这一冲突，当时的德国学者众说纷纭，有的主张采取罗马法上的平等原则，有的主张采取折中的团体优先原则，但更多的学者主张保留日耳曼民族固有的优先清偿原则。主张保留优先清偿原则的学者，通过引入罗马法上的质权观念来论证日耳曼法上优先原则的合理性，从而建立起德国强制执行法中所特有的查封质权制

① 参见江伟主编：《中国民事诉讼法专论》，中国政法大学出版社 1998 年版，第 244 页。

度。1877年德国统一的民事诉讼法典采纳了查封质权制度，形成了德国颇具特色的强制执行制度。

值得注意的是，德国民事诉讼法典成为日本和我国国民政府时期强制执行立法的蓝本，但是，日本和我国目前的台湾地区“强制执行法”并没有采纳德国的查封质权制度，也没有采纳其优先清偿原则，而是采纳了法国法上的平等清偿原则。

（四）英美法上的金钱债权清偿原则

在1066年诺曼底人征服英国以前，不列颠岛上的盎格鲁-撒克逊人和裘特人的法律属于日耳曼法的范畴。因而在强制执行制度上，英国同欧洲大陆上的蛮族王国一样，采取优先清偿原则。诺曼底人征服英国之后，通过国王与地主的斗争，英国于13世纪前后形成了通行全国的普通法。因此，当罗马法复兴运动冲击英国时，英国基于遵循先例的判例法原则始终固守着源于日耳曼法的普通法传统，没有接受罗马法上的平等清偿原则。

英国普通法上的强制执行采用令状（writ）制，根据不同的执行标的颁发不同的令状形式，如菲发令状（适用于有形动产的执行）、占有令状（适用于不动产的执行）、查封令状（适用于行为或不行为请求权的执行）等。其中，对于金钱债权的强制执行，主要使用的是菲发令状。但是，由于菲发令状的适用范围过于狭窄，英国逐渐发展出了衡平法上的救济手段。衡平法发展出了三种主要的救济，按其产生先后分别是查封、指定财产接管人和设定担保权益裁定。但无论是普通法上的菲发令状，还是衡平法上的强制执行，英国贯彻的都是优先清偿原则。英国法上的优先原则，对包括美国在内的其他英美法系国家的强制执行立法产生了深远的影响，他们大多采取某种形式的优先清偿原则。

从强制执行清偿原则的发展趋势看，它与强制执行程序的现代价值定位具有趋同性，古代更注重债权清偿的公平性，现代更注重清偿的效率价值。诚如有的学者所言，在世界范围内，强制执行原则存在着由平等原则向优先原则发展的总趋势。无论是英美法，还是大陆法系的德国法，都将优先原则作为强制执行制度的一项基本原则。[①] 即使是被视为平等原则之代表的法国法，其实也并未采取严格的平等原则。1869 年以后的法国判例对于债务人的债权之执行，1955 年以后的法国民法对于不动产之执行的规定，都由原来的平等原则逐渐转向优先原则。日本和我国台湾地区现行法尽管在立法上推行平等原则，但在学理上，已有很多学者对此提出了异议。[②]

二、各国强制执行清偿原则立法例

一个国家一定时期的立法政策，受到其历史传统、生产关系和立法指导思想等多种因素的影响。实现生效法律文书确定的债权是强制执行的目的，但在保护债权人利益方面，包括公平和效率两个方面的内容。在公平和效率两个价值目标之间，平等原则和优先原则有各自不同的出发点和侧重点，各国的具体做法也因此不尽相同。

（一）优先清偿原则

优先清偿原则，是指多个无法定优先权（如抵押权、质权等）的债权人，对债务人的同一财产请求执行，而债务人的财产不足以偿付所有债权时，申请执行（包括终局执行与保全执行）在先的债权人享有优先受偿的权利。这一原则是为目前世界上各国强制执行法广为采用的一项立法原则，如德国、奥地利、英国、美国都采此原则。但是，就优先清偿原则的具体内容而言，各国又都具有自己的特色。

---

① 参见江伟主编：《中国民事诉讼法专论》，中国政法大学出版社 1998 年版，第 257 页。

② 参见［日］三月章：《扣押效力的相对性》，载《民事诉讼研究》第 3 卷，第 346 页以下；陈荣宗：《民事程序法与诉讼标的理论》，台湾地区三民书局 1997 年版，第 93 页以下。

1. 德国

德国对金钱债权的强制执行采优先原则，突出体现在该国的扣押质权制度上。所谓扣押质权，是指债权人因扣押行为而在扣押之时，[①] 在扣押物上取得担保物权人的地位，从而能够优先于其他普通债权人受清偿。按照《德国民事诉讼法》的规定，金钱债权的强制执行分为对动产、债权和其他财产权以及不动产的执行，相应地，其强制执行的方法也可以分为对动产的扣押、对债权和其他财产权的扣押以及对不动产的扣押。

对动产的执行以扣押的方法进行。《德国民事诉讼法》第 803 条规定：“对动产的强制执行，以扣押的方法为之。扣押的范围不得超出清偿债权人与支付强制执行费用所必要的限度”。第 804 条规定：“（一）扣押后，债权人在扣押物上取得质权。（二）在与其他债权人的关系上，扣押质权使债权人得到与因契约取得动产质权时同样的权利；破产时，扣押质权优先于不视为动产质权的质权与优先权。（三）扣押在先所生的质权优先于扣押在后所生的质权”。另外，该法第 805 条还规定：“未占有物的第三人不得根据质权或优先权对该物的扣押提出异议；但该第三人可以用诉讼的方式，不问其债权到期与否，提起就卖得的价金优先受偿的请求”。[②] 由此可见，债权人的扣押质权与以契约设定的质权具有同等的效力。对动产有担保物权或优先权的多数债权人，无论其权利是依约定或依法定，还是依扣押而获得，各担保物权或优先权的受偿顺序均以担保物权或优先权取得的时间前后作为标准，而且，法律不允许超额扣押。

对于债权和其他财产权的扣押，同样使申请扣押的债权人获得

---

① 德国的民事强制执行法中，将限制债务人对其财产行使处分权的执行措施统称为扣押。

② 杨立新、汤维建主编：《民事诉讼法教学参考书》，中国人民大学出版社 2002 年 8 月版，第 585 页。

扣押质权。对于不动产的扣押，《德国民事诉讼法》第 866 条、第 867 条规定，“对土地强制执行，以登记债权上的担保抵押权、强制拍卖与强制管理的方式实施”，“担保抵押权，依债权人的申请，登记于土地登记簿；此项登记应将有执行力的名义记载明白。抵押权经登记而成立”。依据此规定，债权人在抵押权登记簿上进行抵押权登记后，即可取得强制抵押权，该抵押权的效力与以法律行为设定的抵押权效力也相同。

另外，根据《德国民事诉讼法》第 930 条、第 932 条的规定，“对动产的假扣押，以扣押的方法实施之。此种扣押，依与其他各种扣押相同的原则实施之，并且发生具有第八百零四条所定的效力的质权”，“对于土地或对于适用关于土地的规定的权利执行假扣押，以登记债权上的担保抵押权的方式实施”。以上规定说明，在保全执行中，为保全债权人金钱债权执行的假扣押执行能使假扣押债权人取得假扣押质权（对于动产来说）或假扣押抵押权（对于不动产来说），这种权利在性质上与扣押质权和强制抵押权类似。假扣押质权和假扣押抵押权在进入强制执行程序后，不必另行实施扣押措施，假扣押质权自动转为扣押质权，假扣押抵押权亦自动转为强制抵押权。另外，假扣押质权、假扣押抵押权、扣押质权、强制抵押权的权利人在债务人破产时，与以法律行为产生的质权、抵押权一样，享有别除权（《德国破产法》第 48 条、第 49 条）。

2．英国

英国法是由两套法律制度即普通法和衡平法发展起来的，普通法上的强制执行法与衡平法上的强制执行法同时并存，两者在适用条件、执行方法上各有不同的适用范围。

英国普通法对于金钱请求的执行常使用菲发令状（writ of fieri facias）。菲发令状用来指示判决债务人所在地的郡执行官，扣押判决债务人的货物、动产以及其他财产逼供内予以出售，以便清偿金钱债务。几个判决债权人对同一债务人适用菲发令状申请执行时，令状自交付执行官之时起束缚债务人的货物。先交付执行令状的债权人有优先于其他债权人就出售货物所得价金获得清偿的权利，其他债权人则按令状的时间先后分配价金，违背该义务时，受损害的债权人有权向执行官请求赔偿其所受的损害。①

由于非发令状不适用于不动产及某些无形的财产，衡平法则通过裁定设定担保权益方式，也达到了使部分债权人优先受偿的目的。根据英国法规定，一个判决债权人在得到一个对方付款的判决或指令时，法院有权发出指令扣押判决债务人的一定的财产用以确保其支付判决标的。此类指令被称为扣押指令。可以被扣押的财产包括土地、股票和证券、信托财产以及在法院存留的款项。扣押指令本身并不能用被扣押的财产偿还债务，但是，它可以抵押财产，在此之后可以申请拍卖被扣押的财产以支付债务。②

3. 美国

美国强制执行法强调对债权人的司法救济。尽管美国各州法律制度比较复杂，但在执行财产的分配问题上，美国各州采纳了优先清偿原则。美国司法上的担保权益（lien）有两种：执行担保权益（execution lien）和判决担保权益（judgement lien）。

其中，执行担保权益，是指因判决而产生的对债务人的财产享有的相对于一般债权人优先受偿的权利。该权利固定在执行官实际扣押的一切不动产与动产之上，所以，也称扣押担保权益。“在规定扣押担保权益成立于把令状交给执行官时候的那些州，各扣押债权人之间的顺位优先取决于交付令状的先后。凡是财产是根据交给不同的执行官扣押的，债权人之间的优先权取决于实施扣押的先后。在规定扣押担保权益成立于执行官实际扣押财产时候的那些州，第一个扣押的就在财产上享受第一位担保权益，尽管执行官手

① 沈达明编著：《比较强制执行法初论》，对外贸易教育出版社 1994 年 5 月版，第 29 页。

② Stephen M. Gerlis, Paula Loughlin: Civil Procedure, first published in Great Britain 2001 by Cavendish Publishing Limited, p. 481.

中还有作出扣押前已交给他的其他令状。……扣押担保权益优先于日后成立的请求权与权益。这项规则在承认担保权益于扣押时成立的州和承认担保权益于扣押令状交给执行官时成立的州一律适用”。①

判决担保权益，是指因判决而产生的，对债务人的财产享有的相对于一般债权人的优先受偿权。在美国大多数州，都有判决担保权益制度，而有些州则只承认不动产上的判决担保权益。对于不动产而言，判决担保权益能够真正成为优先权，否定或者优先于之后产生的权利，还有待于判决登记。债权人对债务人提起的民事诉讼获得法院的确权判决后，即产生执行力，判决债权人可依该判决债权申请在法院进行判决摘要的登记（docketing），就是在法院制作判决档案并予以公示。如果债务人的多处不动产分别在不同的州，因为州法院的判决的效力并不当然及于其他州，则需要在各个州分别予以登记。但是，也有两种例外情况：其一是不动产所在地的法院所作的判决不登记也可以产生对不动产的担保权益；其二是联邦法院作出的判决，只要在该地方法院登记，就可在全美国生效。自该判决债权在法院登记后，其法律效力是：该债权人在判决债务人现在和将来在该州持有的可扣押的不动产上的设定担保权益。第三人在进行不动产交易时，要查阅与不动产联系地的法院和登记所两个方面的文书，以便了解不动产上是否附着判决担保权益。

应当明确的是，判决担保权益是概括的，非具体的担保权益，因此债权人并不在某项财产及其产物或出售所得上持有权利或权益。作为胜诉判决的担保物，判决担保权益的潜在价值是很大的。判决债权人申请签发扣押令状，执行官扣押不动产时，债权人的权利将追溯到判决担保权益成立的时候。其结果是从那时起成立的第

① 沈达明编著：《比较强制执行法初论》，对外贸易教育出版社 1994 年 5 月版，第 83～84 页。

三人的请求权都排列在债权人的权利之后。[1]

在无判决担保权益制度的州，债权人对债务人的财产自判决开始强制执行时取得优先受偿权。[2]

从以上关于优先清偿原则的法律规定看，各国存在一定的差异。德国法虽然给予执行中的债权人以强有力的保护，但是，因为进入强制执行往往意味着债务人的偿债能力非常有限，而扣押行为产生的质权或抵押权在破产程序中又享有别除权，这样，对于其他事先未设担保，事后又没有机会申请强制执行或者申请假扣押的债权人来说，扣押质权制度等于剥夺了他们通过破产程序获得公平受偿的可能。而美国的优先清偿原则是基于两个方面的考虑：一方面认为，对于为实现债权付出费用和时间的勤勉的债权人进行优先保护是合理的；另一方面为了不使优先清偿原则破坏债权平等，在债务人的财产不足以清偿所有债权人债权的情况下，其他债权人或者债务人可以提出破产来阻止执行，以使自己的债权获得一个平等救济的机会。在破产程序提起后，已为保全执行的优先权人或判决债权人抢先扣押的财产也应当返还，按破产财产平等分配。可见，美国法上的判决担保权益在破产程序中并不享有别除权。

（二）平等清偿原则

平等清偿原则，是指先申请查封的债权人，除有法定优先权者外，无优先受偿的权利，各债权人应按债权额比例就执行所得金钱公平分配。平等清偿原则与优先清偿原则直接对立，按照平等清偿原则，各执行债权人不因查封或参与分配时间而有先后，各债权人依其债权额比例平等受偿。理论界一般认为，法国、日本奉行此原则（但实际上法国目前现行法的规定已经有了很大的改变）。

---

① 沈达明编著：《比较强制执行法初论》，对外贸易教育出版社 1994 年 5 月版，第 86 页。

② 陈荣宗著：《强制执行法》，台湾地区三民书局 2002 年 10 月版，第 265 页。

1. 法国

法国的民事强制执行法由多种法律渊源组成，其中有立法的渊源，也有行政法规的渊源以及判例的补充，等等。从立法渊源上看，具体包括：（1）旧《法国民事诉讼法典》第五编“判决的执行”。该法典的很多条文都经过了修改，有时是多次修改（例如，关于不动产扣押，先是经过1841年6月2日法律的修改，后又经过1938年6月17日法律的修改）。后来通过的1991年法律废除了该法典的许多条文，但是，没有废除第673条和第748条，也没有废除第749条到第779条有关分配程序的规定。（2）新《法国民事诉讼法典》于1976年1月1日施行，一些原法典中与强制执行有关的规定为新法典的有关规定所取代（例如，有关紧急命令，原法典的第806条到第811条就为新法典的第808条到第811条所取代），但是，民事强制执行法并不由新《法国民事诉讼法典》所规定，有关不动产扣押和有关分配程序的规定，仍然由旧法典规定。（3）《法国司法组织法典》，其中多为有关管辖权的规定。（4）《法国民法典》，对于强制执行的规定，如第2092条和第2093条关于债权抵押的规定。（5）《法国劳动法典》、《法国税收总法典》、《法国税收征收手册》等法律规范中，有关强制执行的规定。（6）1991年《法国民事执行程序改革法》和1992年执行法令，这两个法律文件是强制执行方面的主要法律文件，其中对《法国民事诉讼法典》、《法国劳动法典》和《法国司法组织法典》的许多内容进行了修改。

强制执行平等原则是由《法国民法典》和《法国民事诉讼法典》共同确立的。《法国民法典》第2093条规定：“债务人的财产为其各债权人的共同抵押物，因此其价金应按债权人的债权额分派，但债权人中如因合法原因有优先受偿权利存在时，不在此限。”根据这一原则，申请启动执行程序的债权人就执行财产并不享有优先权。

但是，法国法对于金钱债权的强制执行，也分为对动产、债权以及不动产的执行。其中，对于动产的执行方面，在扣押动产之前，执行官应当催告债务人清偿债务，催告无效时，才能扣押债务人的动产。扣押时，执行官应尽可能扩大扣押的范围，并作成扣押笔录。其他取得执行根据的债权人，可以申请就扣押笔录以外的动产追加扣押；未取得执行根据或者债权未到期的债权人，可以申请参与分配。首次扣押的债权人、追加扣押的债权人以及参与分配债权人之间是完全平等的，各债权人按其债权额比例公平受偿。[①] 可见，法国法对于动产执行上，没有类似于德国的扣押质权和英美法上的优先权制度，申请开始强制执行的债权人，并没有优先于其他债权人受偿的权利，而且，法律还允许超额扣押。所以说，法国在动产的执行上，对平等清偿原则的贯彻还是比较彻底的。

然而，在对于债权的强制执行以及对于不动产的强制执行方面，法国法并没有彻底地贯彻平等清偿原则。

首先，在对不动产的执行上，法国有判决抵押权制度。根据《法国民法典》第2133条的规定，债权人获得胜诉的给付判决后，无论判决为终局判决或为临时判决，债权人都在胜诉判决宣告时取得裁判上的抵押权。外国法院的判决以及仲裁机构的裁决经法国法院宣告该裁判在法国具有执行力时，也能产生债权人取得裁判上的抵押权之效力。裁判上的抵押权须在登记机关登记后才能对抗第三人。这也就是说，债权人在诉讼中获胜诉判决时，即取得判决抵押权，该抵押权自向抵押登记机关登记之日起成立，并可以在以后的强制执行程序中获得优先受偿。

由上述规定可以看到，法国人虽然没有在民事诉讼法典中规定德国的扣押质权和强制抵押权，但是却在民法典中规定了判决抵押权制度，而且这一制度对债权人的保护提前了：德国的优先权是始于强制执行，法国的优先权是始于判决作出。尽管在强制执行程序

① 江伟主编：《中国民事诉讼法专论》，中国政法大学出版社1998年6月版，第263页。

中，法国法对因强制执行而扣押的财产采取平等清偿原则，但实践中，债权人一般都在判决作出后就积极在债务人的不动产上登记抵押权，所以，在对不动产执行的问题上，法国法上的判决抵押权实际上是将平等清偿原则架空了，也造成了民法典上的这一制度与民事诉讼法典的执行财产分配的平等清偿原则在理念上的冲突和矛盾。

判决抵押权制度与德国的强制抵押权制度类似，两者都是以赋予债权人优先受偿权为目的，但两者也有以下不同之处：[①]（1）法国的判决抵押权制度属于民法上的制度，因而不以债权人取得执行根据为抵押权发生的要件，而德国的强制抵押权制度为民事诉讼法上的制度，必须待取得执行根据且实施扣押行为后才能产生；（2）法国的判决抵押权制度中的裁判不限于金钱给付的裁判，而德国的强制抵押权制度中的裁判仅限于金钱给付的强制执行；（3）判决抵押权制度中的登记不受债权额多少的限制，而强制抵押权制度中的登记却受一定数量的限制，否则不得申请登记强制抵押权。

其次，在对于到期债权的强制执行上，法国1806年《法国民事诉讼法典》规定了支付扣押（saisie - arret），这是一种集保全处分和执行处分为一体的程序。但是，由于一般的支付扣押程序比较复杂，充满了形式主义，1991年《法国民事执行程序改革法》将之废除，而代之以归属扣押程序，同时保留了薪金债权的支付扣押程序。归属扣押（saisie - attribution）制度，是指通过扣押，使债务人薪金以外的金钱债权直接归属于申请扣押的债权人的一种扣押方式，即对由第三人持有的属于债权人追究的债务人的金钱进行扣押。

一般来说，取得执行名义的债权人具有申请扣押债务人金钱债

---

① 江伟主编：《中国民事诉讼法专论》，中国政法大学出版社1998年6月版，第264页。

权的资格。该项申请经法院许可后，由债权人通过司法执达官向第三债务人送达扣押书，并通过司法执达员在此后的 8 日内将扣押书内容通知给债务人，否则扣押无效。第三债务人在收到扣押书后，有义务通过司法执达官向债权人说明自己向债务人承担的债务内容，以及该项债务是否已被先行作为债权进行了转移或者扣押，并向执达官报送注明材料。如果第三债务人不提出正当理由拒绝履行说明义务的，就要向债权人直接承担被扣押债权额的支付义务，对于申报不确或者进行欺骗的，还可能向债权人程度损害赔偿责任。

扣押书送达第三债务人后，在被扣押债权额限度内的债权将直接归属于债权人，第三债务人在被扣押债权额范围内承担支付义务，即成为债权人的直接债务人。在扣押效力发生之后，被扣押债权不因其后发生的优先受偿权或者债务人破产而影响其归属。但是，对于同时扣押所产生的问题，即因有两个以上的债权人在同日向同一第三债务人送达扣押所产生的扣押竞合问题，将按照扣押总额平均分配被扣押债权的归属。

综上所述，法国民事诉讼法典中关于执行财产的分配采取的是平等清偿原则，而法国民法典却规定了判决抵押权制度，基于这一规定，判决债权人如果担心执行中扣押的财产被其他债权人分去，必然会在执行之前积极地在债务人的不动产上设定判决抵押权，该抵押权可以在强制执行中优先受偿。显然，这一规定有悖于法国民事诉讼法的执行财产分配的平等清偿原则的理念，使平等清偿原则在不动产的强制执行中落空。同时，现行《法国民事执行程序改革法》又规定了除债务人的薪金债权之外，对债务人的其他债权可以使用归属扣押，从而进一步使法国传统的平等主义强制执行向优先主义强制执行转变。所以，与其说法国奉行平等主义，倒不如说法国在动产执行和薪金债权的执行上还维持着平等主义更恰当一些。

2. 日本

与法国相比，日本对于平等清偿原则贯彻得较为彻底，因为在日本法中，既没有德国的扣押质权制度和强制抵押权制度，也没有法国法上的判决抵押权制度。

日本法对于动产的强制执行，也采用扣押方式，如《日本民事执行法》第 122 条规定，对于动产的强制执行，以执行官对目的物的扣押开始。该法第 125 条规定，执行官不得对扣押物或者已经执行了假扣押的动产再次扣押；第 128 条规定，动产的扣押，不得超过扣押债权人的债权及执行费用之偿还所必要的限度。可见，执行官在实施扣押时，不能超过债权人的债权额及执行费用而为超额扣押，执行官不得为其他债权人再次扣押。如果其他债权人也有必要扣押时，可利用参与分配程序获得满足。动产扣押的效力是使债务人丧失对动产的处分权，债务人的处分行为对债权人无效。但是，对于债权人而言，扣押行为并不赋予其对扣押物优先受偿的权利。

日本法对于不动产的强制执行方法有强制拍卖和强制管理两种。强制拍卖由执行法院以裁定开始，由执行官主持实施，并将其卖给出价最高的买受人。其他债权人无论有无执行根据，都可以在拍卖裁定开始之后至拍卖期限结束的期间内申请参与分配。强制管理是指由法院选任管理人，对债务人的不动产进行管理并收取其利益，以满足债权人的债权。对管理所得的利益，其他债权人可以申请参与分配。

在对债权和其他财产权的强制执行上，也同样根据执行法院的扣押命令而开始。扣押债权之后，将债权变价的方式有两种：转付命令和收取命令。前者是指由执行法院以命令将扣押债权直接转移归由执行债权人所有，从而使债权人取得被扣押的债权，其他债权人不得申请参与分配。例如，《日本民事执行法》第 159 条、第 160 条规定，执行法院，根据扣押债权人的申诉，可以发布替代支付而将以券面额被扣押的金钱债权转付扣押债权人的命令；在扣押命令以及转付命令已确定的情况下，扣押债权人的债权以及执行费用，只要存在与转付命令有关的金钱债权，于转付命令被送达第三债务人之时，视为已被该券面额偿还；后者是指执行法院依债务人的申请，授权债权人收取债务人对第三人的金钱债权，收取命令及于债权的全部金额。

由此可见，在日本法中，不论债务人的财产能否清偿所有债权人的债权，其他债权人均可以申请参与分配。参与分配的清偿顺序按实体法的规定执行，债权人不因先行执行而获得优先权。对此，竹下守夫教授认为，日本之所以在立法上维持平等主义，是因为平等主义较为妥当。在日本，大部分受强制执行的债务人，均是负有复数的债务，而且除被执行的财产之外，并无其他重要资产的小规模营业业主或者靠薪水生活的人。因此，强制执行程序中，应当谋求债权人的平等，即实现债权人之间的公平。①

（三）折中原则

折中原则，又称为团体优先原则，是指在强制执行过程中，将多数债权人按一定的时间标准分为不同的债权人团体，在前一期间内申请强制执行的多数债权人优先于后一期间内申请执行的多数债权人受偿，同期间内申请强制执行的债权人不分前后平等受偿。瑞士和我国台湾地区实行此原则。

1. 瑞士

在瑞士法中，扣押的方式适用于动产、不动产和权利。根据《瑞士联邦债务执行与破产法》第 110 条规定："在扣押实施后 30 天内提出继续执行申请的债权人参加扣押。扣押视情形在为清偿本债权人组的所有债权所必需的范围内继续。在 30 天期限届满后才提出继续执行申请的债权人按同样方式组成特别扣押的额外债权人组。已扣押的财产可再次扣押，但前提是其变价收益不得分配给前次扣押的债权人。"可见，凡是在债务人的财产受扣押时起 30 日内，请求附带扣押的各债权人，均以同一顺位资格按债权额比例分

① 竹下守夫著，张登科译：《日本民事执行法之十年经验及未来之修正方向》，载台湾地区《法学丛刊》第 33 卷第 3 期（1988 年 7 月），第 130 页。

配。而其次的30日内申请附带扣押的各债权人构成第三债权人组，同一组的债权人之间依平等原则处理，其债权按比例公平受清偿。而在第一债权人组与第二债权人组之间，则按优先清偿原则处理，第一债权人组优先于第二债权人组受偿。

另外，根据《瑞士联邦债务执行与破产法》第97条规定："扣押不得超出为清偿申请扣押的债权人的债权包括利息和费用所必需的范围"，即债权人最初进行扣押时，不得超过其债权额所必要的范围，在有其他多数债权人申请附带扣押时，法院依职权在群团债权人全部债权额满足的必要的范围内，可进行追加扣押。

瑞士法还对于假扣押执行债权人赋予了优先受偿权，虽然这种优先权不同于法国法的扣押质权，但是，假扣押执行债权人由此而取得了与第一群团债权人相同的地位。因此，假扣押执行债权人与第一群团债权人之间按债权额比例分配，但对第二群团债权人享有优先权。①

2. 我国台湾地区

我国台湾地区在1975年强制执行法修正之后，实行折中原则。例如，我国台湾地区"强制执行法"第32条规定："他债权人参与分配者，应于标的物拍卖、变卖终结或依法交债权人承受之日一日前，其不经拍卖或变卖者，应于当次分配表作成之日一日前，以书状声明之。逾前项期间声明参与分配者，仅得就前项债权人受偿余额而受清偿；如尚应就债务人其他财产执行时，其债权额与前项债权余额，除有优先权者外，应按其数额平均受偿"。据此可见，他债权人参与分配应在标的物拍卖或变卖终结前申请，当标的物不能拍卖或变卖时，应当在第一次参与分配表作成前申请。这批债权人组成第一群团，可首先获得平等受偿。而此后参与分配的债权人只能就第一群团债权人清偿后的余额受偿。也就是说，第一群团债

① 江伟主编：《中国民事诉讼法专论》，中国政法大学出版社1998年6月版，第266页。

权人与以后的债权人之间，按优先清偿原则处理，而在第一群团的债权人之间则依债权人平等原则清偿。

三、关于强制执行清偿原则利弊的争议

对于强制执行的清偿原则，学者一般认为，仅就优先清偿原则和平等清偿原则自身而言，很难说孰优孰劣。因为，采取哪项原则取决于采用国的法律传统、当时的立法政策和其他相关法律规定。① 诚然，评价各个立法例不可抛弃其法律传统以及法律制度的整体性，孤立地、笼统地论其利弊，但是，如果仅仅从某一角度观其得失，也难免有失偏颇。民事强制执行毕竟是债权人请求国家运用强制力以实现其权利的程序，其主要目的是保护私权，如上所述，在强制执行程序中，作为强制执行主体之一的债权人参与执行程序的目的主要有两个：其一是获得公正的结果，即希望其请求权能够完全地、公正地实现；其二是执行效率的要求，即谋求其请求权能够获得迅速的满足。简而言之，民事强制执行的清偿原则必须体现和保障公平与效率。因此，从强制执行程序的价值出发，将强制执行清偿原则置于整个法律体系中进行考察，研究探讨强制执行优先清偿原则与平等清偿原则的利弊，对于我国民事强制执行清偿原则的改革和完善是非常必要的。同时，强制执行清偿原则又总是与对债权人的保护及破产制度等密切联系的，而且与这些制度是否和谐，也是评价强制执行清偿原则的合理依据。所以，本文从以下几个方面进行分析和探讨。

（一）关于公平问题的争议

对债权人来说，是优先清偿原则符合公平的要求，还是平等清偿原则符合公平的要求？两种原则的主张者分别从不同的公平观出发得出了不同的结论。

主张平等清偿原则的人认为，债务人的财产为其所有债务的共

① 邵明：《权利保护与优先执行原则》，载《人民法院报》2001 年 4 月 10 日。

同担保，债务人的总财产应供全体债权人公平受偿以及债权人平等原则已成为现代法的基本原则，因此，债务人财产虽被扣押、拍卖，但在价金未交付债权人之前仍为债务人的财产，为各债权人债权的共同担保，各债权人自应平等受偿。而优先清偿原则规定债权人因先申请强制执行就获得优先受偿的法律地位，这显然是与上述基本原则相违背的。

主张优先清偿原则的人所依据的公平观则是源于日耳曼法。按照日耳曼法的公平观，债权人有决定行使其权利的自由，先下手者先获益，其债权也应当获得优先受偿。例如，德国立法者认为，凡未经事前调查而贷款或对到期之债不急于收获的债权人，其自己所处的地位，当然要较已将债务人的责任能力为详细调查或监视并适时努力收取债权的债权人，受不同待遇。倘两者均受同等的待遇，无异于让勤勉的债权人为惰怠的债权人而辛劳，从而使勤勉者用心勤勉所得的结果反而被惰怠者所夺取。[①] 显然，主张优先清偿原则的人也是在力图谋取各方当事人利益的平衡。但是，对此观点，主张平等清偿原则的人却并不认可。他们认为，后申请强制执行的债权人不一定都比先申请强制执行的人惰怠，因为，有些债权进入强制执行程序还需要一定的条件，如确定判决的获得、得到支付令等，所以，以先申请强制执行的债权人比后申请强制执行的债权人勤勉为由来否定债权平等是不妥的。[②]

（二）关于效率问题的争议

主张平等清偿原则的人认为，在平等清偿原则下，有利于强制执行效率的提高。因为，无论是债权人人数众多，还是债务人财产不足以清偿债权，所有债权人依据执行根据就可以进行平等清偿或

---

① 陈荣宗著：《强制执行法》，台湾地区三民书局 2002 年 10 月版，第 269 ~ 270 页。

② 陈荣宗著：《强制执行法》，台湾地区三民书局 2002 年 10 月版，第 269 ~ 270 页。

参与分配。而且，在债务人所有财产不足以清偿之时，执行债权人为避免其他债权人参与分配，必然积极推动执行程序终结以获得清偿，所以，平等清偿原则有助于提高执行效率。

主张优先清偿原则的人认为，优先清偿原则有利于简化强制执行程序，提高执行效率。因为，在优先清偿原则下，债权人优先受偿权的顺序根据强制执行时间的先后而取得，其程序简便易行，债权人只要有执行根据就能进入查封拍卖程序，从而执行效率当然提高。他们还指出，在平等清偿原则下，由于债务人财产被清偿以前其他债权人都可以就已经开始的执行程序，不断地申请参与分配，那么，不得不一再重新制作参与分配表，从而必然导致强制执行程序的迟延。对此，平等原则的主张者反驳说，在优先清偿原则下，先申请执行的债权人一旦获取了优先受偿权，因其优先权有了法律上的保障就不再积极推动执行程序，所以，优先清偿原则同样会造成强制执行程序的拖延。

（三）关于强制执行程序与破产程序的关系问题

优先清偿主义认为，现代立法已使强制执行程序与破产偿债程序加以分化，强制执行是债务人有清偿能力的情况下的个别清偿。如果债务人没有清偿能力，则各债权人可以通过破产程序，按比例平等受偿，所以，平等清偿主义容易产生制度上的重复。而平等清偿主义则认为，平等清偿主义或者优先清偿主义只是一个法律政策的问题，破产程序的运用不但程序繁杂，而且费用极高，尤其在债权人不多的情况下，执行分配简便易行，所以，平等清偿程序不是破产程序的简单重复。相反，在债务人不进入破产程序的情况下，它是一种有效的实现公平清偿债务的方法。

（四）我国学者的观点

由以上对于优先清偿原则和平等清偿原则的论战中可以看出，在两种清偿制度孰优孰劣的问题上，双方尽管都是从公平观出发对自己的制度予以论证，但却得出了不同的结论，并且各执一词，争执不休。

我国有的学者对这一问题也进行了研究并提出了自己的看法。从现有的资料来看，我国学者在这个方面也有不同见解。主要观点有两种：

（1）认为强制执行优先清偿原则和平等清偿原则相比更能实现债权人之间的公平。其原因有四个方面：

其一，债权人对于债务人的强制执行，是利用国家的公权力强迫债务人履行义务的行为。国家为了保护债务人的正当权益，一般都规定强制执行须经过一定的手段和时间，这就使强制执行不如债务人的自由清偿行为在时间上简便。但是，债务的强制清偿与债务人的自由清偿行为之间在本质和目的上并无不同。在自由清偿的场合，后来的债权人无法否认先前债权人的受清偿效力，在受偿时间上，本来就有先后的观念；而在强制执行的情况下，其原理没有什么不同，只是在形式上及手续时间上不同而形成债权人受偿时，有其他债权人加入其中申请参与分配，由此造成在依执行程序强制债务人清偿的场合，执行债权人反而会出现无法立即先受清偿的现象。从清偿的目的来看，既然允许自由清偿行为有时间先后的效力，那么，对于强制清偿行为同样能适用优先原则。

其二，按照我国学者的观点，在执行程序中，执行债权人要对自己主张的事实举证，如在一个债务案件中，执行债权人就应举出如下证据材料：已生效的法律文书，执行义务人存在逾期不履行、不完全履行义务行为的证据材料，执行义务人的经济状况和偿付能力的证据材料，要求返还物品的，应提供物品种类、存放地点或物品现在何人手中的证据材料，等等。可见，执行程序中，对于债务人财产的查报往往由债权人进行，为了强制执行不至于落空，债权人常于事前费尽力量调查债务人的财产。在目前执行难状况比较突出的情况下，债务人或者抱着“要钱没有、要命一条”的态度软磨硬泡，顶着不执行，或者用多地多头设户、提供空账号的办法逃避执行，或者采取假抵押、假保全的方法制造假象，或者用隐藏、转移财产的方法使执行对象落空。债务人逃避执行的办法越多，债权人查报财产的难度就越大。一旦债务人有某一财产，将其向法院报告开始查封时，其他债权人一拥而至，纷纷申请参与分配。在这种情况下，如果坚持绝对的平等原则，要求执行债权人与申请参与分配债权人一样就执行所得金额按比例受偿，实际上等于允许申请参与分配债权人不劳而分享执行债权人付出相当数量的时间、金钱和精力后所得的利益，这反而会以形式上的平等掩盖实质上的不平等。所以，基于义务、责任与权利相一致的原理，优先清偿原则赋予先申请执行的债权人优先受偿权，在理论上是能让人接受的，在实践中也是能行得通的。①

其三，在平等清偿原则下，如果有多个债权人参与分配时，执行债权人因担心其他债权人参与分配，致使自己的分配额减少，所以，扣押债务人财产时，尽量超出自己的债权额范围而超额扣押债务人财产。超额扣押使债务人能自由处分的财产数量减少，影响债务人的生产和经营，对债务人极为不利。而按照优先清偿原则，执行债权人先为扣押时即获得优先受偿的保障，因而不必扩张扣押财产的范围，超额扣押应当受到禁止。这对于保护债务人的正当权益而言，明显优于平等原则。

其四，实行平等清偿原则的国家，在民事诉讼法或强制执行法中都规定了参与分配制度，凡债权人想参与分配时，均可在强制执行程序终结前提出书面申请。因此，在扣押的财产经拍卖以后，执行法院将卖得的价金交给债权人收受之前的时间内，债权人随时有参与分配的可能。不仅参与分配的时间具有不确定性，申请参与分配的债权人也始终处于不稳定状态。为了防止损害真正债权人的利益，有些国家规定债权人和债务人可以对其他人的参与分配提出异议，申请人如果仍想参与分配，须在一定期间内对异议人提出异议之诉。执行法院对于提起参与分配异议之诉的债权人的分配额予以

① 江伟主编：《中国民事诉讼法专论》，中国政法大学出版社 1998 年 6 月版，第 270 页。

提存，申请人败诉时，执行法院只好将提存的分配额交还债务人或重新在债权人之间进行分配。由此可见，在平等清偿原则下，参与分配过程过分繁杂，根本无法迅速终结执行程序。而在优先清偿原则下，由于采用“时间上第一”规则，先申请执行的债权人享有优先受偿权，后申请执行的债权人，其债权按时间的先后，依次处于第二顺位、第三顺位……在债权的满足上，依顺序而受清偿。因此，采纳优先清偿原则比采纳平等清偿原则更为简化。①

(2) 认为团体优先原则可以部分克服平等原则与优先原则的不足，又能集合两者的优点，应该成为我国民事执行法确定对多个债权人的金钱债权请求进行清偿的顺序的一般原则。其理由是：首先，团体优先原则可以在一定范围内维护债权人的平等，只要债权人在一定期限内提出申请，就可以平等地参与债务人特定财产的分配，以获得债权清偿；其次，债权人必须在一定期间提出参与分配的请求，使执行程序能够迅速终结，符合民事执行迅速的价值目标；再次，通过参与分配程序，可以节省债权人的时间和精力，减轻执行机关的负担，实现民事执行程序廉价的价值目标，并可避免多次拍卖或变卖债务人的财产造成价值损失及费用增加；最后，可以促使债权人及时主张权利，并积极查报债务人的财产，实现“先向法院申请者，其权利优先”，并在一定程度上改变实体法所规定的各普通债权人之间的平等地位，体现民事执行程序的独立价值。②

同时，该观点还认为，尽管优先清偿原则较之平等清偿原则具有其许多优点，但是其缺失也是非常明显的：其一，违反了“债务人的总财产是全体债权人的共同担保”的基本实体法原则，给

---

① 江伟主编：《中国民事诉讼法专论》，中国政法大学出版社 1998 年 6 月版，第 275 页。

② 谭秋桂著：《民事执行原理研究》，中国法制出版社 2001 年 10 月版，第 425 页。

民事流转安全带来隐患；其二，如果完全以优先原则清偿多个债权人的债权请求，参与分配制度也就没有必要存在。因为，先申请执行的债权人的债权优先受偿，后申请执行的债权只能在先前顺序的申请人的债权受偿完毕之后才能获得清偿，所以不存在参与分配的可能性。①

四、对强制执行清偿原则的分析与评价

对以上诸多观点和争议，笔者认为，在优先清偿原则、平等清偿原则和折中原则中，优先清偿原则较其他两项原则更具有合理性。下面试从四个方面进行分析：

（一）在执行效率问题上，优先清偿原则更有利于实现执行效率

在采取平等清偿原则的国家，在民事诉讼法或强制执行法中都规定了参与分配制度，他债权人如欲参与分配，可在强制执行程序终结前提出书面申请。因此，在执行法院将财产拍卖后获得的价金交付债权人之前的时间内，债权人随时有申请参与分配的可能。同时，执行法院必须审查申请参与分配的债权人是否具备申请参与分配的条件，如果有人对申请参与分配提出异议的，该申请人应当对该异议提出异议之诉，对此执行法院应当予以审判；执行法院还必须重新制作分配表，而债权人对分配表又可以提出书面异议，对此，执行法院必须予以裁决，如果执行法院认为该异议有理，而其他债权人对该异议持有反对意见的，此时提出该异议的债权人应当以对该异议持有反对意见的债权人为被告提出分配表异议之诉，对此法院也应当予以审判。由此可见，采取平等清偿原则不仅会阻止先申请执行的债权人受偿，而且还会造成执行程序的烦琐和迟延。如果适用优先清偿原则，先申请执行的债权人先受偿，则不仅可以

① 谭秋桂著：《民事执行原理研究》，中国法制出版社 2001 年 10 月版，第 274 页。

保护先申请执行的债权人的合理利益，而且程序迅速，符合强制执行的宗旨，有利于实现强制执行制度的价值。

（二）*在强制执行清偿原则与破产制度的关系问题上，优先清偿原则更有利于与破产制度的分工与协作*

其理由如下：强制执行与破产制度在现代法制中，各分担其职能。强制执行是实现个别清偿，其目的在于尽快实现个别债权人的债权；而破产是为了实现一般清偿，其目的在于彻底实现债权平等。在债务人存在破产原因时，破产制度的适用优先于强制执行。但破产优先于个别执行的原则，仅适用于一般破产主义国家，在实行有限破产主义的国家，遇到非商人有资不抵债的情形时，破产法就无法适用，这时只能利用强制执行程序来实现各债权人之间的公平受偿。因此，在强制执行与破产制度之间就形成了以下两种功能互补的理论模式：①

A 强制执行优先原则＋一般破产主义

B 强制执行平等原则＋有限破产主义

就上述两种模式中的B模式来说，由于其实行商人破产主义，当非商人不能清偿债务时，各债权人要想获得公平的清偿，只能利用强制执行程序中的参与分配制度，所以，这些国家的强制执行制度必须采取平等清偿原则。这种立法构造的独特之处就在于以强制执行平等原则代替非商人破产程序。但是，这种立法结构却存在两个弊端：（1）强制执行中的参与分配程序不能完全代替破产程序的作用。例如，参与分配制度中没有对债权人的公告和通知程序，债权人很可能由于不知道已对债务人财产进行执行或不知道债务人已资不抵债而没有申请参与分配，从而使其债权的公平受偿受到影响。可见，在公平保护所有债权人债权受偿方面，参与分配程序是无法与破产程序相提并论的。（2）平等清偿原则与破产制度存在

① 江伟主编：《中国民事诉讼法专论》，中国政法大学出版社1998年6月版，第281页。

着显而易见的重复。在平等清偿原则下，需要制定复杂的参与分配程序，而且，同样是财产分配，如同破产的规定一样都要经过评估、处分、分配等程序，两种制度显然重复。尽管平等清偿主义者主张以执行程序代替小型破产，[①] 可以高效地维护债权人之间的公平，但是，小型破产只是指那些企业规模小，债权人不多的情况下的破产，这种情况下适用的破产程序与其他破产实际上没有什么不同，不仅无法体现其高效率和低成本，而且可能会损害其他没有机会参与分配的债权人的利益，有违公平。

综上所述，平等清偿原则在破产制度的分工与协作方面，也不能与优先清偿原则相提并论。

（三）在是否有利于债权平等的问题上，优先清偿原则也较平等清偿原则更为合理

主张平等清偿的人担心优先清偿会对债权平等造成冲击，实际上，这种担心是多余的。正如上文所述，各国一般采取以强制执行优先原则配合一般破产主义的模式，也就是说，执行清偿是以债务人有足够的清偿能力为前提条件的，其他债权人的债权不会因为某一个债权人先申请强制执行而不能受偿。债权的清偿有先后（即使是在平等清偿原则下，也不可能在执行中对所有债权均是平等地、一次性地清偿），除非进入破产程序，否则其他债权人不得以债权平等为由对债务人先进行的清偿行为主张撤销。可见，执行清偿的先后并不会否定债权平等的基本理念。当然，如果在执行中债务人没有足够的清偿能力，这时采优先清偿原则就会影响公平，而应当由破产程序来解决。总之，由于有破产制度的存在，即使执行清偿的顺序有先后，也不会损害公平。

（四）就我国学者的观点来看，应当说上述两种观点都具有一定的依据和说服力，但是，笔者较为倾向于赞同第一种观点

如前所述，在采用平等清偿原则的强制执行中，由于其参与分

① 陈荣宗著：《强制执行法》，台湾地区三民书局2002年10月版，第272页。

配制度的存在，极有可能不当地阻止先申请执行的债权人先受偿，同时还会造成执行程序的烦琐和迟延。由于这些弊端的存在，我国在立法上不应采用平等清偿原则。而团体优先原则与平等清偿原则所面临的问题是一样的，所以也不可采用。至于优先清偿原则，尽管有人批评其不能确保债权人平等受偿，但是，在债务人的财产足以清偿各债权人债权的情况下，采用该原则并不会导致后申请执行的债权人的债权不能实现。相反，在民事活动中，债权人请求债务人履行债务可以有时间上的先后，先请求者先受偿，后请求者后受偿，如果因为其他债权人的申请而使先请求者得不到先受偿，就不够合理了。同时，在强制执行程序中，我们也不能忽视这一事实，即先申请强制执行的债权人为了使强制执行不致落空，往往要花费相当的时间、精力、物力去调查债务人的财产状况。对于这些付出如果视而不见是不合理的，对先申请执行的债权人来说也是不公平的。从以上分析可见，优先清偿原则较之平等清偿原则更具有合理性。

当然，我们必须明确一个问题，这就是：在采取优先清偿原则的国家，其执行清偿是以一个假定为前提的，即债务人有足够的偿债能力，其他债权人的债权不会因为某一个债权人先为扣押、处分而不能受偿。然而，如果没有这个假定，那么，当债务人不能清偿全部债务时，势必会发生一部分债权人无法完全满足其债权的现象，此时，如果先申请执行的债权人先获得满足，后来的债权人不能满足，那么，必然会有一部分债权人全部承担了债务人不能清偿全部债务的损失。这种情况下，对于后申请的债权人来说是不公平的。所以，优先清偿原则的适用应当具有一个前提条件，即债务人的财产足以清偿全部债务。否则，就只能适用平等清偿原则按照债权额平等受偿了。

当然，优先清偿原则也并非是没有欠缺的。不可否认的是，优先清偿原则本身也存在一个选择适用的问题。因为，尽管优先清偿原则在执行效率，与破产制度的分工、协作等方面都较平等清偿原则具有更多的合理性，而且也不影响债权平等，但是，这并不意味着优先清偿原则无懈可击。例如，德国法上的扣押质权和强制抵押权制度，就会使原本平等的债权因为强制执行而变得不平等了。依《德国破产法》第48条、第49条的规定，因司法行为而产生的扣押质权或者强制抵押权，在债务人破产时，同样可以获得别除权，这就使得本来平等的其他债权变得没有了保障，连试图通过申请破产来获得平等救济都不可能了。这同时也破坏了破产制度对强制执行制度的制约作用，损害了债权平等。

那么，扣押质权和强制抵押权的不合理之处到底在哪里？我想，这里有一个问题必须明确，那就是：因司法行为而产生的优先权（包括扣押质权和强制抵押权）能否与债权成立时合意设定的质权和抵押权一样对待？答案是否定的。因为，在债权成立时，合意产生的质权或者抵押权，其债权人在债权成立时就考虑到了债权的风险，并积极地采取了防范措施，所以，其在债务人破产时享有别除权是理所当然的。但是，强制执行程序中因扣押而产生的优先权则不同。此类债权人可能因与债务人的关系或对债务人偿债能力的信心等原因，令他们在债权成立时没有积极采取措施防范风险，这也表明他们当初就做好了与其他没有担保的债权人共同承担风险的准备。在这种情况下，如果仅仅因为其诉讼或者申请强制执行在先就赋予其质权或抵押权，则对事先与其共担风险的债权人来说很不公平。所以，基于公平的要求，因司法行为产生的优先权在债务人破产时，不应当享有别除权。这类优先权从性质上说不是担保物权，而仅仅是强制执行程序中的优先权，也只能在强制执行程序中发挥作用。在债务人破产时，由于已从强制执行程序转为破产程序，这些强制执行中的优先权也就随之而丧失其意义。从这一方面上看，英、美的优先权在保护债权人债权的同时，也没有忽略债权平等，是有其可取性的。

第三节　各国关于金钱债权强制执行措施竞合的学说

执行措施，是指执行机关为了实现生效法律文书确定的债权人的债权，依法采取的迫使债务人履行其义务的各种手段、方式和方法。我国《民事诉讼法》第 21 章明确使用了“执行措施”一词，在我国台湾地区学理上通常称之为“执行方法”。其中，对金钱债权的强制执行，除被执行人有金钱可供执行外，一般都会涉及对其动产、不动产的查封、变价和清偿三个阶段。其中，当多个债权人依据不同的金钱执行根据申请执行，执行机构分别对被执行人的特定财产采取查封措施时，就会发生重复查封的问题，笔者称其为金钱债权强制执行措施的竞合。需要说明者有二：一是强制执行措施竞合不同于强制执行竞合，而只是执行措施的冲突、重复问题；二是强制执行措施竞合主要涉及重复查封问题，对此大陆法系理论上存在再查封主义和不再查封主义之立法原则——这正是本节要探讨的问题。

一、强制执行措施的分类

执行措施多种多样，因执行标的、执行内容不同而不同。综观各个国家和地区的民事执行法和民事执行实践，民事执行措施大致可以从以下几个方面进行分类：

（一）对金钱债权的执行措施和对非金钱债权的执行措施

根据债权的性质不同，可以将执行措施分为对金钱债权的执行措施和对非金钱债权的执行措施。所谓债权的性质，其实是指债权人的给付请求的性质，所以该种分类又分别称为实现金钱给付请求权的执行措施和实现非金钱给付请求权的执行措施。

所谓金钱债权，是指以给付一定数额的金钱为目的的债权。笔者认为，金钱债权的执行，除生效法律文书中确定的给付内容为金钱（如返还借款、给付货款、赔偿损失）的情形外，下列各种情形亦属此类：（1）关于诉讼费用、执行费用的执行；（2）命令第三人代为履行所需要的费用的执行；（3）关于迟延履行金的执行；（4）关于执行保证人承担保证责任的执行；（5）关于妨害民事诉讼强制措施（仅指罚款）的执行等。

根据执行合理性原则的要求，金钱债权的强制执行应当注意避免给债务人造成不必要的损害，即要以最小的损害来满足金钱债权执行的需要。具体到执行的顺序上，就是债务人有现金的，先执行现金；现金不够清偿的，执行其存款；仍不足清偿的，执行债务人的动产；最后执行债务人的不动产、收入和债权。执行对象不同，具体的执行措施也不同。

对非金钱债权的执行，又可分为两种：一是交付标的物的执行，二是对行为的执行。其中，对于交付标的物的执行措施主要有：交付动产的，可以在执行人员的见证下当面交付，也可以由执行人员转交；交付不动产的，如果不动产由债务人或其承受人占有，应由执行机关解除其占有并点交给债权人占有，如果不动产没有为债务人或其承受人占有，由执行机关直接点交债权人占有，如需办理产权变更登记的，由执行人员通知有关部门协助办理产权变更登记。同时，应交付的动产标的物为特定物的，应执行原物；原物确不存在的，才可折价赔偿。

对行为的执行措施，因行为是否可以替代而有所不同。对于可替代的行为，原则上应由义务人（债务人）亲自履行，义务人拒绝履行的，执行机关可以委托第三人代为完成，代为履行的费用由义务人负担。对于不可替代的行为，一般采取支付迟延履行金、拘束人身、罚款等间接强制措施迫使义务人履行义务。

（二）对动产、不动产、其他财产权的执行措施

根据执行标的不同，可以将执行措施分为对动产的执行措施、对不动产的执行措施和对其他财产权的执行措施三种，这也是德国、日本和我国台湾地区“强制执行法”通常的立法体例。

对动产的执行措施又因执行内容是否为给付金钱而有所不同。以给付金钱为内容的，具体的执行方法包括查封、扣押、冻结、拍卖、变卖等；非以给付金钱为内容的，具体的执行方法有当事人当面交付、由执行人员转交等。

对不动产的执行措施也因执行内容是否为给付金钱而不同。以给付金钱为内容的，其执行方法包括查封、拍卖、变卖、强制管理等；非以给付金钱为内容的，其执行方法是，不动产由债务人或其承受人占有的，由执行机关解除其占有，并将不动产点交给债权人占有，不动产没有被债务人或其承受人占有的，由执行机关直接点交债权人占有，如需办理产权变更登记，执行机关应通知有关机关协助办理。

对其他财产权的执行包括对债务人的债权、股权、存款、收入、出版权、著作权、商标权、专利权、技术使用权等多种权利的执行。对其他财产权的执行一般都经给付金钱为执行内容，如果其他财产权的内容也是金钱（如债务人的金钱债权、存款、收入等），其执行措施一般较为简单，主要是冻结、划拨、交付等；如果其他财产权不是以金钱为内容，如股权、出版权、著作权、商标权、专利权、技术使用权等，则要经过查封、扣押、拍卖、变卖等措施，使其内容成为金钱后再交付于债权人。①

（三）直接强制执行措施和间接强制执行措施

根据执行机关的执行行为是否直接作用于执行标的，可以将执行措施分为直接执行措施和间接执行措施两种。

直接执行措施就是直接对执行标的采取执行行为，执行标的一般是物或财产。依执行根据，债务人应当给付金钱或交付标的物，而其拒绝给付或交付时，执行机关可以直接查封、拍卖其所有的财物，并以所得价款清偿金钱债务，或者直接将财物交付给债权人，使其完成交付财物的义务。

---

① 参见谭秋桂著：《民事执行原理研究》，中国法制出版社2001年版，第222页。

间接执行措施则是不直接对执行标的采取执行行为，而是通过对债务人给予处罚的方式迫使其履行义务，执行标的一般是行为。由于行为与人身密切不可分离，所以不宜对其直接采取强制执行措施，而只能通过间接的办法迫使债务人履行义务，如执行标的为债务人的作为行为时，债务人拒绝作为的，如果该行为是可替代的行为，则由执行机关委托其他人代为完成，所产生的费用由债务人负担；如果该行为是不可替代的行为，则由执行机关对债务人给予罚款或其他制裁，迫使债务人履行义务。

（四）控制性执行措施与处分性执行措施

对于金钱债权的强制执行，除了采取由执行法院将债务人占有的金钱直接强制取交债权人以供清偿的方法以外，通常须先限制债务人对其财产（或财产权）的处分权，然后，将其变价，并以变价所得的金钱对债权人进行清偿，以满足债权人的债权。最高人民法院在起草《执行规定》时，曾明确地将前者称为“控制性执行措施”，而后者则称为“处分性执行措施”。控制性执行措施包括查封、扣押、冻结、禁止转让财产和收取债权；处分性执行措施包括拍卖、变卖、以物抵债、强制支付、提取收入等。①

控制性执行措施在强制执行程序中得到广泛的适用，但是，先申请实施控制性执行措施的债权人能否因此而获得优先受偿权？这一问题既与强制执行制度的价值取向和清偿原则等基本理论密切联系，同时又是解决强制执行竞合问题必须明晰的，下文将对此展开分析。

二、关于重复扣押和超额扣押的问题

（一）扣押的概念

扣押，是指限制债务人对其特定财产的处分权，并将该财产的

① 参见黄金龙著：《〈关于人民法院执行工作若干问题的规定〉实用解析》，中国法制出版社2000年1月版，第90页。

处分权交由执行机关行使的一种控制性民事执行措施。

在法国、德国和日本等国的民事强制执行法中，将限制债务人对其财产行使处分权的强制执行措施统称为“扣押”，而在我国台湾地区，则将限制债务人对其动产或不动产行使处分权的强制执行措施称为“查封”，将限制债务人对其他财产权利行使处分权的强制执行措施称为“扣押”。但是，在我国台湾地区的理论界和实务界中，“查封”与“扣押”常常是通用的。例如，杨与龄教授就将查封界定为“查封，亦称扣押，乃保全债权人执行名义所载债权之实现，限制债务人对于执行标的物之处分权之执行行为”。①

在我国大陆，理论界一般认为，查封与扣押是有区别的。例如，“查封，是对不动产或者体积较大且难以移动的财产加贴封条，原地封存，不准被执行人移动或者处分的一种限制性措施”，“扣押，是对体积较小，或者虽然体积较大，但易于移动的财产予以扣留，运至人民法院或者其他场所予以保管，使被执行人不能占有、使用和处分的限制性措施”。② 此外，还有冻结，即对被执行人的存款、资产、债权所采取的强制措施。可见，按照我国大陆学者的观点，查封、扣押和冻结是不同的概念，查封与扣押的区别主要是标的物的位置是否移动，查封的财产一般仍留在原地（即通常所说的就地查封），而扣押的财产一般要转移地点（也称为异地扣押）。但是，在我国实践中，也有将这两种执行措施混用的情况。例如，对于车辆、机器设备采取的不贴封条、允许使用、禁止处分的措施称为“活封”或“活扣”，两者并无区别。甚至对银行账户的冻结也称为查封，这在当事人方面尤其如此。而在海事案件中涉及对船舶采取禁止移动的执行措施时，实际上只称为“扣

① 杨与龄编著：《强制执行法论》，台湾地区三民书局 1997 年 7 月版，第 404 页。

② 杨荣馨主编：《民事诉讼法学》，中国政法大学出版社 1997 年 11 月版，第 492 页。

押”，没有查封的说法。①

对此，笔者认为，既然我国民事诉讼法中规定的查封、扣押和冻结等强制措施，其功能都是限制债务人对其财产行使处分权，迫使债务人履行义务，保障债权人权利的实现，那么，将这些措施进行区分不但没有什么实际意义，而且容易造成实务中的混乱。考虑到大陆法系国家的“扣押”一词其内容实际上涵盖了我国的查封、扣押和冻结等项强制措施，所以，本书将我国民事诉讼法规定的这些限制性强制措施统称为“扣押”。

（二）扣押的效力

实施扣押的功能主要是限制债务人对其财产行使处分权，保障债权人债权的顺利实现。尽管通过扣押措施并不能直接实现债权的清偿，但是，它对实现清偿是必不可少的，因为它具有限制债务人处分特定财产并影响其占有使用的效力，对债务人行使所有权产生直接影响。

一般认为，扣押的效力包括扣押效力的主观范围和扣押效力的客观范围。前者包括两个方面，其一，是指财产扣押后，债务人丧失了对财产的占有、使用、处分和收益的权利，但其所有权并不因此而发生改变；其二，是指扣押对于债务人以外第三人的效力（对于其他债权人的效力和对于第三人占有扣押物的效力）。后者，是指扣押的效力及于扣押物的从物、孳息和代位物。② 从扣押的效力与强制执行竞合问题的关系来看，本书在这里仅就扣押的效力在以下两个方面进行重点讨论：

1．扣押的实施能否发生优先清偿的效力

先申请实施扣押的债权人能否因此而获得优先清偿的权利，这一问题与强制执行的清偿原则密切相关。在优先清偿原则下，扣押

---

① 黄金龙著：《〈关于人民法院执行工作若干问题的规定〉实用解析》，中国法制出版社 2000 年 1 月版，第 104 ~ 105 页。

② 陈计男：《论查封之效力》，载台湾地区《法令月刊》第 43 卷第 6 期。

使先申请执行的债权人获得优先受偿的地位，虽然这一地位在不同的国家有不同的表现形式，如德国是通过扣押质权制度来体现的，而英国和美国则是通过设定执行担保权益来体现的，但是，目的和效果是一致的。而在平等清偿原则下，扣押只能使债务人丧失对扣押物的占有、使用、收益和处分的权利，在变价前，扣押物所有权仍属于债务人所有，债权人并不能因先申请扣押而对扣押物享有优先受偿权。

2．关于超额扣押和重复扣押的问题

扣押是禁止债务人处分其一定财产并限制其收益的一种临时性、控制性的执行措施。由于扣押是以保全债权人债权的实现为目的，因此在保全执行中，扣押得以广泛适用。扣押是否应当限于执行根据所载的债权金额？一债权人已申请法院对债务人的某项财产实施扣押后，其他债权人能否对该项财产再申请扣押？这些问题实际上就是是否允许超额扣押与重复扣押问题。

（1）关于超额扣押。考虑到债务人的利益，超额的扣押应当被禁止。因为，从公平的角度出发，债务人只应在其所欠债务的限度内有忍受强制执行的义务；从有利于生产的角度而言，超额的扣押显然有害生产。但是，在是否可以超额扣押方面，优先清偿原则和平等清偿原则各自的做法不同，由此而导致对债权人和债务人的利益产生不同的影响。

在实行优先清偿原则的德国，法律禁止实施超额扣押，如《德国民事诉讼法》第 803 条第 1 款规定：“对动产的强制执行，以扣押的方法为之。扣押的范围不得超出清偿债权人与支付强制执行费用所必要的限度”；而在实行平等清偿原则的国家，法律则允许实施超额扣押，如法国和意大利。

在平等清偿原则下，先申请的债权人如果仅就其债权额请求扣押，那么，参与分配的债权人越多，其受偿的比例就会越小，而原来查报的财产却因禁止超额查封而未采取强制措施可能早已流失。因此，由于允许申请执行在后的其他债权人加入到执行程序中来，并有权申请参与分配平均受偿，这时，执行债权人因担心其他债权人参与分配而使自己的分配数额减少，就会尽量超出自己债权数额而要求超额扣押债务人的财产，而这又会在一定程度上影响债务人正常的民事活动和日常生活。相反，在优先清偿原则下，由于先申请者先受偿，也就不会有上述的担心，所以，没有必要超额扣押，法律也不允许超额扣押。就这一点来看，优先清偿原则比平等清偿原则有利于保护债务人的合法权益。

（2）关于重复扣押。就是否可以重复扣押来说，优先清偿原则允许重复扣押。因为，根据优先清偿原则，执行权利人根据扣押时间的先后而依次获得对债务人财产的受偿，所以，后行扣押并不能构成对先行扣押的权利人的债权的侵害。例如，《德国民事诉讼法》第 804 条第 3 款规定："扣押在先所生的质权优先于扣押在后所生的质权"。但是，平等清偿原则禁止重复扣押。因为，根据该原则，执行权利人并不因先行的扣押而获得对债务人财产的优先受偿，各执行权利人按照债权额比例公平受偿，这样，后行扣押就可能构成对先行扣押的权利人债权的侵害，从而不能实现全体债权人之间的公平受偿。

（三）扣押效力的绝对性和相对性

设若甲对乙所有的不动产提出了强制执行的请求，在法院对该项不动产采取了扣押措施后，乙将该不动产为丙设定了抵押权，那么，丙能否对已经提出分配请求的其他债权人丁主张分配上的优先权？这个问题就涉及了扣押效力的绝对性和相对性，而对此一直存在着争议。

1. 扣押效力的绝对性和相对性的涵义

扣押效力的绝对性，是指债务人在法院实施扣押后，对扣押物的处分行为不仅对执行债权人和参与分配债权人无效，而且对于债务人的所有债权人而言，均不发生法律效力。扣押效力的相对性，是指对于实施扣押的债权人而言，债务人的处分行为不发生效力，对于其他未参与分配的债权人而言，债务人的处分行为仍然有效。

2. 扣押效力的相对性的有关学说

扣押效力的相对性是与扣押的目的密切联系的。一般认为，作为金钱债权执行的扣押的实施，其目的是为了在执行程序上确保该金钱价值，因此，必须剥夺债务人对执行标的物的处分权。但是，禁止处分的效力也仅仅是为了在执行程序中确保以必要的金钱价值满足执行债权人的权利，所以，没有理由必须超越该目的而否定债务人处分的自由。[1] 在法院实施扣押后，即使扣押对第三人发生效力，而接受债务人转让标的物的受让人虽然不能提起主张所有权的第三人异议之诉来排除执行程序，但如果以后执行程序被取消，或者债权人撤回拍卖申请时，受让人理所当然地能够主张完全的所有权。在这个意义上说，扣押后，债务人的处分行为并非绝对无效，只是相对无效而已。

但是，关于扣押效力的相对性的具体涵义，在理论上又存在两种对立的观点：

（1）个别相对效力说。该观点认为，扣押是以确保扣押债权人的权利，使标的物的金钱价值得以实现为目的，所以，应该理解为该效力应在其目的的必要限度内有效，即执行债务人在扣押以后实施的处分行为就只对扣押债权人无效，而对其他债权人是完全有效的。也就是说，债务人的处分行为在债务人和第三人之间仍属有效，只是不得对抗债权人。换言之，债权人可以主张其处分行为无效，以排除其处分行为的效力，但是，债权人如果对此予以容忍的话，则其处分行为仍属有效。

（2）程序相对效力说。该观点认为，法院根据执行债权人的申请所实施的扣押行为，对其他参加该执行程序的债权人全体发生法律效力。因此，扣押以后债权人所实施的处分行为，只要因扣押而开始的执行程序存续，不仅不能对抗执行债权人，而且也不能对

---

① ［日］竹下守夫著，刘荣军、张卫平译：《日本民事执行法理论与实务研究》，重庆大学出版社 1994 年 12 月版，第 78 页。

抗参加该程序的所有债权人，对这些人只有在取消程序或者撤回执行申请时才有效。也就是说，在扣押效力存续期间，债务人所为的处分行为，对全体执行债权人均不发生法律效力。因此，按照该学说，在扣押后即使发生转让行为，但只要执行程序继续存在，其他债权人就可以提出分配请求参加分配。

根据以上的理论分析，在前面所举的案例中，如果按照个别相对效力说的观点，执行程序的债务人在扣押以后的处分行为只对执行程序的债权人无效，而对其他债权人则是完全有效的。因此，如果扣押后，为某债权人设定抵押权的话，该抵押权的债权人虽不能优先于扣押债权人，但可以对其他一般债权人主张优先权。因此，债务人乙的处分行为对执行债权人甲不发生效力，但对其他债权人有效，即丙可以对乙的其他债权人丁主张优先权；如果按照程序相对效力说的观点，一个债权人申请而开始的执行程序，其他债权人也可以参加分配，这样，扣押以后债务人所实施的处分行为，只要因扣押而开始的执行程序存续，不仅不能对抗扣押债权人，而且也不能对抗参加该程序的所有债权人，只有在取消程序或撤回申请时才有效。因此，乙的处分行为不仅对债权人甲无效，而且对参加该程序的所有债权人都是无效的，即使乙将该不动产抵押给了丙，丙的抵押权既不能对抗甲，也不能对抗丁，丙不能在参与分配程序中对丁主张优先权。

日本民事执行法和我国台湾地区“强制执行法”在立法上对扣押效力相对性问题，都是采程序相对效力说的立场。① 日本民事执行法采程序相对效力说的理由有三：其一，基于一个债权人的申请而开始的扣押措施，其他债权人也能够参加到该程序中来并得到平等的清偿，可以使平等主义的分配原则得到法律保障。其二，从

① 竹下守夫著，刘荣军、张卫平译：《日本民事执行法理论与实务研究》，重庆大学出版社 1994 年 12 月出版，第 81 页；陈计男：《论查封之效力》，载台湾地区《法令月刊》第 43 卷第 6 期。

实践中看，许多被执行人已经没有什么资产，或者资产很少，与其给予债务人可以处分剩余财产的自由，倒不如优先使其他债权人的平等清偿利益得到保护更为妥当。因此，只要以先于债务人处分剩余价值自由的扣押为基础的拍卖程序存续，债务人处分行为的效力即使被否定也是不得已的。而且，只要扣押已经公告，就不能说因为否定了债务人的处分行为，而给第三人造成了不利。其三，如果采用个别相对效力说，则会因为在扣押之后由于担保权的设定使分配产生困难。而采取程序相对效力说在技术处理上可以回避这一问题。

第四节　各国关于强制执行与优先受偿权关系的学说

在强制执行中，有时会遇到这样的情形：当法院对债务人的财产采取强制措施时，常常出现案外人以对执行标的物享有担保物权或其他法定优先权为由，来主张财产权利或阻止生效法律文书的执行。这种情况下，就会出现终局执行及保全执行与优先权效力的冲突，实际上，就是终局执行及保全执行与优先权执行的竞合。为此，有必要研究民法上的优先权制度及其与强制执行的协调问题。

一、民法优先权及各国立法例

优先权是大陆法系民法上的一个概念，是指特定债权人基于法律的直接规定而享有的就债务人的总财产或特定动产、不动产的价值优先受偿的权利。其中就债务人不特定的总财产上成立的优先权被称为一般优先权；而就债务人特定动产、不动产上成立的优先权被称为特别优先权。[①] 优先权制度发端于罗马法，最初设立的优先

---

① 崔建远：《我国物权法应选取的结构原则》，载《法制与社会发展》1995 年第 3 期。

权有妻之嫁资返还优先权和受监护人优先权，其设立的目的在于保护弱者，维护公平正义和应事实的需要。

（一）优先权的立法模式

优先权制度自在罗马法确立以来，大陆法系民法都对其有不同程度的继受，主要有两种模式，即法国模式和德国模式。

1．法国模式

在法国，曾发生过大规模的对罗马法的继受运动，优先权制度当然也不例外。《法国民法典》第3卷第18编（担保物权编）第2章和第3章分别规定了抵押权与优先权制度，以专章就优先权的定义、种类、权利的行使作了详细的规定。[①] 法国民法典将优先权与质权、抵押权相并列，以法律的形式承认优先权的性质为担保物权。

明治十三年，日本聘请法国学者保阿索那德为起草委员编纂日本民法典。保阿索那德主要参考法国民法典，同时加入判例及个人见解，在起草日本民法典中的财产法部分时，将法国民法典中优先权制度照搬了过来。在物权法中规定了“先取特权”制度（就是优先权）。《日本民法典》中的担保物权由留置权、先取特权、质权和抵押权四项制度构成。[②] 从成立方式上看，凡是依合意而成立的，称为约定担保物权；凡是依法律直接规定而成立的，称为法定担保物权。前者包括质权和抵押权两种；后者包括留置权和先取特权。日本法对先取特权规定得颇为详细，是一项非常完善的法定担保物权制度。

《意大利民法典》（1942年）规定了完整的优先权制度。[③] 与法国民法不同，《意大利民法典》中的优先权包括质权、抵押权及

---

① 参见《法国民法典》，罗结珍译，中国法制出版社1999年版，第473~504页。

② 参见《日本民法典》，王书江译，中国法制出版社2000年版，第54~61页。

③ 参见《意大利民法典》，费安玲、丁玫译，中国政法大学出版社1997年版，第721~741页。

先取特权三种类型（第 2741 条），实质上相当于我们通常所说的优先受偿权。因此，优先权在意大利民法上为一种广义的权利类型，而非为一种独立的担保物权。

2. 德国模式

德国模式是指以德国为代表的，包括瑞士、我国台湾地区等，没有设立专门优先权制度，而是将优先权分设在其他特别法中的立法模式。

德国模式与法国模式不同，其认为优先权不具有统一的性质，具有多样性，大体上可分为债权性质的优先权（程序性优先权）和物权性质的优先权（实体性优先权）两大类。[①] 债权性质的优先权，如《瑞士联邦债务执行与破产法》第 219 条规定的家庭赡养与扶助费用在破产执行时的优先权。一般认为，其只具有程序性权利属性而不为实体上的权利，无对标的物的变价权，故实质在于破除债权平等原则，赋予特种债权人以优先之权利。但其不过是推行社会政策和基于社会公益的结果，并不改变该特种债权的债权本质。

采用德国模式的各国民法，物权性优先权仅为少数，且并不全以“优先权”的名义出现。各国海商法上船舶优先权则与法国模式的优先权具有同样的物权属性。

（二）优先权的法律特征

如上所述，各国关于优先权的理解并不一致，采法国模式的国家大多认为优先权具有统一的、独立的权利属性，是一种与抵押权、质权等担保物权相并列的一种法定物权；而采德国模式的国家和地区大多不认为优先权是一种独立的权利，并区分为债权性质的优先权和物权性质的优先权两大类型。但无论采纳何种观点，一般都承认优先权具有以下特征：

---

① 参见郭明瑞、仲相、司艳丽：《优先权制度研究》，北京大学出版社 2004 年版，第 40 页。

第一，优先权的法定性。无论是法国模式的法国、日本、意大利，抑或是采德国模式的德国、瑞士和我国台湾地区，都无一例外的强调优先权的法定性，在优先权的设立、种类、效力、顺位等各方面都必须以法律的规定为依据，排除由当事人合意而设立或变更的可能。

第二，优先权的支配性。支配性是指权利人得依自己的意思，无须他人意思或行为介入，对标的物得为管领处分，实现其权利内容之特性。优先权人无须通过占有或登记，仅通过法律的直接规定，即具有对债务人的特定或全部财产优先于一般债权人甚至担保物权人优先受偿的权利。优先权的支配性体现在优先权人可就其优先权对抗物的所有权人即债务人，而在一定条件下就优先权的标的物进行拍卖、折价以及其他的方式处分，并不需要借助于债务人的给付行为，得以自己的意思享受物的利益。

第三，优先权的优先性。有学者认为，优先权的优先性包括三个层次的内容：（1）优先权具有优先于债权的效力；（2）优先权具有优先于抵押权等担保物权的效力；（3）优先权之间基于法律的具体规定有不同强度的优先效力。由此可以看出，优先权本身就是以实现公益为目的而破除债权平等的面目出现的。①

第四，优先权的排他性。排他性作为物权的一个显著特征，与债权的相对性有着鲜明的对比。排他性是指物权可以排除干涉而独立存在，包括特定性和位次性两个方面。优先权显然具有位次性，而特别优先权的客体为特定的动产或不动产，因此也具有特定性。② 正是基于此特征，不少人认为优先权具备物权的典型特征，应当作为物权的一个种类。

正是基于以上几个特征，尤其是优先权的优先性特征，决定了在强制执行程序中享有担保物权和其他法定优先权的权利人，得优

① 王耀廷：《论优先权的性质》，载《北方工业大学学报》2008 年第 4 期。

② 王泽鉴：《民法物权》，中国政法大学出版社 2001 年版，第 61 ~ 62 页。

先于一般债权人而受清偿。至于优先权与抵押权、质权之间哪一个更优先，不同国家由于对优先权的认识不同而有不同的认识。例如，我国台湾地区杨与龄教授认为，有的优先权的位次在抵押权之前，如我国台湾地区“海商法”第24条第1项规定的各种海事优先权；而有的优先权则位次在抵押权之后，如“税捐征收，优先于普通债权”（我国台湾地区“税捐征收法”第61条），而不能优先于抵押权。①

二、终局执行与担保物权和其他优先权的冲突问题

（一）处理终局执行与担保物权和其他优先权的原则

在民事强制执行中，当取得终局执行根据的债权人申请法院强制执行，法院对特定执行标的物实施拍卖等处分性执行措施以保障债权得以实现时，就会与该执行标的物上的担保物权和其他法定优先权产生冲突。对此，各国法律处理方法不尽相同，并因此形成了三种不同的处理执行标的物上物权负担的立法原则，即承受主义、涂销主义和剩余主义。

1. 承受主义

承受主义，是指执行标的物上有担保物权或优先受偿权或用益物权等负担时，其权利不因拍卖而消灭，而由拍定人承受。这种立法原则的理论根据是物权具有追及效力，德、奥等国的民事执行法采取这一原则，日本在实施民事执行法之前，也采取该原则。

根据承受主义，抵押权不因法院拍卖抵押物而丧失抵押效力。所以，在法院拍卖时，对标的物连同抵押权的负担一同进行处理，拍定人支付的价款，为除去负担后标的物的价值，即以标的物的实际价值扣除抵押债权后的差额。这一差额，用来支付拍卖的费用和清偿普通债权人的债权，抵押权人则不受分配。但是，其抵押权并

① 参见杨与龄编著：《强制执行法论》，台湾地区三民书局2007年修正版，第296页。

不消灭，仍然存在于抵押标的物上，不因该标的物的所有权因拍卖转移于拍定人而受影响。抵押权人将来仍可以就该标的物主张其抵押权，也就是说，原债务人的抵押负担由标的物的拍定人承受。

2. 涂销主义

涂销主义，也称负担消灭主义，是指执行标的物上有担保物权或其他优先权负担时，其权利因拍卖而消灭，拍定人取得该标的物后，不承受先前存在于该标的物上的任何负担。法国的强制执行法采取这一原则。

根据涂销主义，不论抵押标的物能够卖得价金多少、是否足够清偿抵押债权，以及抵押债权是否已届清偿期、是否有执行根据、抵押权人是否愿意以其抵押权参与所得价金的分配等，法院均可以准许拍卖。拍卖所定的底价以抵押标的物的全部实际价值为准，即将抵押的负担除去后而进行的拍卖。拍卖所得价金，由抵押权人按顺序的先后，优先于执行债权人受偿。受分配的抵押权人，其抵押权因受分配而消灭；未受分配的抵押权人，其抵押权因拍卖而消灭。对于部分债权受分配，部分债权未受分配的抵押权人，其抵押权也同样归于消灭，其未受分配部分的债权则变为普通债权，虽然可以对债务人的其他财产追偿，但已失去担保物权的追及效力。

3. 剩余主义

剩余主义，也称补偿主义，是指执行标的物由后顺位的优先债权人或普通债权人申请拍卖时，只有卖得的价金在清偿优先债权以及支付执行费用以后，还有剩余可能的，才能进行拍卖。这一原则是基于补救承受主义及涂销主义的缺失而产生的。德、日两国均在剩余主义限制下，兼采承受主义或涂销主义。

日本民事执行法兼采剩余主义与涂销主义，如《日本民事执行法》第 59 条第 1 款规定："存在于不动产之上的优先取得特权，存在以不使用和收益为宗旨的规定的抵押权以及典当权，因出售而消灭"。该法第 63 条第 1 款规定，执行法院认为以不动产的最低出售价额偿还了优先于扣押债权人债权的不动产上的一切负担及程序费用后，没有剩余希望时，应当将情况通知扣押债权人。扣押债权人在接到通知后7天内，不能确定清偿前项负担及程序上费用后仍有剩余价额，并且声明就其所定价额无人应买，自愿以其价额买受并提供充分的保证时，应撤销拍卖程序。

（二）对各国有关立法原则的评价

以上所谈的三种原则，都各有自己的优点，但也有不足之处。

1. 对承受主义的优劣分析

承受主义的优点有以下方面：（1）符合民法权利继受取得及物权有追及效力的基本原理；（2）优先权人的权利，不因后顺位的优先权人或普通债权人申请拍卖而消灭，保障较周，地位安定；（3）优先债权人的债权不致因标的物的拍卖而强制提前受偿，有利于保持较长周期的法律关系的稳定；（4）拍定人可以在拍定价金中扣除所承受权利的代价，无须一次支付巨额价金，执行标的物易于出卖；（5）拍卖所得价金如多于优先债权及执行费用，执行债权人有可能获得清偿。

但承受主义也有以下不足之处：（1）拍定人承受执行标的物上的负担后，无法清偿优先债权时，优先债权人可以将该标的物再行拍卖而受清偿，执行程序有失经济。（2）拍定人承受执行标的物的负担，其债权金额或权利价值难以确定，承受人有可能因此遭受损害甚至最终丧失对拍定物的所有权，这种风险的存在会打击应买人的应买积极性，应买者也会因此减少，成交的可能性就会降低。而且，承受负担时法律关系复杂，执行程序难以迅速终结。（3）拍定人承受执行标的物上他人已取得的用益物权，自己无法使用收益，也会使应买者减少，拍卖难以成交。（4）执行机关不问执行债权人可否获得清偿，难免进行无益的程序。

2. 对涂销主义的优劣分析

涂销主义的优点是：（1）有担保物权及其他优先权的债权，只能以执行标的物的价值作为获得清偿的保障，在执行程序中，如果其债权能以执行标的物卖得价金优先获得清偿，其设立优先权的目的就已达到，其优先权并无继续存在的必要，涂销优先权对其实体权利影响不大；（2）利用一次拍卖，消灭债务人的债务及标的物上的负担，免得优先权人再对拍定人行使权利，可避免当事人讼累并减轻执行机关的负担，符合诉讼经济的原则；（3）拍卖物上的负担均因拍卖而消灭，拍卖物上无残留的复杂法律关系，拍定人确信交易安全，可提高应买意愿及拍卖成功率；（4）执行标的物的流通性不因有负担而受影响，有利于社会经济的正常运作；（5）涂销负担后，拍卖可迅速进行，执行标的物也容易卖得较高价格，可兼顾债权人、债务人及拍定人三方的利益；（6）依涂销原则，优先权人无法妨碍普通债权人行使权利，可确保普通债权人的合法权益和交易安全，有利于强制执行程序的迅速进行。

涂销主义的不足之处是：（1）普通债权人及顺位在后的优先债权人申请拍卖，使顺位在先的优先债权人被迫提前受偿，丧失继续收取利息之利益，执行机关也难以确知优先债权的具体数额；（2）执行标的物上的负担均因拍卖而消灭，破坏民法物权优先主义及承受主义的原则；（3）应买人不得扣除优先债权金额而为承受，须筹集全部价款，使资力较差的应买人无力承买，减少拍卖成立的机会；（4）在强制执行法中规定执行标的物上的负担因拍卖而消灭，其实就是在程序法中规定了实体权利消灭的原因，在法理上会造成矛盾和困难；（5）执行标的物卖得价金虽不足清偿优先债权，仍应进行拍卖，使顺位在先的优先权消灭，而申请执行的债权人也无实益，对优先权人和普通债权人都不利；（6）优先权包括债权优先权和物权优先权，物权优先权应有追及效力，现因拍卖而消灭，与民法理论不相一致；（7）如果优先权是用益物权或租赁权等，以金钱补偿时评价相当困难。①

① 参见杨与龄编著：《强制执行法论》，台湾地区三民书局2007年修正版，第26~27页。

3．剩余主义的优点

剩余主义的优点是：（1）顺位在先的优先权人的权利，因后顺位优先权人或普通债权人申请强制执行时能够提前收回债权，只受到减少利息收入的损害；（2）债权人申请执行，以先顺位的债权可受清偿为条件，可避免没有实际效益的执行程序。

剩余主义的不足之处是由于只能在拍卖所得价金于清偿优先债权后还有剩余时才能拍卖，以致拍卖成立的机会减少。

4．对前述三种原则优劣的评价

从以上分析可以看出，剩余主义能够吸收前两者的优势，弥补它们的不足，所以，在追求实际效益方面最具有价值。所以，目前各国强制执行法都是在剩余主义限制下兼采承受主义或涂销主义。

在剩余主义限制下，采涂销主义，有利于保障普通债权人和拍定人的利益，顺位在先的优先权人也可以获得完全清偿的保障。但是，如果执行标的物上的负担为用益物权时，则此项负担也须涂销，而代之以金钱补偿，用益物权变为价值性权利，与用益物权的目的不相符合；而在剩余主义限制下，采承受主义，则不仅有利于保障优先权人的利益、对拍卖成立有帮助、可以避免顺位在先的优先债权不能获得清偿时进行无益的执行程序，而且在执行标的物上的负担是用益物权时，此项负担由拍定人承受，并不会影响用益物权人的权利。

第五节 各国关于强制执行与破产分配之间关系的学说

民事强制执行程序并不能解决债权实现中的所有问题，参与分配制度与破产制度相配合，是各国解决债权清偿问题通行的立法例。破产程序是通过一定的法律程序，强制性地将债务人的全部财产进行变价和分配，以实现全部债权人债权利益的程序。从强制性地实现债权这个意义上来说，破产程序也是一种广义上的强制执行；只不过强制执行程序只考虑一个或多个特定的债权，本质上是一种个别执行，而破产程序则要考虑全部债权，本质上是一种概括执行。尽管如此，两者在内容上还是存在着一定的竞合和交叉。本节着重探讨在债务人的财产不足清偿所有债务（资不抵债）的情况下，强制执行与破产程序的冲突与协调问题。

一、破产制度的产生和发展

追溯破产制度的历史，必须回顾债权救济的历史。从历史上看，债权救济的历史经历了从私力救济向公力救济发展的过程，破产制度是以债权的公力救济手段的面貌出现的。在罗马法上，当债务人不能清偿债务时，对债权人的救济措施经历了三个阶段，即债务奴役、债务监狱和债务破产。其中，债务奴役和债务监狱都是对债务人的人身进行的强制措施；与此不同，程式诉讼时期产生的“财产趸卖”和“财产零售”制度则是对财产的强制执行。随着“财产趸卖”和“财产零售”制度的建立，就出现了一般执行与个别执行的分立。然后，破产制度从个别执行中分化出来，而演变为一种具有独特功能和价值目标的制度。这种债权救济制度的变迁直接反映了人类文明的历史进程。①

到了中世纪，地中海沿岸的重要港口城市成为海上贸易的中心。与此同时，在意大利的北部商业性城市自治体开始兴起，并出现了独立的商人团体，形成了一些有名的商业中心。为处理商人之间所发生的各种争议，当时广泛采用古罗马私法和程序法，后来发展起了一套适用于商人阶层的实体规则和裁判规则。在意大利北部各城市，债务执行由债权人私力扣押，演进为裁判上的假扣押程序，即“依债权人一方为债权及扣押原因之证明，而由审判机关对于债务人发出假扣押命令，债权人基于此项命令，得就债务人之

① 江平、江帆：《论自然人的破产能力》，载《现代法学》1997 年第 4 期，第 27 页。

身体或财产而执行。对于财产之假扣押，又有个别的及一般的之分。一般的假扣押，乃对全部财产之假扣押，原对逃亡之债务人始能行之，但对不能清偿之债务人，亦多援引逃亡之例，故债务人付款不能时，其又不愿出头清偿，仍然由审判机关施行一般的假扣押”。[①] 此后随着城市中商业的兴盛，商人之间为迅速解决纠纷，产生了商人破产制度，各城市相继制定破产条例，如 1244 年《威尼斯条例》，1341 年《米兰条例》和 1415 年《佛罗伦萨条例》。这些破产制度可谓是最早的成文破产法。自然人破产制度，具体讲商自然人的破产制度起源于这时的仅适用于商人的破产规则。这些规则的发展是中世纪欧洲大陆对罗马法吸收与借鉴的结果。学者普遍认为中世纪欧洲大陆乃至英国，均以古罗马的财产趸卖制度为基础，建立起了商事破产制度。[②] 可以说，中世纪形成的是以商自然人为适用核心对象的破产制度。

后来，随着社会的发展，西方国家在破产主体的范围方面开始产生分歧，并产生了“商人破产主义”和“一般破产主义”两种不同的立法例。

1. 商人破产主义模式

这是最早的破产法的立法模式，在意大利首次出现成文破产法时，就确立了商人破产主义，仅规定商人有破产资格。1865 年的《意大利王国破产法》和 1883 年《意大利商法典》，均采用了商人破产主义。法国的破产法制度是在继受罗马法和中世纪意大利商人破产法的基础上发展起来的，随后 1673 年颁布《商事敕令》，其第 11 章详细地规定了商事破产程序，此敕令带有浓厚的“有罪破产”的痕迹，但“它仍标志着法国成文破产法的正式产生，并奠

① 李传唐:《破产法论》，台湾地区正中书局 1978 年版，第 8 页。

② 刘清波:《破产法新论》，台湾地区东华书局 1984 年版，第 15 页。

定了法国近现代商人破产主义立法的基础”。[1] 1807 年《拿破仑商法典》有破产编存在，但它的立法宗旨仍是坚持反对破产制度适用非商人，它全面规定了商事破产制度，确立了商人破产不免责主义。因为在法国法系，严格区分商人与非商人两种不同的身份，破产制度是商人特有的制度，故一般把破产法律制度规定于商法典之中。但也有学者认为，商人破产主义理由在于对普遍强制执行采用平等分配主义的立法。[2] 这意味着商人以外的人可以通过普遍的强制执行程序，通过分配上的平等主义实现自己的权益，无须借助于破产程序。

商人破产主义又被称为“法国法系的立法主义”，其以拿破仑商法典为代表，典型特征就是仅具有商人身份之人，始适用破产法进行破产程序，后为法国法系之国家，如比利时、卢森堡、意大利等采用。不过，随着社会的发展，商人破产主义的内涵也在发生变化。例如，“商人”的涵义也由最初的商自然人而逐渐扩大至从事商事活动的组织和法人，如《意大利民法典》第 222 条规定：破产法仅适用商人（trader），无论其为个人、公司或其他商业组织；而资不抵债的非商人（nontrader），则只能面临所谓“单个的强制执行程序”（simple enforcement proceedings）。即使是在采商人破产主义的典型代表法国，其破产法在近代也有新的突破。进入 20 世纪后，法国多次革新破产法以适应经济发展的现代化，其主要表现之一是扩大其适用范围。直到 1961 年，全面修正破产法，规定破产法适用于商人以外的非商人法人实体，规定个人破产程序。其办法为区别自然人与法人，对于自然人保留传统的清理和康复两种集体程序，将财产清理、司法清算和中止诉讼三种程序适用于一切私

---

① 邹海林：《破产程序与破产实体制度比较研究》，法律出版社 1995 年版，第 29 页。

② 李传唐：《破产法论》，台湾地区正中书局 1978 年版，第 15 页。

法人，包括非商人性质的私法人。[①] 这种改革使法国从商人破产主义走向一般破产主义。法国现行破产法中的司法康复程序适用于自然人和法人，其中有适用于自然人的个人破产制度。

2. 一般破产主义

一般破产主义，是指不分商人或非商人，一般人均可适用破产程序的立法原则。一般破产主义最早发源于13世纪的西班牙破产法《七章律》。德国的破产立法并未完全承袭法国的传统，而是先后受到意大利和西班牙破产法的影响，并突破了法国的商人破产主义的原则。17世纪德意志各邦的破产立法一改意大利破产法的传统，普遍采用一般破产主义。1877年德国的破产法典也承接普鲁士破产法，采用了一般破产主义，后为奥地利、日本和我国台湾地区所效仿。

在资本主义工业文明启蒙的英国，1542年亨利八世颁布的破产法正式把非商人列为破产人，至此，英美法系形成了一般破产主义的立法传统。适用一般破产主义的立法，也被有的学者认为是与普遍强制执行程序坚持优先主义的立法相一致的。[②] 这种立法模式一般不规定在商法典中，而是采用单行法规定之。破产法只适用于自然人，而法人（公司）破产则适用公司法上破产清算程序。到1986年，法人破产和自然人破产才在立法体例上合二为一。[③]

英国出现个人破产法与公司破产法的分野，取决于19世纪上半期对公司法人承认的方式。1844年股份公司首次规定注册成立股份公司，同时以法律规定公司的清理程序。在承认公司法人资格以及公司承担法律义务的能力后，必须承认公司能独立于它的股东

① 沈达明、郑淑君：《比较破产法初论》，对外贸易教育出版社1993年版，第215页。

② 李传唐：《破产法论》，台湾地区正中书局1987年版，第15页。

③ 王卫国：《破产法》，人民法院出版社2001年版，第17页。

进行破产程序。[①] 从而产生了公司与个人破产程序的分离，由不同的法院按照不同的程序法予以执行。这种立法传统为英国法系的澳大利亚、新西兰、爱尔兰等国继承。英国现行的 1986 年破产法仍然包括个人破产程序和公司破产程序。

二、强制执行制度与破产制度的分工和配合

破产法的首要作用，按照我国学者的观点，体现在对债权的保护上，即保证债权的债权人得到最大限度的、公平的清偿。[②] 当债务人不能清偿全部债务时，势必发生一部分债权人无法完全满足其债权的现象，此时如果采取先查封者先获得满足，后来者不能满足的方法清偿债务，必然会有一部分债权人全部承担了债务人不能清偿的风险和损失。为了使损失的部分能平均分配于各债权人，因此破产程序坚持实行“按比例平等清偿原则”，使所有债权人受到同样的待遇，不分先后平等受偿。

但是，对于可以适用破产制度的债务人的范围，不同国家的规定是不同的。有的国家规定，只有商人资不抵债，破产法才予以适用，实行商人破产原则，如法国、意大利等。而另一些国家，则采用一般破产原则，所有的主体一旦资不抵债，均予以适用破产制度，如英国、美国、德国、奥地利等。这就出现了以个别执行为典型特征的强制执行制度与以概括执行为典型特征的破产制度的分工与配合问题，总的来看有如下两种模式：

1.“一般破产原则 + 强制执行优先原则”的立法模式

在英、美、德、奥等国，由于实行一般破产原则，当债务人的财产能够足以清偿全部债权人的债权时，无论债务人采取自然清偿

① 沈达明、郑淑君：《比较破产法初论》，对外贸易教育出版社 1993 年版，第 111 页。

② 马登科：《民事执行程序与破产制度的统一与协调》，载《特区经济》2005 年第 7 期。

方法或债权人利用强制清偿的执行办法，都能达到完全清偿的目的，其他债权人都不会遭受损害，此时强制执行完全是一种满足债权为目的的方法，并非以分担损失为目的。在强制执行程序中，完全可以采纳优先原则，一旦债务人资不抵债，对于任何债务人均可适用破产原则，从而保证债权人的债权受偿和损失分担的公平。

可见，英、美、德、奥等国在破产制度与执行程序的功能互补上采用的是：强制执行优先原则+一般破产原则。其所采用的强制执行优先是在债务人能清偿所有债务的前提下的优先，而不是债务人资不抵债时，先申请人还可以优先受偿；一旦债务人不能清偿所有债务，无论债务人是商人还是非商人，强制执行程序都让位于破产程序。在这些国家，"强制执行优先原则"与"一般破产原则"在"能清偿所有债务"与"资不抵债"两个层次上发挥作用，而适用的债务人主体完全相同（既包括商人，又包括非商人）。

2．"商人破产原则+强制执行平等原则"的立法模式

而在法国、意大利，由于在破产制度上采用的是商人破产原则，对于非商人不得宣告破产，因而当非商人不能清偿债务时，各债权人要想获得公平的清偿，只能利用强制执行程序中的参与分配制度。所以，法国、意大利的执行制度必须采平等原则，否则对于非商人资不抵债的债权人无其他救济办法，从而形成了商人破产原则。强制执行平等原则的立法构造，与英、美、德、奥的立法构造相比较，"商人破产原则"与"强制执行平等原则"都是在保证债务人资不抵债的情况下各债权人的平等受偿，不同的只是适用主体不同（前者为商人，后者为非商人）。

法国、意大利的这种立法构造，从非商人的角度考虑是可取的，由于非商人的资产相对较少，如果经过规模大、费用高的破产程序的折腾，可供分配到债权人的财产将大大减少，甚至消耗殆尽。用强制执行中的平等原则，既能保证债权人的平等受偿，又节约时间和费用。可见，法国、意大利的强制执行平等原则实际上是在非商人范围内代替"小型破产"，从而达到不经过破产也能简单

清偿来维持债权人之间的公平。

根据《中华人民共和国民事诉讼法》有关破产程序的规定以及《中华人民共和国企业破产法（试行）》，我国实行商人破产主义，只有全民所有制企业以及其他企业法人才能适用破产制度，自然人或者企人法人以外的其他组织均不能成为被破产主体。经过修订后的《中华人民共和国企业破产法》和《中华人民共和国民事诉讼法》分别于 2007 年 6 月 1 日和 2008 年 4 月 1 日生效实施，该两部法律除了统一全民所有制企业和其他企业法人的破产程序之外，并破产的适用范围方面并没有改变，仍贯彻的是商人破产主义。这就决定了我国的强制执行程序只能采平等原则，也就是说，在破产法与强制执行法的分工配合方面，我国目前采用的是“商人破产原则 + 强制执行平等原则”的立法模式。

三、强制执行程序与破产程序的冲突与协调

作为一种概括执行程序，破产程序是民事强制执行程序的补充，两者共同维护着债权债务秩序的稳定。但在司法实践中却经常会出现以下情形：法院在对债务人强制执行的过程中，另一法院受理了对同一债务人的破产申请，从而引起破产程序与民事执行程序的冲突问题。

关于破产程序与民事执行程序的冲突问题的解决，学理上一般认为，破产程序优先于民事执行程序，① 即破产程序一经开始，民事执行程序应当中止。这是因为，破产程序是一种概括执行程序，其目的在于以债务人的所有财产使全体债权人公平受偿。如果尚未执行完毕的债权因有执行名义而继续执行，该债权人势必获得个别

① ［日］伊藤真著，刘荣军译：《破产法》，中国社会科学院出版社 1995 年版，第 177 页。

清偿，则有悖于破产程序公平受偿之宗旨。[①] 故各国或地区破产法无一例外地规定了破产程序对执行程序的优先性，[②] 即规定在破产程序开始后，中止未执行完毕或者尚未开始之执行程序来解决两种程序的冲突问题。

我国最高人民法院《适用意见》第 276 条和最高人民法院《执行规定》第 89 条规定：人民法院在执行程序中，发现作为被执行人的企业法人的财产不足清偿全部债务的，可告知当事人依法申请被执行人破产。2007 年 6 月生效实施的《中华人民共和国企业破产法》第 19 条规定："人民法院受理破产申请后，有关债务人财产的保全措施应当解除，执行程序应当中止。"可见，我国立法与其他国家破产法的精神在总体上是一致的。但是，由于立法的粗疏，有些问题依然没有得到很好的解决，主要表现在破产程序的启动、破产程序开始的时间和破产保全对强制执行程序的影响三个方面。下面就其他国家的做法作一比较考察。

1. 强制执行程序与破产程序的衔接：强制性破产问题

根据我国民事诉讼法、企业破产法和相关司法解释的规定，人民法院在强制执行程序中发现债务人存在资不抵债的情况时，根据被执行人是企业法人还是公民、其他组织而区别对待：对于公民和其他组织，采取参与分配的方式解决；对于企业法人，告知债权人申请宣告债务人破产。但是，由于种种原因，实践中"债权人申请宣告破产"方式往往难以实行。例如，享有优先受偿权的债权人没有申请破产的必要和意愿，已取得执行根据但不享有优先受偿权的债权人基于自身利益的考虑（先申请者先受偿）定然不愿申

---

① 邹海林：《破产法若干理论与实务问题研析》，载《民商法论丛（一）》，法律出版社 1994 年版，第 136 页。

② 参见《德国支付不能法》第 89 条、《美国联邦破产法典》第 362 条、《日本破产法》第 70 条、我国台湾地区"破产法"第 99 条及"办理强制执行事件应行注意事项"第 9 则。

请被执行人破产，而未取得执行根据的债权人又无法申请破产。①这时，就会发生继续强制执行不合理、宣告破产又无法落实的尴尬的局面，也是实践中造成“执行难”的重要原因。

在现代法制中，破产制度的直接作用在于保证全体债权人得到最大限度的公正清偿；而强制执行制度的功能是实现对个别债权人债权的清偿。破产制度与强制执行制度虽然各尽其职，但是两者又有着十分密切的联系。在一定条件下，强制执行可以转换为破产宣告。不少国家的法律规定，在民事诉讼程序或民事执行程序中，法院查明债务人不能清偿债务的，可以依职权宣告债务人破产。例如，英国法律规定的破产行为之一，就是债务人的所有物已为执行官扣押并出卖，或被执行官扣留已过20天，在此情况下，即视为债务人已达破产状态。再如，《新加坡破产法》第3条第1款第（J）项规定：“若地区法院的行政司法官或法警送回传票，认为债务人没有可没收的财产；从本项的目标考虑，传票在地区法院行政司法官或法警手中搁置之日应视为做出破产行为之日。”在强制执行程序中，在特定情况下无须债权人申请，通过设置一定的条件强制性地启动破产程序，使强制执行程序与破产程序有机地衔接起来，英国和新加坡的这种做法值得我们思考和借鉴。

2．破产程序开始时间之界定及其对执行程序的影响

在实践中，执行法院与破产案件的受理法院之间经常就同一笔财产的性质产生争议，是属于执行标的财产还是破产财产？解决这一问题的关键，就是准确界定破产程序开始的时间。我国《企业破产法》第19条规定：“人民法院受理破产申请后，有关债务人财产的保全措施应当解除，执行程序应当中止。”但是，破产程序开始的时间点到底是受理通知作成时、送达时，还是公告时呢？我国理论界对此讨论的还不是很多。

① 金殿军：《论强制破产制度的创设》，载《强制执行指导与参考》2005年第1辑，人民法院出版社2005年版，第122～123页。

从世界范围来看，关于破产程序之开始有两种立法例：实行破产程序从破产宣告开始的国家，破产开始的效力实际上包括了破产宣告的效力，此为破产程序宣告开始主义，法国、德国、日本和我国台湾地区即采此例。而破产程序是从法院受理破产案件时开始的，为破产程序受理开始主义，英美法系破产立法普遍采用这种立法原则，我国大陆破产法亦是如此。①

在日本，破产程序始于破产宣告，对破产宣告开始时间的确定标准，日本学者有相互对立之学说，主要有作出宣告时说和非作出宣告时说两种，前者一般理解为法官将破产宣告生效的日期写在决定书上的时刻。后者又可分为五种观点：第一，评决之时说，即以破产事件决定成立之时，为破产宣告之时；第二，法官签名之时说，以法官在破产裁定书上署名捺印之时，为破产宣告之时；第三，将破产决定书原本交付书记员时说；第四，交付送达机构说，以裁定正本交付送达机构之时，为破产宣告之时；第五，将破产决定书送达到破产者或管财人时说。② 作出宣告时说近来为多数人接受，因其使宣告与破产程序开始的日期尽可能一致。在实践中，一般将其解释为：法官宣布该决定的，以宣告之时刻为宣告时间；法官未宣布的，以送达当事人之时间为准。③

在我国台湾地区，陈荣宗先生认为，宣告破产裁定时为破产程序开始之时。④ 对于不经宣示的破产裁定，陈国梁先生认为，于法官制作破产裁定完成时，为其破产宣告之时；如裁定未记明制作之时间，应以法官做成该裁定书之日午时为宣告破产之时。⑤

---

① 邹海林：《破产法若干理论与实务问题研析》，载《民商法论丛（一）》，法律出版社 1994 年版，第 132 页。

② 陈计男：《破产法论》，台湾地区三民书局 1990 年版，第 122 ~ 123 页。

③ ［日］石川明著，何勤华、周桂秋译：《日本破产法》，中国法制出版社 2000 年版，第 44 页。

④ 陈荣宗：《破产法》，台湾地区三民书局 1991 年版，第 129 页。

⑤ 陈国梁：《破产法新论》，台湾地区大同书局 1978 年版，第 99 页。

笔者认为，破产受理、破产受理裁定公告以及破产受理裁定送达，各有其不同之意义：破产受理之意义在于其发动破产程序；而破产程序开始时间之确定，其意义主要在于确定破产债权之计算；破产受理裁定之公告，其意义在于使全部利害关系人（尤其是其中身份未明的人）知悉破产受理之事实，并得及时与受理法院、破产企业或破产企业监管组接洽，以免发生损害；破产受理裁定送达，其意义在于使已知利害关系各方，如对此裁定有权提起上诉者、对破产企业的财产正在或拟进行执行程序的人民法院，明了破产发生之事实，以便按照破产法的规定采取相应措施。总之，破产受理裁定无须以公告为必要，只需宣告（未经宣告的，需要送达）即可成为确定破产债权之标志。

3．破产保全对强制执行程序的影响

如前所述，破产程序的开始以破产受理通知书宣告或送达为标准，故仅有破产之申请时，债权人对债务人之强制执行程序开始或继续，原则上并无影响。但从提出破产申请到法院发出破产受理通知（公告）必然有时间上之延误。在此期间内，破产申请之信息自会不胫而走，如一概允许债权人开始或继续对债务人之财产进行执行，则各债权人必然竞相申请强制执行，其后法院一旦做出破产受理及破产宣告之裁定，则可能对其他债权人不公平。

对此，域外破产法规定在有破产之申请时，可在某种条件下，得由法院裁定，命禁止开始或继续对债务人之财产为强制执行。例如，《德国支付不能法》第 21 条即规定：在对破产申请做出裁判之前，为预防债务人的财产状况发生对债权人不利的变动，支付不能法院可以“禁止或者暂时停止对债务人采取强制执行措施，但以不涉及不动产为限”。《日本破产法》第 155 条也规定：“（一）有破产申请时，虽于破产宣告前，法院亦可根据利害关系人的申请或依职权，命令就破产财团实行假扣押、假处分或其他必要的保全处分。（二）法院可以变更或撤销前款规定的处分。（三）前二款规定的裁判，以裁定为之。（四）对第一款或第二款规定的裁定进行的即时抗告，无停止执行的效力。”对于该条规定之保全处分，日本学者石川明认为应当包括停止强制执行的临时处分。① 我国台湾地区“破产法”也规定了必要保全处分措施。我国台湾地区“破产法”第72条后段规定：“有破产申请时，虽在破产宣告前，法院得因债权人之申请或依职权，命为必要之保全处分。”

对于前述问题，我国破产法及相关司法解释均未涉及。大陆学者李永军认为我国破产保全处分，始于破产案件的受理，所以申请后受理前的这段时间内债务人的行为难以控制，应当引起新破产法的关注。② 邹川宁也认为应当设立、健全破产保全制度。③ 还有学者认为，参照上述德国、日本及我国台湾地区经验，在进行相应司法解释时宜作以下规定：（1）有破产申请时，尽管在受理公告前，收到破产申请的人民法院亦可根据利害关系人的申请，或认定债务人破产可能性较高时依职权，裁定命令就破产财产实行必要的保全措施，该保全措施包括中止强制执行的临时处分。（2）前款“利害关系人”应当包括提出破产申请的债权人、债务人以及未提出破产申请的其他债权人。（3）法院可责令提出保全申请的债权人提供适当的担保，如其未能提供相应的担保，法院可裁定驳回其申请。（4）对前述（1）和（3）规定的裁定不服的利害关系人，可以在裁定送达之日起十日内向上一级人民法院提起上诉，但于上诉期间该上诉不影响裁定的效力。④ 这些观点都值得今后立法中予以参考。

---

① ［日］石川明著，何勤华、周桂秋译：《日本破产法》，中国法制出版社2000年版，第42页。

② 李永军：《破产法律制度》，中国法制出版社2000年版，第42页。

③ 邹川宁：《民事强制执行基本问题研究》，中国法制出版社2004年版，第220～221页。

④ 仲素玉：《破产程序与民事执行程序的冲突及协调》，载《西南政法大学学报》2004年第4期。

第五章 我国解决强制执行竞合问题的立法与实践

我国目前尚无制定系统的强制执行法典，但民事诉讼法和最高人民法院的相关司法解释、批复对强制执行竞合问题已有一些规定。应当说，我国现行法律中关于解决强制执行竞合问题的有关规定，对于实践中强制执行竞合的解决确实发挥了重要作用。但是，也应当看到，我国有关的现行法律和司法解释不仅条文比较粗陋，而且存在诸多冲突。例如，我国解决强制执行竞合的有关法律和司法解释，有的贯彻的是平等清偿原则，有的贯彻的是优先清偿原则，这些规定存在立法精神上的相互冲突，有时甚至会造成无所适从。再如，扣押的效力因强制执行清偿原则规定的混乱而更显得失调，从而导致保全执行与终局执行的错位。所以，要解决强制执行竞合问题，需要立足于强制执行竞合的基本理论，深入研究和分析现行法律中存在的问题和漏洞，以便有针对性地确定强制执行竞合的解决方案。

第一节 我国金钱债权终局执行清偿原则的法律规定及评价

就金钱债权终局执行竞合的解决而言，我国目前的民事执行立法中既有平等清偿原则的体现，也有优先清偿原则的体现，这种立法不可避免地、内在地存在着一些冲突。我国这种立法是有其特殊的文化传统、价值观念和社会背景的，因此，欲深入分析执行立法中存在的问题，从历史的角度进行研究，弄清立法演进的历史脉络，是一个不可忽视的研究思路。

一、我国金钱债权强制执行清偿原则的历史演进

从历史的角度看，我国强制执行的方法也经历了从对人执行到对物质性、从私力救济到公力救济的演进过程。在中国古代社会，奴隶制和封建制下的自然经济盛行，商品经济不发达，反映在法律上就是刑民不分、实体法与程序法不分，没有单独的民事诉讼法，更没有独立的强制执行法。清代以前，对债务人科处刑罚的间接强制执行方法颇为盛行。例如，唐杂律规定："诸负债，违契不偿，一疋以上，违二十日笞二十，二十日加一等，罪止杖六十；三十疋，加二等；百疋，又加三等。各令备偿。"① 对于债权清偿，我国封建法律允许当事人向官府请求强制执行，也允许债权人自行扣押债务人的财产以充债值，但不得超过债权额度，否则也要给予债权人刑罚制裁。"诸负债不告官司，而强牵财物，过本契者，坐赃论。" 议曰："谓公私债负，违契不偿，应牵掣者，皆告官司听断。若不告官司而强牵掣财物，若奴婢、畜产，过本契者，坐赃论。"② 如果债务人财产不足清偿，则允许债权人拘禁债务人及其家属，强迫其以劳务抵债，如唐律规定，"家资尽者，役身折酬，役通取户内男口。"③

清末变法时，修律大臣沈家本等在编订"刑事民事诉讼法"，第三章"民事规则"中对民事执行也有一些规定。光绪三十二年十月又颁布了"高等以下各级审判厅试办章程"，其第 41 条至第 43 条是关于民事判决执行的规定，但因过于简略，且系对人执行，而难以适用。对物执行的广泛运用始于民国成立以后，1920 年颁

---

① 参见《唐律疏议》卷二六，台湾地区中华书局 1983 年版，第 484 页。

② 参见《唐律疏议》卷二六，台湾地区中华书局 1983 年版，第 485 ~ 486 页。

③ 参见戴炎辉：《中国法制史》，台湾地区三民书局 1966 年版，第 45 页。

布了“民事执行规则”，1940 年国民党政府公布实施了“强制执行法”，历经多次修改，至今仍为我国台湾地区沿用。从清末变法到民国时期的强制执行制度，受日本强制执行法的影响最大，日本法上的强制执行平等原则自然被移植到我国，而在我国漫长的封建社会形成“重实体、轻程序”观念又为平等原则提供了适宜的土壤。① 这是因为，坚持平等原则，就意味着承认只有实体法才能创设权利，程序法不能创设强制执行的权利，这与实体法规定的各债权人地位平等的观念是相吻合的。

在中国共产党领导下的各抗日根据地颁布的诉讼法中，对于民事判决的执行也有一些具体规定。一般而言，民事判决由司法机关交由基层人民政府执行，采用对物执行的方法。例如，《陕甘宁边区民事诉讼条例草案》规定，对于判决债务的执行，如要拍卖动产或不动产，由执行机关评定价额，当众拍卖，其卖得价金，除偿还债务外，剩余部分返还债务人；债务人无财产可供执行时，执行机关可发给债权人凭证，载明日后发现债权人有其他财产或经济能力恢复时，再予执行。解放战争时期，各解放区的强制执行制度逐渐得到充实和发展，执行法规体系相对完善，如《哈尔滨民事强制执行规则》对强制执行的根据、执行异议、执行担保、执行措施等均有详细规定。在执行方法上，该规则第 16 条规定：“债务执行，已扣押、拍卖、变卖或折价移交等处分之，但假如被执行人有确切保证者，得酌核不实行扣押。”在扣押时，估计所扣押物品已达到所请求的债权额时，不得再行扣押，拍卖如卖价已达到所请求债权额及执行费用时，即应停止，但不足时得拍卖属于被执行人所有之未扣押品。总之，抗日根据地和解放区的法律都强调对申请执行的个别债权人给予保护，尽管当时的法律未明确规定多个债权人申请执行时先申请者优先受偿，但可推断出当时法律采取的是优

① 参见江伟主编：《中国民事诉讼法专论》，中国政法大学出版社 1998 年版，第 250 页。

先原则。[①]

新中国成立后，中央人民政府废除了国民党时期的“民事诉讼法”和“强制执行法”，同时以新民主主义革命时期强制执行的经验为基础，着手新中国强制执行法制的建设。在1982年《中华人民共和国民事诉讼法（试行）》正式颁行前，我国有关的几部法律文件中都有强制执行方面的规定，并无一例外地沿袭了抗日根据地和解放区的经验，在立法政策上倾向于采用时间优先原则，即先申请者先受益。例如，1956年10月，最高人民法院印发了《关于各级人民法院民事案件审判程序总结》，并通知各级法院遵照办案。该总结是新中国历史上第一个系统规定强制执行制度的法律文件，其要求：债务人确有履行能力有拒不履行义务时，才能对其财产查封、扣押。查封的范围，“原则上不应当超过债务总额过多，同时对债务人和他家属的日常生活必需品和劳动工具，应当予以适当照顾”。查封后即予以拍卖以供债权人受偿，如果不能出卖，则可折价交付债权人。该总结还严厉禁止法院采用羁押债务人的方法来达到强制执行的目的。此外，各地法院还根据当地情况制定了较为详细的执行办法。但出人意料的是，其内容却和国民党政府时期的执行原则有着惊人的相似。例如，1951年《沈阳市人民法院民事强制执行暂行办法》和《乌鲁木齐市人民法院民事案件执行试行办法》均规定：债权人依执行根据申请对金钱债权的强制执行时，法院执行人员应当查封、扣押或拍卖债务人的财产，查封、扣押不应超出债务的数额；债权人有多个时，其他债权人可以在拍卖价金分配以前凭生效判决书申请参与分配。[②] 参与分配为国民党政府时期“强制执行法”所规定，参与分配实行平等原则。上述现象表明，当时全国强制执行的做法并不完全一致。

---

① 参见江伟主编：《中国民事诉讼法专论》，中国政法大学出版社1998年版，第251页。

② 参见《民事诉讼法参考资料》第二辑第二分册，第712~715页。

1982年颁行的《中华人民共和国民事诉讼法（试行）》，对我国强制执行实践中的混乱状况进行了纠正和统一。该法第180条规定，金钱债权的强制执行，采取查封、扣押、冻结、变卖被执行财产的方法。当有多个债权人申请执行而债务人的被执行财产不能满足所有申请人的要求时，“按下列顺序清偿：（一）工资、生活费；（二）国家税收；（三）国家银行和信用合作社贷款；（四）其他债务”。其中，第四项规定的其他债务显然是指普通债权，各普通债权之间显然处于平等清偿的地位，这反映了在商品流转缓慢的传统体制下经济对法的决定作用。[①] 1991年修订民事诉讼法时，对债权平等清偿的精神并没有作出实质性修改。但改革开放以来，随着经济体制改革的深入和商品经济的繁荣发展，强调效率优先的思想在各个领域得到了体现。于是，在强制执行实践中，一些法院由原来对多个债权人实施静态的平等保护，转向了动态的优先保护，实践中的这些做法最终得到了法律的认可。2002年最高人民法院《执行规定》第88条第1款规定：“多份生效法律文书确定金钱给付内容的多个债权人分别对同一被执行人申请执行，各债权人对执行标的物均无担保物权的，按照执行法院采取执行措施的先后顺序受偿”。从而形成了现行法中执行平等原则与优先原则并存的状况。

二、我国解决金钱债权终局执行竞合问题的立法

在多个债权人依据金钱债权终局执行根据同时或先后申请执行的情况下，不可避免地会发生强制执行竞合的问题。对于该问题，我国目前的立法精神是：当债务人的财产能够清偿所有债权时，采取的是优先清偿原则；当不足清偿所有债权时，采取的是参与分配制度，参与分配实行平等清偿原则。下面对相关立法及其存在的问

① 参见江伟主编：《中国民事诉讼法专论》，中国政法大学出版社1998年版，第254页。

题展开具体分析。

（一）平等清偿原则

根据最高人民法院《适用意见》第297条规定：“被执行人为公民或者其他组织，在执行程序开始后，被执行人的其他已经取得执行根据的或者已经起诉的债权人发现被执行人的财产不能清偿所有债权的，可以向人民法院申请参与分配。”《适用意见》第299条还规定：“在有其他已经取得执行根据的债权人申请参与分配的执行中，被执行人的财产参照《民事诉讼法》第二百零四条规定的顺序清偿，不足清偿同一顺序的，按照比例分配”。最高人民法院《执行规定》第94条规定：“参与分配案件中可供执行的财产，在对享有优先权、担保权的债权人依照法律规定的顺序优先受偿后，按照各个案件债权额的比例进行分配。”《执行规定》第96条还规定：“被执行人为企业法人，未经清理或清算而撤销、注销或歇业，其财产不足清偿全部债务的，应当参照本规定第九十条至九十五条的规定，对各债权人的债权按比例清偿。”

这些司法解释的相关规定，确立了我国在处理以同为金钱债权为标的的强制执行竞合中，采取的是平等清偿的原则。

（二）优先清偿原则

最高人民法院《执行规定》中的有关内容与《民事诉讼法》及《适用意见》采取的平等清偿原则有所不同。例如，根据《执行规定》第88条第1款的规定：“多份生效法律文书确定金钱给付内容的多个债权人分别对同一被执行人申请执行，各债权人对执行标的物均无担保物权的，按照执行法院采取执行措施的先后顺序受偿。”此条规定了一个非常重要的内容，即按照采取执行措施的先后顺序受偿的执行原则。

该条规定在内容上有三个问题需要明确：首先，此条规定中所称的执行措施，既包括终局执行的生效法律文书的执行措施，也包括在审理案件中采取的保全措施。因此，诉讼保全中法院采取的扣押财产措施也是由该法院优先执行。其次，这一原则的适用条件是：(1) 有多份生效法律文书确定了多个债权；(2) 各债权的执行内容均是金钱债权；(3) 各债权对执行标的物均没有担保物权等优先权存在；(4) 多个债权人向同一个债务人申请执行。最后，这一规定适用于下列被执行人：(1) 正常经营中有支付能力的企业法人；(2) 无清偿能力，但没有人申请其破产的企业法人；(3) 财产足以清偿全部债务的公民或其他组织。① 按照这一条的规定，先采取执行措施的法院优先执行，后采取执行措施的法院只能在先执行的案件执行后，才能对剩余部分的财产予以执行。这就是说，对处理多个金钱债权人申请执行同一债务人案件的首要原则是按执行顺序受偿，那么，我们由此可以得出这样的结论，即我国在这一方面实行的是优先清偿主义。

由此可见，与《民事诉讼法》及《适用意见》的规定不同的是，最高人民法院在《执行规定》中又确立了我国对于解决金钱债权的强制执行竞合实行优先清偿原则。对此，有学者曾分析到：我国的优先清偿原则是通过立法和司法解释两个步骤才逐渐明确的。首先，《民事诉讼法》和《适用意见》并没有明确提出解决强制执行竞合实行优先清偿原则。尽管《民事诉讼法》第 94 条第 4 款规定，采取保全执行措施后，禁止为保全执行或终局执行而对债务人的同一财产再行查封或冻结；《适用意见》第 282 条规定，采取终局执行措施后，不得再对债务人的同一财产进行保全执行或终局执行。但是，这两条规定都没有明确说明对债务人的财产采取查封或冻结等强制执行措施以后，如果他债权人对同一执行标的提出执行请求，执行机关该如何处理。而从理论上看，其后的处理方法有两种可能：一是将查封标的由查封债权人优先受偿，二是其他债权人可以对该查封标的请求参与分配。所以，从“不得重复查封、冻结”（以下简称禁止重复查封）这一规定出发，并不能得出先行

① 黄金龙著：《〈关于人民法院执行工作若干问题的规定〉实用解析》，中国法制出版社 2000 年 1 月版，第 279 ~ 280 页。

请求执行的债权人具有优先受偿权的结论。禁止重复查封的后果既可以是查封后债权人具有优先权，也可以是查封后债权人没有优先权。其次，《执行规定》明确提出了先行执行优先的原则。所谓先行执行优先，是指债权人按照执行机关采取执行措施的先后顺序受偿，而不是根据实体权利产生或确定的先后顺序受偿。当然，《执行规定》明确提出先行执行优先的原则也是以《民事诉讼法》和《适用意见》中关于禁止重复查封的规定为基础的，而且是对禁止重复查封规定的完善。①

另外，最高人民法院《执行规定》第 89 条规定："被执行人为企业法人，其财产不足清偿全部债务的，可告知当事人依法申请被执行人破产。"《执行规定》第 90 条规定："被执行人为公民或其他组织，其全部或主要财产已被一个人民法院因执行确定金钱给付的生效法律文书而查封、扣押或冻结，无其他财产可供执行或其他财产不足清偿全部债务的，在被执行人的财产被执行完毕前，对该被执行人已经取得金钱债权执行根据的其他债权人可以申请对该被执行人的财产参与分配。"

总的来看，对于以上三条规定的内容，可以简单地概括为两点：第一，被执行人的财产足以清偿全部债务时，采用优先清偿主义（这里的被执行人包括企业法人在内）；第二，被执行人的财产不足以清偿全部债务时，又分为两种情形：

（1）被执行人是企业法人时，其财产如果不足以清偿其全部债务，则以破产程序进行；

（2）被执行人不是企业法人，在其全部或主要财产已被一个法院强制执行时，其他已经取得执行根据的债权人可以申请参与分配，这时，就采用平等主义进行分配。

① 谭秋桂著：《民事执行原理研究》，中国法制出版社 2001 年 10 月版，第 343 页。

(三) 评价

综上所述，我国在解决强制执行竞合问题上既采取了平等清偿原则，又采取了优先清偿原则，但是，平等清偿原则和优先清偿原则又是有条件、有限制的。所以，有观点认为我国在强制执行的清偿顺序上采取的是混合主义,[①] 也有人称之为有限制的优先和有条件的平等。

从立法规定上看，我国的优先清偿原则与德国法上的优先清偿原则是有着重要区别的：我国的优先清偿的效力仅仅及于当事人申请强制执行时扣押的财产，申请人仅可就该财产的处分价款优先受偿，当债务人破产时，该优先权因为破产程序的启动而消灭；而依德国法上的扣押质权制度，债权人因扣押而取得的扣押质权可以在破产程序中享有别除权。因此，我国在此处的优先受偿的权利从本质上说更类似于英美的优先权，而不是德国的优先权。它在执行程序中产生，也因执行程序的中止或终结而中止或终结。

从理论上说，我国现行法律和司法解释为解决强制执行竞合而规定的优先清偿原则和平等清偿原则是互相矛盾的。因为，从世界范围看，解决强制执行竞合的具体方法，大陆法系的德国、英美法系的英国和美国采取的是优先清偿原则，而大陆法系的法国、日本采取的则是平等清偿原则。如前所述，这两项原则在立法依据、强制执行的效率、是否有利于债权人平等以及与破产制度的分化、配合等方面都有着截然不同的内容。所以，从立法上说，要么实行优先清偿原则，要么实行平等清偿原则，如果将两者放在一个法律中规定，则会造成矛盾和冲突。实际上，世界上几乎没有一个国家的强制执行法是既实行优先清偿原则，又实行平等清偿原则的。

---

① 葛行军、刘文涛：《关于执行财产分配的立法思考》，载《法学研究》2001 年第 2 期，第 111 页。

第二节　我国解决强制执行与民法优先受偿权冲突的规定及评价

如前所述，按照应实现的债权的具体种类不同，终局执行又可分为金钱债权的终局执行与非金钱债权的终局执行。因而，终局执行之间的竞合又可分为三种形态，即金钱债权终局执行之间的竞合、金钱债权与非金钱债权终局执行之间的竞合、非金钱债权终局执行之间的竞合。金钱债权终局执行之间的竞合问题，已在前述第一节中作了探讨，本节着重探讨金钱债权与非金钱债权终局执行之间以及非金钱债权终局执行之间（以下简称其他债权之间）的竞合问题，当然，其中主要是强制执行与基于物权而享有的优先受偿权之间的冲突问题。

一、我国解决其他债权之间强制执行竞合问题的原则

（一）物权优先原则

我国对于金钱债权与非金钱债权终局执行之间以及非金钱债权终局执行之间的竞合问题，在民事诉讼法上并没有作出非常明确、系统的规定。但根据民法学原理，一般奉行的是物权优先的原则。

物权，是指由法律所确认的主体对财产依法享有的支配权利。根据民法学原理，物权具有债权所不具有的追及效力和优先效力。物权的追及效力，是指物权的标的物不管辗转流入到什么人的手中，物权人都可以依法向物的不法占有人索取，请求返还原物。依此，在民事强制执行竞合发生时，应当按照物权优先于债权的原则处理。例如，在终局执行竞合时，一个生效的裁决内容是给付一定数额的金钱，另一个生效裁决的内容是返还汽车，尽管在前一个债务案件执行时，法院已经扣押了执行债务人的汽车，但此时法院不能变卖该汽车来清偿前一个执行权利人的债权，而应当将汽车返还后一个执行权利人。

根据我国有关法律规定，物权的优先效力包括以下两个方面：

其一，当物权与债权并存时，物权优先于债权，如享有抵押物权人较之普通债权人具有优先受偿的权利。对物权的优先性，我国民法、民事诉讼法和相关的司法解释都作了规定，如《民法通则》第 89 条第 3、4 款规定：“当事人一方在法律规定的范围内可以向对方给付定金。债务人履行债务后，定金应当抵作价款或者收回。给付定金的一方不履行债务的，无权要求返还定金；接受定金的一方不履行债务的，应当双倍返还定金。”“按照合同约定一方占有对方的财产，对方不按照合同给付应付款项超过约定期限的，占有人有权留置该财产，依照法律的规定以留置财产折价或者以变卖该财产的价款优先得到偿还。”《民事诉讼法》第 203 条规定：“已作为银行贷款等债权的抵押物或者其他担保物的财产，银行和其他债权人享有就该抵押物或者其他担保物优先受偿的权利。抵押物或者其他担保物的价款超过其所担保的债务数额的，超过部分属于破产还债的财产。”最高人民法院《关于贯彻执行〈中华人民共和国民法通则〉若干问题的意见》第 127 条规定：“借用人因管理、使用不善造成借用物毁损的，借用人应当负赔偿责任；借用物自身有缺陷的，可以减轻借用人的赔偿责任。”最高人民法院《适用意见》第 102 条规定：“人民法院对抵押物、留置物可以采取财产保全措施，但抵押权人、留置权人有优先受偿权。”最高人民法院《执行规定》第 40 条规定：“人民法院对被执行人所有的其他人享有抵押权、质押权或留置权的财产，可以采取查封、扣押措施。财产拍卖、变卖后所得价款，应当在抵押权人、质押权人或留置权人优先受偿后，其余额部分用于清偿申请执行人的债权。”根据以上规定，当发生民事强制执行竞合情形时，应当按照物权优先于债权的原则，保障担保物权人的优先受偿权。

其二，同一物上有数个物权并存时，先设立的物权优先于后设立的物权，如在同一债权上设立两个或两个以上的担保物权的，先设立的担保物权优先于后设立的担保物权。这是物权相互间的优先效力。我国实体法对此也作出了有关规定，如最高人民法院《适用意见》第 126 条、《担保法》第 54 条等。最高人民法院《执行规定》第 88 条第 2 款规定："多个债权人的债权种类不同的，基于所有权和担保物权而享有的债权，优先于金钱债权受偿。有多个担保物权的，按照各担保物权成立的先后顺序清偿。"可见，当数个终局执行根据中存在多个担保物权时，应当遵循先成立的担保物权优先于后成立的担保物权清偿的原则，而不能按照采取执行措施的先后顺序受偿。这一点也是我国规定的物权优先于债权原则与优先清偿原则的不同之处。前者是依据民事实体法对民事权利性质的规定而对强制执行优先权进行排序；后者则是按照民事程序法对民事权利的创设功能，依时间先后对强制执行优先权进行调整。

（二）对物权优先原则的评价

物权优先原则的依据是《执行规定》第 88 条第 2 款，该款适用的前提是多个债权的种类不同，而不论是一份还是多份法律文书确定的。在此前提下，本款规定有两个目的：（1）明确债权种类不同的情况下，各债权之间清偿的先后顺序；（2）明确存在多个担保物权情况下实行的顺序。可见，该款试图通过这两个方面的规定来解决不同种类债权之间的竞合。

但是，我国法律规定的物权优先原则在内容上不够明确。具体来说存在以下问题：

1. 在表述上不够准确

首先，《执行规定》第 88 条第 2 款中的"基于所有权和担保物权而享有的债权"，其意思比较令人费解。因为，按照有关解释："基于所有权享有的债权就是指债权人基于对强制执行标的物拥有所有权，而经法院判决被执行人应当将该标的物返还给他，他就拥有了请求被执行人将该标的物返还的权利。""基于担保物权而享有的债权，实际上要表达的意思是，债权本身有担保，而其担保物就是现在执行的标的物，那么该债权人当然应当享有从该标的物优先受偿的权利”。[①] 这一返还请求权在该款中被称为债权请求权，但实际上此种权利应称为物权请求权。而且，该款的表述还不够全面，表现在：

其一，该款中的“优先于金钱债权”的规定，将优先权限定于对金钱债权。但是，债权中除了金钱债权之外，还有非金钱债权，如果是在基于所有权产生的债权与非金钱债权之间发生强制执行竞合，或者有担保物权的债权与非金钱债权之间发生强制执行竞合，所有权和担保物权的执行是否还可以优先于其他债权？对这一问题应当如何解决，该款没有予以明确说明。例如，债权人甲以自己对执行标的物享有担保物权为依据，要求债务人乙交付执行标的物，债权人丙则以履行合同为由，请求乙支付该执行标的物，此时，甲是否对该标的物有优先于丙进行受偿的权利？对这一问题，尽管答案是肯定的，但并不是从该款规定而得出的结论。所以，笔者认为，该款应当补充：有担保物权的债权，优先于其他债权。

其二，该款只规定，基于所有权请求交付标的物的强制执行优先于金钱债权的执行，但是，没有规定如果不是基于所有权，而是基于请求转移，或交付标的物的债权，此时，该债权是否也优先于金钱债权？例如，债权人甲以追偿欠款为由，请求拍卖债务人乙的货物，债权人丙以履行合同为由，请求乙交付该货物，此时，债权人丙的债权能否优先于债权人甲的债权受偿？对这个问题，该款也没有明确规定。

2. 对债权的分类缺乏统一的标准

债权的分类有多种方法，以给付的内容是否是金钱为标志，可以将债权分为金钱债权与非金钱债权。但是，从该款来看，其分类比较混乱，如有基于所有权而享有的债权、基于担保物权而享有的债权和请求支付金钱的债权。同时，该款又将前两者与金钱债权相

① 黄金龙著：《〈关于人民法院执行工作若干问题的规定〉（试行）实用解析》，中国法制出版社2000年1月版，第283页。

比较，从而导致逻辑上的不严密和内容上的遗漏。

二、我国解决强制执行与担保物权效力冲突问题的规定

担保物权，是指在借贷、买卖等民事活动中，债务人或者第三人将自己所有的财产作为履行债务的担保，债务人未履行债务时，债权人依照法律规定的程序就该财产优先受偿的权利。根据我国物权法的规定，担保物权主要包括抵押权、质权和留置权。

（一）我国民法及最高人民法院《适用意见》的有关规定

在强制执行程序中，遇有执行标的物上存在担保物权时，担保物权人有优先受偿的权利，这在一般情况下没有争议。但问题是，如果担保物权所担保的债权未届清偿期，该如何处理？例如，依《民法通则》第 89 条第 2 项的规定，抵押权人只有在债务人不履行到期债务时，才能依法行使抵押权，实现优先受偿的权利。但是，如果抵押合同所担保的债权尚未到期，这时预先设定的抵押权对其他终局执行是否具有排斥效力，或者说，对未到期的抵押合同所担保之债的抵押物，法院能否根据其他生效裁决予以强制执行？

在我国现行的民事法律和司法解释中，对这一问题没有作出明确的规定。最高人民法院《适用意见》第 102 条的规定是："人民法院对抵押物、留置物可以采取财产保全措施，但抵押权人、留置权人有优先受偿权"，对此条规定的涵义，在我国的司法实践中多理解为凡是已经抵押的财产，在强制执行中就不能查封、扣押，更不能拍卖、变卖，否则就侵害了担保权人的权利。① 有关司法文件还明确提到了这一点，如最高人民法院于 1989 年印发的《全国沿海地区涉外、涉港澳经济审判工作座谈会纪要》中，在关于诉讼保全的适用范围问题上要求"被申请人财物已为第三人设置抵押权的，不得就抵押物价值已设置抵押部分实行诉讼保全"。

---

① 黄金龙著：《〈关于人民法院执行工作若干问题的规定〉实用解析》，中国法制出版社 2002 年 1 月版，第 108 页。

尽管最高人民法院《适用意见》第 102 条规定并没有明确其所指的抵押物是否为抵押合同所担保之债到期的抵押物，但有学者认为，把这一规定中“抵押权人、留置权人有优先受偿权”的表述同《民法通则》第 89 条第 2 项的规定结合起来加以分析，只能得出如下结论，即该规定的抵押物是指到期的被担保之债的抵押物。因为，抵押权人优先受偿的权利只能在债务人到期不履行债务时才能行使，被担保之债尚未到期也就无从谈起优先受偿的权利。若该规定所指的抵押物是未到期的被担保之债的抵押物，则与《民法通则》第 89 条第 2 项的规定相矛盾，在理论上也不能自圆其说。[①] 这一观点，笔者不能苟同，理由有三：

其一，《民法通则》第 89 条和最高人民法院《适用意见》第 102 条的规定在内涵上是完全不同的，两者没有必然的联系，而且前者也不是制定后者的立法依据。从内容上看，前者所规范的是一般情况下抵押权的行使，而后者所规范的则是特殊情况下，即强制执行程序中抵押权和强制执行的效力冲突，所以，如果一定要找出它们的联系的话，那么，两者应为原则和例外的关系。因此，笔者认为，如果将最高人民法院《适用意见》中规定的抵押权理解为包括未到期的抵押权，并不会与民法通则的规定相矛盾。

其二，从理论上说，抵押权是担保物权的一种，其作用是为了担保债务的履行。抵押权的特征是：在债权已届清偿期而未受清偿时，可以向法院申请拍卖抵押物，就其卖得价金优先受偿。所以，权利的行使应当以其债权已届清偿期而未受清偿为前提条件，也就是说，原则上只有债权已经到期的抵押权人才可以行使其抵押权；而债权未到期的抵押权人，在法律上还不能行使其权利，他人也不能强迫其行使权利或不经其同意而径行涂销其抵押权。但是，在强制执行程序中，规定对未到期的抵押权优先受偿，并非是赋予该抵押权人申请拍卖抵押物的自由，而是从提高执行效率出发，通过使

① 许维中：《强制执行竞合问题研究》，载《法制与社会发展》1999 年第 1 期。

未到期的抵押权因受清偿而消灭，从而使法律关系趋于单纯，无论是对债务人、申请执行人还是抵押权人都是有利无害的。

其三，根据《担保法》第 49 条的规定，抵押物在抵押期间，抵押人可以转让，而人民法院在强制执行中对债务人可以转让的财产都可以强制转让。当然，如果债务人转让财产受到一定的限制，执行中也应当遵守这些限制（如应当保护抵押权人的优先受偿权）。

基于以上理由，笔者认为，我国最高人民法院《适用意见》第 102 条的规定并不排除抵押权未届清偿期的情况，即使抵押权未届清偿期，仍可以对抵押权人提前清偿。

（二）最高人民法院《执行规定》确立的原则——涂销主义

相比最高人民法院《适用意见》的规定来看，最高人民法院在《执行规定》中则对这一问题规定得较为详细一些。例如，第 40 条规定："人民法院对被执行人所有的其他人享有抵押权、质押权或留置权的财产，可以采取查封、扣押措施。财产拍卖、变卖后所得价款，应当在抵押权人、质押权人或留置权人优先受偿后，其余额部分用于清偿申请执行人的债权。"该条是直接依据最高人民法院《适用意见》第 102 条制定的。从内容上说，该条规定可分为两层涵义：其一，是对其他人享有担保物权的被执行人的财产，人民法院在执行中可以查封、扣押，也可以采取拍卖、变卖措施；其二，是拍卖、变卖所得价款，必须首先清偿担保物权人的债权。这项规定实际上明确了我国在处理终局执行（保全执行）与抵押权效力冲突问题上所采取的原则——涂销主义。

尽管《执行规定》第 40 条的内容相对来说较为完整和详细，但仍有其不足之处：其一，仍然没有明确规定未届清偿期的抵押权能否优先受偿的问题。因为，尽管从强制执行理论上说未届清偿期的抵押权可以优先受偿，但笔者认为如果能从法律上予以明确会避免产生误解。其二，为了保护担保物权人和受让人的利益，应当规定，人民法院在拍卖、变卖债务人的担保物时，应通知担保权人，并告知受让人转让物已经有担保的情况。其三，涂销主义的最大缺点是：在执行标的物卖得价金虽不足清偿优先债权时，仍应进行拍卖，这样，不但使顺位在先的优先权消灭，而且申请执行的债权人也得不到实际利益，对优先权人和普通债权人都不利。所以，该条应当规定在法院强制执行时，首先要衡量担保物的价值在拍卖、变卖并清偿担保权人的债权之后，是否还有剩余价款可以用以向执行债权人清偿。如果没有剩余，则没有必要进行查封、扣押及拍卖、变卖，因为此种情况下，只是实现了担保权人的债权，对强制执行案件并无益处。

（三）强制执行与担保物权冲突的实证考察之一：担保物权的效力问题

我国学者通常认为，物权具有排他效力、物权请求权效力、优先效力和追及效力四个方面的效力。在强制执行程序中，担保物权具有优先受偿的效力自不待言，但如果牵涉到抵押物分割或者出让的问题时，担保物权是否有追及力？如果有，在应该如何处理与他案强制执行竞合的问题？这在实务中仍是一个有争议的问题，以下所举“离婚判决所确定的财产交付请求权与另案抵押权强制执行中的冲突案”即是一例。①

离婚判决所确定的财产交付请求权与另案抵押权强制执行中的冲突案

【案情介绍】

1. 中国农业银行宁波某支行与宁波某实业公司借款纠纷案

1996年10月10日，中国农业银行宁波某支行（以下简称农行）与宁波某实业公司（以下简称实业公司）签订一份借款合同，约定自1996年10月10日起至1999年12月31日止，农行在60万

① 参见《强制执行指导与参考》2005年第4辑，人民法院出版社2005年版，第67～68页。

元额度内向实业公司提供贷款。同年 11 月 11 日，农行与顾某、李某签订抵押合同，约定顾某、李某将其坐落于宁波市××路××号5 幢 501 室、220 室的房屋各折价 10 万元为上述借款抵押，并在宁波市房地产管理局办理了抵押登记。

1997 年 12 月 19 日，农行向实业公司提供 35 万元人民币的贷款，借款期限自 1997 年 12 月 19 日起至 1998 年 6 月 19 日止。借款到期后，实业公司无力偿还。截至 1999 年 3 月 20 日，实业公司仅支付了 1998 年 12 月 30 日以前的利息，尚欠农行借款本金 35 万元、利息 9450 元。同时，1998 年 6 月 17 日，宁波市某农业局（以下简称农业局）作为实业公司的开办单位，要求注销实业公司，并承诺实业公司的债权债务由其负责协调解决。随后，宁波市工商局江东分局注销了实业公司的登记。

农行因上述借款纠纷，起诉农业局、顾某、李某，宁波市江东区人民法院审理后于 1999 年 9 月 1 日作出（1999）甬法经初字第270 号民事判决。判决内容为："一、被告农业局清理实业公司的财产，偿还原告农行借款 35 万元，利息 9450 元（计算至 1999 年3 月 20 日），合计 359450 元。二、若实业公司的遗留财产不足清偿上述债务，原告农行以被告顾某、李某抵押的坐落于宁波市××路××号 5 幢 501 室、220 室的房屋折价或拍卖、变卖价款优先受偿。"

2. 前案抵押人顾某与李某离婚纠纷案

顾某与李某离婚纠纷一案，宁波市中级人民法院（以下简称宁波市中院）一审判决后，双方均不服，上诉至浙江省高级人民法院（以下简称浙江省高院）。浙江省高院于 2000 年 8 月 31 日作出（1999）浙法民终字第 118 号民事判决。该判决第 4 项、第 5 项确定："坐落于宁波市××路××号 5 幢 501 室、220 室、××路181 号某国际商厦三楼营业用房、××牌轿车一辆、顾某在某信托公司存款 1537.26 元、吴某处的 8000 元债权归顾某所有……实业公司至 1998 年 6 月累计利润 370996.75 元归李某所有。欠农业银行债务50万元，其中以宁波市××路××号5幢220室抵押的10万元，由顾某负责偿还；其余40万元，欠农业局50万元及欠江苏某面粉厂15万元及利息，由李某负责偿还。”

【两案执行中的问题】

1. 农行与实业公司借款纠纷案判决生效后，农行向宁波市江东区人民法院申请执行“宁波市江东区人民法院（1999）甬法经初字第270号民事判决”。当时，由于被执行人顾某、李某之间离婚诉讼尚在审理，申请人农行表示可以延期执行。宁波市江东区人民法院于2000年2月1日裁定“宁波市江东区人民法院（1999）甬法经初字第270号民事判决”中止执行。

2. 顾某与李某离婚纠纷案二审判决生效后，当事人向宁波市中院申请执行浙江省高院“（1999）浙法民终字第118号民事判决”。宁波市中院在执行过程中，责令腾退由李某居住的宁波市××路××号5幢501室房屋，农行以“宁波市江东区法院（1999）甬法经初字第270号民事判决”为依据提出异议，认为该房屋已经于1996年11月11日向其设定了抵押，并办理了抵押登记，且第270号民事判决业已确定了其对该房屋享有优先受偿权。

宁波市中院认为：如果按照“宁波市江东区法院（1999）甬法经初字第270号民事判决”将宁波市××路××号5幢501室房屋作为抵押物予以执行，则“浙江省高院（1999）浙法民终字第118号民事判决”所确定的顾某获得该房屋的权利就无法实现，且与后一判决确定的债务分担内容不符。如果按照后一判决执行，则农行的抵押权就得不到保障。因此，两份判决存在冲突，在执行中存在竞合的问题。

【案件评析】

本案的焦点是：夫妻共有财产分割是否影响共有财产上抵押权的实现，上述两案判决的执行是否存在竞合和冲突？

首先，关于夫妻共有财产分割是否影响共有财产上抵押权实现的问题。我国《房地产管理法》第61条规定：“房地产抵押合同自抵押登记之日起生效。”房地产抵押权的登记具有公示、公信的效力，本案中宁波农行与顾某、李某就争议财产签订抵押合同并办理了抵押登记手续，农行基于抵押权享有的优先受偿权应受法律保护。执行中争议的财产系抵押人顾某、李某的夫妻共有财产，夫妻对共有财产不仅共同享有权利而且共同承担义务。最高人民法院《关于适用〈中华人民共和国婚姻法〉若干问题的解释（二）》第25条规定：“当事人的离婚协议或者人民法院的离婚判决书、裁定书、调解书已经对夫妻财产分割问题作出处理的，债权人仍然有权就夫妻共同债务向男女双方主张权利。一方就共同债务承担连带清偿责任后，基于离婚协议或者人民法院的法律文书向另一方追偿的，人民法院应予支持。”这说明，夫妻共有财产分割只具有对内效力，不具有对外的对抗效力。最高人民法院《关于适用〈中华人民共和国担保法〉若干问题的解释》第71条第2款规定：“抵押物分割或者部分转让的，抵押权人可以就分割或者转让后的抵押物行使抵押权。”这表明，抵押权对抵押物具有追及效力。因此，本案中夫妻共有财产分割不影响共有财产上抵押权的实现。

其次，关于两法院的判决是否冲突。从时间上看，宁波市江东区人民法院关于借款合同纠纷案的判决时间（1999年9月1日）早于浙江省高院关于离婚判决的时间（2000年8月31日）。可以认为，浙江省高院在后的判决已经考虑到了抵押权实现的问题，即因农行对“宁波市××路××号5幢501室房屋”行使抵押权而使顾某根据浙江省高院的离婚判决获得房产的权利无法最终实现。但是，这并未违反夫妻共有财产分割不得对抗享有抵押权的债权人的原则。因此，从表面上看，本案似乎存在执行竞合问题；但实际上，基于担保物权的追及力和优先受偿的效力，债权人的抵押权应当受到保障。

（四）强制执行与担保物权冲突的实证考察之二：担保物权的实现问题

关于强制执行程序中担保物权的实现，我国有关法律的规定并不十分明晰。我国《物权法》第195条规定："债务人不履行到期债务或者发生当事人约定的实现抵押权的情形，抵押权人可以与抵押人协议以抵押财产折价或者以拍卖、变卖该抵押财产所得的价款优先受偿。"最高人民法院《执行规定》第40条规定："人民法院对被执行人所有的其他人享有抵押权、质押权或留置权的财产，可以采取查封、扣押措施。财产拍卖、变卖后所得价款，应当在抵押权人、质押权人或留置权人优先受偿后，其余额部分用于清偿申请执行人的债权。"

上述规定在强制执行实务操作中，可能存在以下三个方面的问题：

1. 在执行程序中，抵押权在抵押物被其他法院查封时的实现问题

当抵押权人基于抵押合同获得法院胜诉判决后，在申请强制执行时发现抵押物已被其他法院查封。根据不得重复查封的规定，抵押权的实现就会遇到障碍。那么，如何及时实现抵押权呢？我们结合以下案例进行分析。

【案情简介】

某公司以房产作为抵押，向某银行贷款800万元。然而贷款到期后，该公司未能清偿贷款。银行诉至某法院（下称甲法院），甲法院判决该公司偿还所欠贷款及利息。判决生效后，该公司未能履行还款义务，银行遂向甲法院申请强制执行，要求拍卖该抵押房产以实现债权。执行人员据此拟对该抵押房产进行拍卖。在调查过程中发现，该房产已被另一家法院（下称乙法院）在另案诉讼中查封。因此，甲法院的执行人员在这种情况下无法对该房产进行拍卖，必须等待乙法院诉讼终结并进入执行程序，由乙法院主持拍卖

后，方能以所得价款优先偿还该银行。[①]

【执行中的问题】

在上述案例的情况下，就可能存在以下几个现实问题：

(1) 若该房产的预计拍卖价值高于或等于两家法院的合计执行标的，那么一般情况下两家法院的债权均能得以实现。但存在的问题是：对于甲法院执行案件的抵押权人来说，因被执行人在乙法院的所涉案件还处于审理阶段，要等待审理结束，再等待进入执行程序，由乙法院主持拍卖后，方能优先受偿。由于房产是由乙法院首先查封的，因此虽然抵押权人对于该项房产享有优先受偿权，却依然要受缚于谁先查封，谁主持拍卖的规定，故只能无条件等下去，无法及时实现合法权益，还很可能因为时间的拖延让债务人承担本该避免的过多的滞纳金。

(2) 若该房产的预计拍卖价值低于两家法院的合计执行标的甚至略高于甲法院的执行标的，那么问题就更加复杂。依据抵押权优先受偿的规定，乙法院在拍卖被执行人的房产后，价款必须优先给付甲法院执行案件的抵押权人。然而因为剩余价款不足以清偿乙法院的执行标的，那么该项拍卖对于乙法院来说，便属于无益拍卖。此种情况下，乙法院拖延拍卖，怠于执行的情形就很可能出现。这对于抵押权人来说，显然是不公平的。

【案件评析】

笔者认为，针对以上所述问题，在与谁先查封谁主持拍卖的程序性规定发生冲突时，应当优先考虑保护抵押权人的实体权利，同时也不破坏在普通情形下谁先查封谁主持拍卖的便捷性原则。因此，我国是否可以在今后的司法解释或相关补充规定中，增设新的补充规定：后查封但存在法定优先权、设定抵押权的法院，在拍卖权上应当优先于先查封但没有法定优先权，也未设定抵押权的法院。由后查封的法院主持拍卖，并由抵押权人优先受偿，剩余拍卖

① 参见《江苏法制报》2006年8月15日第7版。

款再转交先查封的法院，即主持拍卖的顺序是法定优先权、抵押权、查封。

2. 在执行程序中，主债务未届履行期的情况下担保物权的实现问题

根据前述《物权法》第 195 条、最高人民法院《执行规定》第 40 条的规定，在担保物权所担保的主债务到期的情况下，担保权人的优先受偿权的实现不成问题，但是，在主债务没有到清偿期的情况下，债权人就无法就担保合同提起诉讼并获得执行根据。那么，如何保障强制执行程序中债权人的优先受偿权呢？对于担保物权，债权人能否不经诉讼程序而直接申请法院强制执行？

上述问题曾经困扰过司法实践，理论界也有争论，2000 年 12 月最高人民法院《关于适用〈中华人民共和国担保法〉若干问题的解释》第 130 条似乎否定了这种可能。该条规定，在主合同纠纷案件中，对担保合同未经审判，人民法院不应依据对主合同当事人所作出的判决或裁定，直接执行担保人的财产。依该条的精神，主合同与担保合同系两个不同的合同纠纷，是具有不同诉讼标的的两个诉，二者泾渭分明，不能相互替代。按此，债权人要申请执行担保人的财产，必须先就担保合同提起诉讼，并取得对担保人的胜诉判决，以此为根据申请强制执行。应当说，最高人民法院的上述解释，注重当事人基本的诉讼程序保障，将主合同与担保合同纠纷视为两个不同的合同之诉，这一思路值得称道。但问题在于，上述做法若扩大到担保物权，则只有在当事人双方对担保合同发生争议时才有提起诉讼的必要，这样做是否合理。

强制执行法是实现民法上请求的环节，当事人的执行请求权构成了强制执行制度的轴心。执行请求权通常可还原为实体法上的债权请求权，但物上请求权、知识产权上的请求权等的实现，也适用关于债的履行或给付的规定，也需要强制执行。抵押、质押、留置等担保物权的实现同样存在强制执行问题。执行根据依执行请求权

而定，执行请求权包含多个层次，执行根据自然也应当具有层次性。我国现行法将强制执行请求权仅限于几种法定执行根据，尤其是限于债权请求权，排除了当事人物上请求权的申请执行权，以及当事人请求对担保物权强制执行的权利，因而导致执行根据残缺不全，极大地限制了执行请求权的行使，削弱了对民事实体权的保护力度。

据此，有学者提出应将民事执行根据分为以下三个层次的思路，颇为值得提倡：

（1）纯粹的债权请求权。纯粹的债权请求权欲获得实现，原则上必须经诉讼程序，取得法院的胜诉判决，方可据以执行。至于诉讼程序的繁简、普通程序抑或特殊程序（如督促程序），则视债权请求权的具体情况而定。

（2）对物权的债权保护而生的请求权。若属债权请求权，则按照上述第一种方式实现，若属于物上请求权，如所有物返还请求权，应区别于债权上的交付物品请求权，二者具有质的不同，在实现时应使前者优于后者。

如果某种民事请求权极为真确、特定、具体、稳定，且构成某个社会常见的、连续的、公认的交易生活方式，那么立法上可以考虑使该民事请求权不经过复杂的诉讼程序，而是像意大利、秘鲁等国家那样允许直接交给执行机构付诸实施。例如，票据、其他信用债券、诉讼外和解文书等债权文书，可以在一定条件下直接进入执行程序。

（3）担保物权。应允许不经诉讼程序，而直接申请执行，债权人得提交申请执行的根据。对抵押和某些权利质押而言，因须以登记为其公示方法（《担保法》第41条、第78条、第79条），若权利人能够以确定判决或公证文书释明担保权存在时，依强制执行程序申请执行自无疑义。若权利人以抵押或权利质押登记簿释明担保权存在而申请执行时，执行机构能否开始执行呢？笔者认为，抵押或权利质押登记簿的誊本不属于民事诉讼法规定的执行根据，担保法中本来也没有为它设定程序上的特殊效力，但是，由于这些文书能在一定的限度内证明实体权利的存在，同时在文书成立过程中多少保障了债务人参与的机会，所以，权利人可就此向法院申请执行。当然，为保护债务人的利益，应允许债务人根据实体上的事由提出执行异议之诉，如为确认抵押权或权利质押不存在而提起确认之诉。

对动产质押和其他权利质押而言，因以交付为其公示方法（《担保法》第63条、第64条、第76条），留置则以占有留置物为公示方法（《担保法》第82条），故债权人不必再申请查封或扣押，只要债权人能够释明系基于担保物权而占有担保物的，法院即应依申请发出拍卖或变卖的命令。①

3. 在执行程序中，质押权未经登记时质权人是否享有优先受偿权的问题

质押权又称质权，按出质物不同分为动产质权和权利质权。动产质权，是指为担保债务的履行，债务人或者第三人将其动产出质给债权人占有的，债务人不履行到期债务或者发生当事人约定的实现质权的情形，债权人有权就该动产优先受偿。权利质权，是指为担保债务的履行，债务人或者第三人以其汇票、支票、本票、债券、存款单、仓单、提单，可以转让的基金份额、股权，可以转让的注册商标专用权、专利权、著作权等知识产权中的财产权，应收账款，以及法律、行政法规规定可以出质的其他财产权利出质，债务人不履行到期债务或者发生当事人约定的实现质权的情形，债权人有权就该权利优先受偿。

根据物权法公示、公信的原则，质权的设立一般需要交付动产或办理权利登记手续。根据《中华人民共和国担保法》第64条、《中华人民共和国物权法》第212条的规定，动产质权自出质人交

① 参见肖建国：《论担保物权的强制执行》，载《人民法院报》2001年6月12日。

付质押财产时设立生效。权利质权的设立一般需要办理登记手续，如根据《中华人民共和国担保法》第77条、《中华人民共和国物权法》第226条的规定，以基金份额、证券登记结算机构登记的股权出质的，质权自证券登记结算机构办理出质登记时设立；以其他股权出质的，质权自工商行政管理部门办理出质登记时设立。如果质权不履行特定的手续，在执行程序中就不能产生对抗第三人的效力，换言之，其优先受偿权就无法保障。

即使如此，实践中还会存在一些疑难问题值得探讨，如涉外质权在执行程序中的实现问题，下述“（香港）越信隆财务有限公司执行异议案”就是一例。①

（香港）越信隆财务有限公司执行异议案

【案情简介】

1. 香港千帆投资有限公司与（香港）越信隆财务有限公司“浮动抵押”纠纷案

1995年7月13日，香港千帆投资有限公司（以下简称香港千帆公司）与（香港）越信隆财务有限公司（以下简称越信隆公司）在香港签订一份《抵押契约》。该契约确认：香港千帆公司自1993年2月至今拖欠越信隆公司贷款本金美元390万元、港币3.1亿。同时约定，香港千帆公司愿意以下列财产作为债务担保：越信隆公司作为第一固定抵押权人对所有属于香港千帆公司的账册债务、应收款、债券或其他方式得到的财产，即所有香港千帆公司享有的抵押权、受偿权、受保证权和其他担保权利、知识产权等权利，享有第一抵押权；让与越信隆公司所有香港千帆公司在合资公司拥有的权利；越信隆公司作为第一浮动抵押权人对香港千帆公司拥有的财产、房产、权利（不论地点、性质）享有第一浮动抵押权。任何

① 参见《强制执行指导与参考》2004年第1辑，人民法院出版社2004年版，第74~78页。

时候，越信隆公司若要求偿还担保债务，可指定一人或多人作为全部或部分抵押物的接管人，接管人应为香港千帆公司的代理人，其行为后果由香港千帆公司承担。本契约应适用香港法，并根据香港法解释等。同年 7 月 21 日，《抵押契约》在香港千帆公司登记注册部办理了抵押注册登记。

2000 年 11 月 6 日，因香港千帆公司不能归还借款，越信隆公司委派香港安永会计师事务所的会计师卓思高、廖耀强接管香港千帆公司。廖耀强随即代表香港千帆公司，就其在南京千帆房地产开发有限公司［系香港千帆公司与南京玄武区城镇建设综合开发公司（以下简称玄武开发公司）合资成立的中外合资经营企业，以下简称南京千帆公司］持有的 65% 股权，与玄武开发公司共同协商处理。2002 年 1 月 26 日，南京千帆公司董事会作出同意香港千帆公司将其持有的 65% 的股权转让给江苏德基房地产发展有限公司（以下简称江苏德基公司）的决议。同日，香港千帆公司、玄武开发公司、江苏德基公司、江苏德盛贸易有限公司（以下简称江苏德盛公司）四方签订了一份《股权转让协议》。该协议约定：香港千帆公司将其持有的南京千帆公司的 65% 股权转让给江苏德基公司，转让价扣除负债实际支付款为 1923. 38，198 万元人民币；玄武开发公司将其持有的其余 35% 股权转让给江苏德盛公司；协议签订后 3 日内，江苏德基公司给付香港千帆公司定金人民币 300 万元，香港千帆公司和玄武开发公司应在收到定金 5 日内提交董事会决定，并将股权变更报告报送审批机关批准；股权变更并领取新的营业执照后 3 日内，江苏德基公司支付香港千帆公司转让费 1500 万元，剩余 123. 38，198 万元尾款在领取新营业执照之日起 3 个月内结清等。协议签订后，江苏德基公司如约给付香港千帆公司定金人民币 300 万元。

2. 广东国际关系调研室与香港千帆投资有限公司借款合同纠纷案

广东国际关系调研室（以下简称广调室）与香港千帆公司自

1995 年 5 月 2 日起至 2000 年间发生了多次借款合同关系，因香港千帆公司到期未还款，广调室根据双方达成的仲裁协议，于 2000 年 11 月 20 日向中国国际经济贸易仲裁委员会深圳分会（以下简称深圳仲裁委）提出仲裁申请。2000 年 12 月 14 日，南京市中级人民法院（以下简称南京中院）根据广调室提出的财产保全申请，作出（2000）宁诉保字第 17 号民事裁定书，冻结了香港千帆公司在南京千帆公司持有的股份及红利。

2001 年 11 月 21 日，深圳仲裁委作出裁决：香港千帆公司应向广调室支付人民币本金 955 万元、港币 1023 万元及利息。裁决生效后，广调室于 2001 年 12 月 25 日向南京中院申请执行。

【执行中的问题】

在广调室申请执行后，因涉案股权被南京中院保全冻结，2002 年 2 月 25 日，股权受让方江苏德基公司与香港千帆公司的债权人广调室签订了一份协议，约定：1. 广调室同意江苏德基公司从南京千帆公司受让股权。2. 江苏德基公司承诺：本协议签署当日，将股权转让款人民币 1700 万元打入江苏德基公司在中国光大银行太平南路支行的账户，该款入账后由南京中院在 1700 万元范围内依法查封。3. 广调室承诺：在本协议第 2 条所定事项完成当日，向南京中院申请解封股权，以便江苏德基公司办理股权过户手续。4. 江苏德基公司承诺：在股权办理工商登记变更至其名下后，本协议第 2 条所属被查封款项 1700 万元由南京中院直接划给广调室，江苏德基公司放弃对该款项的一切权利。同日，广调室以其与南京千帆公司股权受让人江苏德基公司签订了协议书为由，向南京中院申请解除对南京千帆公司股权的冻结措施。南京中院向南京市对外贸易合作局发出南京千帆公司股权解除冻结令，同时作出冻结江苏德基公司购买南京千帆公司 65% 股权的转让款 1700 万元的裁定，并于 2 月 26 日在银行办理了冻结手续。2 月 28 日，南京市对外贸易合作局作出《关于同意南京千帆房地产开发有限公司股权转让并终止合营合同的批复》。3 月 7 日，香港千帆公司持有的南京千帆公司65%股权经工商部门核准变更登记给江苏德基公司。3月21日，南京中院作出划扣江苏德基公司购买上述股权的转让款1700万元的民事裁定，并将上述款项划至该院。

越信隆公司对此提出异议，称南京中院冻结、划扣1700万元转让款侵犯了该公司的财产所有权。理由是：一是广调室申请仲裁前，越信隆公司已经依照香港法律委任接管人接管了香港千帆公司的财产，其中包括香港千帆公司在南京千帆公司的股权。其委任的接管人接管香港千帆公司财产后，就已经依香港法律实现了债权。二是越信隆公司依据香港法律，通过对香港千帆公司的全部财产设定浮动抵押，而对香港千帆公司持有的南京千帆公司的股权转让款享有优先受偿权。

【问题的解决方案】

在本案中，越信隆公司与香港千帆公司签订的《抵押契约》，约定由香港千帆公司将其财产、权利（不论地点、性质）浮动抵押给越信隆公司，并在香港有关部门办理了抵押登记手续。问题的焦点在于：该抵押关系所涉及的香港千帆公司在南京千帆公司的股权的浮动抵押行为，我国内地能否承认其效力？对此，江苏省高级人民法院审判委员会有两种意见：

第一种意见认为，越信隆公司对香港千帆公司所持南京千帆公司股权的抵押权，不能对抗广调室。理由是：我国法律对于涉外动产物权的法律适用没有明确的规定，根据《中华人民共和国民法通则》第142条第3款规定的精神，应参照世界各国目前普遍采用的物之所在地法原则，适用我国的有关法律。越信隆公司与香港千帆公司于1995年7月13日订立的《抵押契约》，虽然不违反我国当时的法律规定，但该抵押契约订立时，《中华人民共和国担保法》已经全国人大常委会通过并颁布，并于同年10月1日起实施。越信隆公司应当按照《担保法》第78条第3款关于“以有限责任公司的股份出质的，适用公司法股份转让的有关规定，质押合同自股份出质记载于股东名册之日起生效”的规定，办理股份出质记载手续。越信隆公司未办理股份出质记载手续，其抵押权（在我国内地称权利质权）不具有对抗第三人的效力。

第二种意见认为，对越信隆与香港千帆公司关于抵押南京千帆公司股权的行为，应承认其效力，越信隆公司据此对南京千帆公司65%股权的转让款享有优先受偿权。理由包括：

其一，越信隆公司于香港千帆公司于1995年7月13日签订《抵押契约》，约定由香港千帆公司将其全部财产、权利（包括持有的南京千帆公司的股权）浮动抵押给越信隆公司，并明确适用香港法律。《抵押契约》订立后，双方又按照香港法律在香港办理了抵押登记手续。鉴于《抵押契约》为双方真实意思表示，又不违反双方约定的法律，因此，关于浮动抵押的约定应认定为有效。

其二，股权属于无形动产，我国法律对涉外动产物权的法律适用至今没有明确规定。即使按照国际上关于涉外物权关系法律适用的普遍原则，即物之所在地法律原则适用我国法律，由于该《抵押契约》签订时我国担保法尚未实施，当事人的法律既没有将抵押与质押区分，也没有抵押（质押）合同登记（记载）生效的规定，因此该抵押契约不违反我国当时的法律规定。

其三，作为物权公示方法的抵押登记或质押出质记载，其法律意义在于让当事人设定的抵押或质押具有社会公信力，从而保护善意第三人的权益。香港千帆公司为担保巨额借款的还款而将其财产、权利质押给越信隆公司，广调室作为香港千帆公司的开办单位对此应当明知。因此，广调室不属于善意第三人，越信隆公司享有的浮动抵押权的效力应及于广调室。

附：最高法院复函

最高人民法院关于涉外股权质押未经登记在执行中质押权人是否享有优先受偿权问题的复函

2003 年 10 月 9 日　［2003］执他字第 6 号

江苏省高级人民法院：

你院（2002）苏执监字第 141 号报告收悉，经研究，答复如下：

同意你院审判委员会第一种意见。（香港）越信隆财务有限公司（以下简称越信隆）与香港千帆投资有限公司（以下简称香港千帆）于 1995 年 7 月 13 日签订的《抵押契约》所涉及的质押物，是香港千帆在南京千帆房地产开发有限公司（以下简称南京千帆）持有的 65% 股权。虽然我国法律对涉外动产物权的法律适用没有明确规定，但根据《民法通则》第 142 条第 3 款规定的精神，本案可参照世界各国目前普遍采用的物之所在地法原则。因南京千帆系在中华人民共和国注册成立的有限责任公司，故该公司股权的质押是否有效，应根据中华人民共和国的法律法规来认定。上述《抵押契约》订立时，《中华人民共和国担保法》已经全国人大常委会通过并颁布，且于 1995 年 10 月 1 日实施。《担保法》实施后，越信隆应当按照该法第 78 条第 3 款的规定，将香港千帆在南京千帆持有的 65% 股权在内地办理股权出质记载手续，但越信隆公司未办理股份出质登记。因此，其抵押权不具有对抗第三人的效力。鉴于香港千帆所持南京千帆 65% 股权已经南京有关行政部门批准转让，非经法定程序不得撤销。

此复。

三、我国解决强制执行与法定优先权效力冲突问题的规定

（一）我国关于法定优先权的立法规定

在强制执行中，有时会遇到这样的情形：当法院对债务人的财产采取强制措施时，常常出现案外人以对执行标的物享有法定优先权为由，来主张财产权利或阻止生效法律文书的执行。这种情况下，就会出现终局执行及保全执行与优先权效力的冲突。欲探索解决法定优先权在我国强制执行程序中造成的冲突问题，首先有必要澄清优先权的涵义，并对我国关于优先权的立法状况有所了解。

从历史上看，优先权制度发端于罗马法。“优先权”的拉丁文表述为“Privilegia”，法文为“Privileges”，日本译为“先取特权”，我国台湾地区有学者译为“优先受偿权”。[①] 在我国绝大多数的实际运用中，“优先受偿权”是与专为担保特种债权而设的“优先权”区别使用的，而“优先权”一词则已被理论界和实务界渐渐接受为专指特种债权人直接基于法律规定而对债务人的全部或特定财产享有的优先受偿的权利，且我国《海商法》和《民用航空法》也明确使用了“船舶优先权”和“民用航空器优先权”的概念，因此，我国应译为“优先权”为当。[②]

简言之，优先权就是指特殊债权人基于法律的直接规定而享有的就债务人的总财产或特定动产、不动产的价值优先受偿的权利。我国学者一般认为，优先权具有支配性、优先性、从属性、法定性、不可分性、物上代位性、变价受偿性和一定条件下的追求性等担保物权特征，是一项传统的法定担保物权。[③] 但遗憾的是，我国法律并未对优先权作统一的规定，仅在有关法律中作了零散的规

---

① 金世鼎：《民法上优先受偿权之研究》，载刁荣华主编：《现代民法基本问题》，台湾地区汉林出版社 1981 年版，第 142 页。

② 王全弟、丁洁：《物权法应确立优先权制度——围绕合同法第 286 条之争议》，载《法学》2001 年第 4 期。

③ 申卫星：《优先权性质初论》，载《法制与社会发展》1997 年第 4 期。

定，而且称呼各异。这些规定主要表现在以下几个方面：

1. 我国《民事诉讼法》和《破产法》中规定的一般优先权

我国1991年《民事诉讼法》第204条和1986年《企业破产法（试行）》第34条、第37条，通过破产债权清偿顺序的规定，使破产费用（包括诉讼费用等共益费用）、职工工资和劳动保险费用、税款优先于破产债权在破产财产中受偿。这种规定是将优先权视为特殊债权的优先清偿顺序，而未确认其为一种独立权利。

基于上述认识，《民事诉讼法》第203条和《企业破产法（试行）》第28条均规定，已作为担保物的财产不属于破产财产，只有担保物的价款超过其所担保的债务数额的部分，才属于破产财产，这也就意味着破产费用、职工工资和劳动保险费用、税款等优先权仍局限在债权范围内，无法对抗一般担保物权，其效力也低于享有别除权的债权。我们认为，这极不利于对破产费用、职工工资和劳动保险费用、税款等具有共益性和公益性的特殊债权的保护。2007年6月生效的《企业破产法》对优先受偿的范围稍有调整，但没有改变清偿顺序。①

2. 我国《海商法》和《海事诉讼法》中规定的“船舶优先权”

虽然我国民法没有设立统一的优先权制度，但近年来在特别法中具体优先权制度却呈现出蓬勃发展的势头。1993年7月1日施行的《中华人民共和国海商法》确立了船舶优先权制度。《海商法》第21条规定：“船舶优先权，是指海事请求人依照本法第二十二条的规定，向船舶所有人、光船承租人、船舶经营人提出海事

① 我国新的《企业破产法》第113条规定：“破产财产在优先清偿破产费用和共益债务后，依照下列顺序清偿：（一）破产人所欠职工的工资和医疗、伤残补助、抚恤费用，所欠的应当划入职工个人账户的基本养老保险、基本医疗保险费用，以及法律、行政法规规定应当支付给职工的补偿金；（二）破产人欠缴的除前项规定以外的社会保险费用和破产人所欠税款；（三）普通破产债权。”“破产财产不足以清偿同一顺序的清偿要求的，按照比例分配。”

请求，对产生该海事请求的船舶具有优先受偿的权利。”第22条规定：“下列各项海事请求具有船舶优先权：（一）船长、船员和在船上工作的其他在编人员根据劳动法律、行政法规或者劳动合同所产生的工资、其他劳动报酬、船员遣返费用和社会保险费用的给付请求；（二）在船舶营运中发生的人身伤亡的赔偿请求；（三）船舶吨税、引航费、港务费和其他港口规费的缴付请求；（四）海难救助的救助款项的给付请求；（五）船舶在营运中因侵权行为产生的财产赔偿请求。”① 该法第25条规定了船舶优先权与船舶留置权、船舶抵押权的优先顺序，即“船舶优先权先于船舶留置权受偿，船舶抵押权后于船舶留置权受偿”。第28条还规定船舶优先权的行使方式，即“船舶优先权应当通过法院扣押产生优先权的船舶行使”。

为了保障船舶优先权的实现，2000年7月1日起施行的《中华人民共和国海事诉讼特别程序法》还专门规定了海事请求保全和船舶扣押制度。该法第12条规定：“海事请求保全是指海事法院根据海事请求人的申请，为保障其海事请求的实现，对被请求人的财产所采取的强制措施。”海事请求保全可以在起诉前申请，也可以在诉讼中申请。该法第23条还规定，对于具有船舶优先权的海事请求，海事法院可以扣押当事船舶。这些规定，有力地保障了船舶优先权的实现和落实。

---

① 我国《海商法》还规定了各项优先权的优先顺序，该法第23条规定：“本法第二十二条第一款所列各项海事请求，依照顺序受偿。但是，第（四）项海事请求，后于第（一）项至第（三）项发生的，应当先于第（一）项至第（三）项受偿。”“本法第二十二条第一款第（一）、（二）、（三）、（五）项中有两个以上海事请求的，不分先后，同时受偿；不足受偿的，按照比例受偿。第（四）项中有两个以上海事请求的，后发生的先受偿。”该法第24条规定：“因行使船舶优先权产生的诉讼费用，保存、拍卖船舶和分配船舶价款产生的费用，以及为海事请求人的共同利益而支付的其他费用，应当从船舶拍卖所得价款中先行拨付。”

3. 我国《民用航空法》规定的“航空器优先权”

1996 年 3 月 10 日施行的《中华人民共和国民用航空法》，规定了民用航空器优先权。该法第 18 条规定：“民用航空器优先权，是指债权人依照本法第十九条规定，向民用航空器所有人、承租人提出赔偿请求，对产生该赔偿请求的民用航空器具有优先受偿的权利。”第 19 条规定：“下列各项债权具有民用航空器优先权：(一) 援救该民用航空器的报酬；(二) 保管维护该民用航空器的必需费用。”“前款规定的各项债权，后发生的先受偿。”该法第 22 条还规定了民用航空器优先权与抵押权的优先顺序，即“民用航空器优先权先于民用航空器抵押权受偿”。

值得注意的是，关于民用航空器优先权与法院强制执行活动冲突的问题，《民用航空法》也作了非常明确的规定。该法第 21 条规定：“为了债权人的共同利益，在执行人民法院判决以及拍卖过程中产生的费用，应当从民用航空器拍卖所得价款中先行拨付。”第 24 条规定：“民用航空器优先权应当通过人民法院扣押产生优先权的民用航空器行使。”

4. 我国《担保法》中规定的“土地出让金优先权”

1995 年 10 月 1 日施行的《中华人民共和国担保法》，规定了土地出让金优先权。该法第 56 条规定：“拍卖划拨的国有土地使用权所得的价款，在依法缴纳相当于应缴纳的土地使用权出让金的款额后，抵押权人有优先受偿权。”这说明，向国家缴纳土地出让金，具有比债权人抵押权更加优先的效力。

5. 我国《合同法》规定的“建设工程承包人优先权”

我国 1999 年 10 月颁布实施的《中华人民共和国合同法》第 286 条规定了承包人就工程价款债权而对工程享有的优先受偿权。该条文规定：“发包人未按照约定支付价款的，承包人可以催告发包人在合理期限内支付价款。发包人逾期不支付的，除按照建设工程的性质不宜折价、拍卖的以外，承包人可以与发包人协议将该工程折价，也可以申请人民法院将该工程依法拍卖。建设工程的价款就该工程折价或者拍卖的价款优先受偿。”

总的来看，优先权是一项重要的民事权利，各国法律都有相应规定。虽然目前就优先权的性质还存在争议，但多数学者都认为优先权具有物权属性，是与抵押权、质押权、留置权等相并列的一种法定担保物权。在我国制定《物权法》时，关于是否设立优先权的问题，学者们的分歧很大。在梁慧星教授主持的物权法草案中没有优先权的相关规定，而在王利明教授主持的物权法草案中，详细规定了优先权制度。①之所以在这个问题上产生不同意见，其原因是学者们对优先权的概念、性质等基本问题的认识还不一致。总之，优先权在我国还没有形成体系化，关于其范围和优先效力的问题，还只能仰赖具体法律的特别规定。

（二）强制执行与优先权冲突的实证考察——以“建设工程承包人优先权”为例

我国1999年10月颁布实施的《中华人民共和国合同法》第286条规定了承包人就工程价款债权而对工程享有的优先受偿权。该条文规定：“发包人未按照约定支付价款的，承包人可以催告发包人在合理期限内支付价款。发包人逾期不支付的，除按照建设工程的性质不宜折价、拍卖的以外，承包人可以与发包人协议将该工程折价，也可以申请人民法院将该工程依法拍卖。建设工程的价款就该工程折价或者拍卖的价款优先受偿。”该规定是从债权债务的角度规定承包人的权利，对于保障承包人实现工程价款债权，维护自身合法权益具有十分积极的意义。

从该优先受偿权是依法律的直接规定用于担保承包人的主债权，即工程价款请求权来看，该优先受偿权是承包人享有的一种法定担保物权，学界对这一点已有共识。但对于建设工程承包人优先受偿权究竟属于何种法定担保物权，则存在三种不同观点：一种认为是不动产留置权，一种认为是法定抵押权，还有一种认为是不动

① 王耀廷：《论优先权的性质》，载《北方工业大学学报》2008年第4期。

产优先权。[①]

第一种观点，即认为该优先受偿权是不动产留置权的观点，[②]目前已遭一致否定。其主要理由为：第一，传统物权法理论认为留置权仅适用于动产，我国《民法通则》和《担保法》也都明确了这一点，而承包人优先受偿权的标的物却是不动产；第二，留置权以债权人对标的物的占有为成立要件和存续要件，留置权因债权人丧失对标的物的占有而归于消灭。即使在承认不动产留置权的日本，亦是如此。[③] 而从《合同法》第286条的规定来看，承包人在交付工程后，其虽已不占有标的物，但仍享有该优先受偿权。我们也赞成这种看法，基于上述理由，该优先受偿权不应该定性为不动产留置权。

第二种观点，即否定建筑工程承包人优先受偿权为不动产优先权的一方认为，我国现行立法并未设立独立的优先权制度，因此承包人优先受偿权应是一种法定抵押权。其理由是：该优先受偿权符合抵押权的主要特征，其与一般抵押权的区别仅在于它的成立原因是法律的直接规定，且从比较法的角度看，未设独立的优先权制度的瑞士民法和我国台湾地区"民法"，分别在《瑞士民法》第837条和我国台湾地区"民法"第513条规定了承揽人就承揽关系所生之债权就承揽标的物享有法定抵押权。[④]

第三种观点，即否定承包人优先受偿权为法定抵押权的一方则认为，虽然法定抵押权的性质与承包人优先受偿权有许多相似之

---

① 王全弟、丁洁：《物权法应确立优先权制度——围绕合同法第286条之争议》，载《法学》2001年第4期。

② 江平主编：《中华人民共和国合同法精解》，中国政法大学出版社1999年版，第223页。

③ ［日］近江幸治著，祝娅等译：《担保物权法》，法律出版社2000年版，第23页。

④ 张学文：《建设工程承包人优先受偿权若干问题探讨》，载《法商研究》2000年第3期。

处，但若将该优先受偿权认为是法定抵押权，仍有不够确切的方面：一是我国法律中并无法定抵押权的规定或类似规定；二是若规定承包人对工程有法定抵押权，将否定我国不动产抵押权登记生效制度，对其他登记的抵押权人的利益也有影响；三是承包人的法定抵押权与建设工程贷款人的抵押权的优先性不易确定。从而主张承包人优先受偿权是一种不动产优先权。[①] 目前，这种观点已为越来越多的学者所认可。

姑且不论“建设工程承包人优先权”的法律性质，鉴于1999年10月1日生效的《合同法》第286条已作明文规定，目前理论界和实务界对其优先于一般债权的实现已经达成共识。但在强制执行实践中，仍然存在一些操作上的问题，这些问题主要集中在《合同法》实施前成立的建设工程合同是否适用合同法第286条的规定方面。最高人民法院《关于适用〈中华人民共和国合同法〉若干问题的解释（一）》第1条的规定：“合同法实施以后成立的合同发生纠纷起诉到人民法院的，适用合同法的规定；合同法实施以前成立的合同发生纠纷起诉到人民法院的，除本解释另有规定的以外，适用当时的法律规定，当时没有法律规定的，可以适用合同法的有关规定。”这一规定存在的模糊性导致了强制执行实践中的一些问题，以下两个案例就是因此而产生的争议。

---

① 王红亮著：《承揽合同·建设工程合同》，中国法制出版社2000年版，第187~188页。

案例1：北海市中级法院与太原市尖草坪区法院执行争议案[①]

【案情简介】

1. 太原市尖草坪区法院审理与广西北海华新实业开发公司有关的两起案件的情况

1996年，太原市尖草坪区法院受理了两起与广西北海华新实业开发公司有关的借款合同纠纷案，即中国农业银行太原市北郊区支行诉被告太原华新实业集团、广西北海华新实业开发公司借贷纠纷案和太原市北郊区华客头信用社诉广西北海华新实业开发公司借款纠纷案。太原市尖草坪区法院在该两起案件审理过程中，于1996年11月26日采取财产保全措施，查封了被告广西北海华新实业开发公司所有的坐落于北海市华新苑、华馨小区商品住宅楼4栋以及土地70亩（未完工）和怡海新村地苑8栋的301、302号两套住宅房。两案分别于1996年底和1997年审理调解结案，被告广西北海华新实业开发公司偿还两案本金合计人民币1700万元、利息和罚息共计人民币647万元，若到期不能偿还将强制执行上述诉讼保全的财产。

2. 北海市中级人民法院（以下简称北海中院）审理与广西北海华新实业开发公司有关的案件的情况

1996年，北海中院受理了原告福建省煤炭工业基本建设公司与被告广西北海华新实业开发公司有关建筑工程合同纠纷一案。北海中院后于1997年3月19日作出（1996）北民初字第95号民事判决，判决认定：原告包工包料垫资承建被告的华新苑、华馨小区4栋商住楼，由于被告不及时支付工程进度款，导致工程停工。判令被告在10日内清偿原告垫资款3849847.8元及利息1066016.63元，工程款90万元及利息148050元，以上两项合计人民币

① 参见《强制执行指导与参考》2004年第1辑，人民法院出版社2004年版，第68～73页。

5963914.43元，并负担35784元的案件受理费。

【执行中的问题】

北海中院（1996）北民初字第95号民事判决生效后，根据当事人申请，于1997年6月24日立案执行。在执行中查明：太原市尖草坪区法院在受理中国农业银行太原市北郊区支行诉被告太原华新实业集团、广西北海华新实业开发公司借贷纠纷案和太原市北郊区华客头信用社诉广西北海华新实业开发公司借款纠纷案两起案件时，已于1996年11月26日诉讼保全查封了被执行人广西北海华新实业开发公司所有的坐落于北海市华新苑、华馨小区商住楼4栋7层及70亩土地，中房北海公司怡海新村地苑8栋301、302号房。被执行人广西北海华新实业开发公司已无其他财产可供执行。北海中院遂于2001年11月12日派员到太原，并于13日与太原市尖草坪区法院进行协调。

北海中院认为：太原市尖草坪区法院所查封的被执行人广西北海华新实业开发公司的位于北海市华新苑、华馨小区商住楼4栋7层及70亩土地，系福建省煤炭工业基本建设公司北海公司垫资建造的，虽然该案判决在合同法颁布之前，但在案件执行完毕前，应适用《中华人民共和国合同法》第286条和最高人民法院（以下简称最高法院）《关于人民法院执行工作若干问题的规定（试行）》第93条、第94条的规定，在太原市尖草坪区法院依法处理被执行人的4栋商住楼时，福建省煤炭工业基本建设公司北海公司依法享有优先受偿权。

太原市尖草坪区法院认为：北海中院的案件是1997年《合同法》颁布实施前判决的，在执行阶段不适用《合同法》的规定。故此，福建省煤炭工业基本建设公司北海公司不享有优先受偿权，应按照最高法院的有关司法解释参与分配。拟把中房北海公司位于怡海新村地苑8栋的301、302号房（经查，该两套住房产权不属于被执行人名下）留给北海中院。

【执行中的协调】

双方意见不一，协商未果。为此，北海中院于2001年12月13日报请广西壮族自治区高级人民法院（以下简称广西高院）出面协调。广西高院审查后认为，福建省煤炭工业基本建设公司北海公司享有优先受偿权。理由如下：

第一，按照《合同法》第286条的规定，建设工程的发包人未按照约定支付价款的，经承包人催告发包人在合理期限内仍不支付价款的，建设工程的价款就该工程折价或者拍卖的价款优先受偿，而最高法院《关于适用合同法若干问题的解释（一）》第1条规定，合同法实施以前成立的合同发生纠纷诉至法院，除本解释另有规定外，适用当时的法律，“当时没有法律规定的，可以适用合同法的有关规定”。本案建设工程合同成立于1995年，“当时的法律”没有关于建设工程款优先受偿的规定，既然当时的法律没有规定，本案就可以适用《合同法》第286条的规定，福建省煤炭工业基本建设公司北海公司享有优先受偿权。另外，从《合同法解释（一）》第1条的规定看，其实是赋予第286条的适用具有溯及既往的效力，即将建筑工程优先权制度的适用效力溯及至合同法实施前成立的合同。

第二，从公平原则，即建设工程优先权的立法目的来看，福建省煤炭工业基本建设公司北海公司也应当享有优先受偿权。建设工程优先权是基于公平原则而创设的具有担保物权效力的特别优先权，其作用在于维护民事法律制度中的正义观念，使承包人的债权通过法定担保来加以实现。现实中，大量的建设工程因发包方不履行工程价款义务，而使承包人合法权益受到损害。另外，从财产形成过程看，建设工程是承包人的劳动所创造的，正是由于承包人的辛苦劳动，才使发包人零散的材料变成完整的工程，如果任由发包人的其他债权人从建设工程中受益，于承包人来说不公平。本案中，北海中院与太原市尖草坪区法院执行争议标的物——华新苑、华馨小区商住楼不仅包含了福建省煤炭工业基本建设公司北海公司的垫资款，而且包含了该公司加工行为所创造的价值，依合同法的规定，其应对争议商住楼享有优先受偿权。

广西高院遂于2002年2月发函至山西省高级人民法院（以下简称山西高院）要求再行协调处理。山西高院经研究认为，太原市尖草坪区法院的意见是正确的，遂于2002年11月给广西高院回函，并提出如下协调意见：认为优先受偿权应该是法定的，在法律没有规定之前只能适用当时的法律。依据法律不溯及既往的原则，建设工程的优先受偿权只能在合同法实施之后适用，合同法实施之前审理的建设工程纠纷案件依法不应当享有优先受偿权。山西高院的具体意见是：1. 北海中院审理并执行的相关案件是合同法实施前的建设工程纠纷案件，依法不应享有优先受偿权；2. 同意太原市尖草坪区法院的意见，由北海中院执行的相关案件参与分配。

因两高院协调无果，2003年6月10日，广西高院向最高法院报送了（2001）桂法执字第16－2号《关于请求最高法院对北海市中级人民法院与山西省太原市尖草坪区人民法院执行争议进行协调的报告》。最高法院经审查认为，同意山西高院的处理意见，即北海中院受理的执行案件的申请人不享有建设工程款优先受偿权。理由包括：1. 北海中院审理的案件是1997年判决生效的，此时《中华人民共和国合同法》尚未颁布，故只能适用《中华人民共和国经济合同法》和《建筑安装工程承包合同条例》的有关规定。《中华人民共和国合同法》是1999年3月15日颁布，同年10月1日起实施的，根据法不溯及既往的原则，北海中院的案件不具有优先受偿的法定条件。2. 依照我院《关于人民法院执行工作若干问题的规定（试行）》第90条、第91条、第92条、第96条之规定，北海中院所执行的案件的债权人依法可在尖草坪区法院执行该案件时申请财产分配。

附：最高法院复函

最高人民法院执行工作办公室
关于广西北海市中级人民法院与太原市尖草坪区人民法院
因工程款能否优先执行争议协调案的复函

2003 年 9 月 24 日　（2003）执协字第 6 号

广西壮族自治区高级人民法院、山西省高级人民法院：

广西高院（2001）桂法执字第 16－2 号《关于请求最高法院对北海市中级人民法院与山西省太原市尖草坪区人民法院执行争议进行协调的报告》和山西高院（2003）晋法执函字第 12 号《关于与广西高院就我省尖草坪区人民法院与北海市中院执行案件问题进行协调的情况报告》均收悉。经研究，现答复如下：

一、北海市中级人民法院（1996）北民初字第 95 号民事判决作出时，《中华人民共和国合同法》（以下简称《合同法》）尚未颁布。根据法不溯及既往的原则，北海中院判决的相关案件只能适用《中华人民共和国经济合同法》和《建筑安装工程承包合同条例》的有关规定，而不能适用《合同法》第 286 条的规定。

二、鉴于太原市尖草坪区人民法院先于北海市中院对华新实业集团坐落于北海市华新苑、华馨小区商品住宅楼四栋及 70 亩土地和两套涉案住宅采取了诉讼保全措施，如果华新实业集团确已歇业，其财产又不足清偿全部债务，根据我院《关于人民法院执行工作若干问题的规定（试行）》第 91 条、第 92 条、第 96 条的规定，北海中院所执行的案件的债权人依法可在尖草坪区法院执行该案件时申请财产分配。

此复。

案例2：深圳市苏一建实业有限公司主张工程款优先受偿执行案①

【案情简介】

涉案被执行人瑞京隆公司共涉及三个案件，案情分别是：

1. 深圳市苏一建实业有限公司（以下简称苏一建公司）、江苏省建筑安装工程股份有限公司深圳分公司与瑞京隆房地产开发（深圳）有限公司（以下简称瑞京隆公司）建设工程合同纠纷一案，苏一建公司于2001年4月12日以［2000］深中法经一初字第255号民事判决申请强制执行。深圳市中级人民法院（以下简称深圳中院）于2001年4月17日依法受理，执行案号为［2003］深中法执一查字第2033号。该案执行标的金额为本金19719730.32元及利息，案件受理费12136元，财产保全费111670元，延迟履行债务期间的利息，申请执行费用23280元，执行中实际发生的费用等。至2002年1月已经执行到的款项为16857331.48元，尚未执行到的金额为300多万元。

2. 中国工商银行深圳市分行与瑞京隆公司、珠海市盛鸿置业有限公司借款合同纠纷一案，中国工商银行深圳市分行依据已生效的深圳仲裁委员会［2003］深仲裁字第218号裁决书申请强制执行，深圳中院于2003年3月4日受理，执行案号为［2003］深中法执一查字第209号。执行立案后，深圳中院于2003年3月14日向深圳市保税区管理局送达了协助执行通知书，要求协助将位于福田区福强路B111－1－1、2号土地上“京隆苑”住宅96套、商铺13套（不含另案查封的1栋1A和1B、2栋1B、3栋1A和1B、7栋1A和1B、28栋1层6A、29栋1层7A等9套商铺）、车库停车位490个过户给抵押权人中国工商银行深圳市分行。

① 参见《强制执行指导与参考》2005年第3辑，人民法院出版社2005年版，第70～73页。

3. 苏一建公司与瑞京隆公司建设工程合同的铝合金门窗及幕墙工程纠纷一案，2002 年 6 月 27 日经福田区法院审理，以［2002］深福法经初字第 848 号判决瑞京隆公司应支付苏一建公司工程款 534550.06 元及利息。瑞京隆公司逾期支付工程款时，苏一建公司有权就苏一建公司所承建的瑞京隆开发的“京隆苑”尚未出售的房屋折价或拍卖所得价款优先受偿。

【执行标的物的情况】

“京隆苑”于 1997 年 10 月 26 日开工，竣工日期为 1999 年 2 月 1 日；中国工商银行深圳市分行与瑞京隆公司于 1999 年 9 月 23 日签订了一份最高额抵押合同，并于 1999 年 12 月 23 日在深圳市保税区管理局办理了抵押登记手续，中国工商银行深圳市分行于 2004 年 1 月 14 日向深圳中院申请解除对上述商铺的查封。

中国工商银行深圳市分行和苏一建公司争议的被执行人可供执行的财产仅有位于福田区福强路“京隆苑”1 栋 1A 和 1B、2 栋 1B、3 栋 1A 和 1B、7 栋 1A 和 1B、28 栋 1 层 6A、29 栋 1 层 7A 等 9 套商铺。对该争议的 9 套商铺，中国工商银行深圳市分行主张抵押权优先受偿，苏一建公司则主张享有建设工程价款优先受偿。

【执行中的问题】

涉案的三起案件在执行过程中，由于中国工商银行深圳市分行主张抵押权优先受偿，苏一建公司则主张享有建设工程价款优先受偿权，双方争议较大，故报送广东省高级人民法院（以下简称广东高院）进行监督。广东高院于 2005 年 5 月 25 日以［2004］粤高法执督字第 65 号向最高法院报送了《关于深圳中院执行瑞京隆房地产开发（深圳）有限公司情况的报告》。报告内容如下：

（1）对前两案，即苏一建公司、江苏省建筑安装工程股份有限公司深圳分公司与瑞京隆公司建设工程合同纠纷案，和中国工商银行深圳市分行与瑞京隆公司、珠海市盛鸿置业有限公司借款合同纠纷案，进入执行程序后，深圳中院经审查认为：按照最高人民法院 2003 年 3 月 26 日全国民事审判工作座谈会的讲话精神，即“关于《合同法》第286条的适用问题，如果建设工程于1999年10月1日之前已竣工或停工，1999年10月1日之后人民法院对这类案件还没有审结的，不适用《合同法》第286条。如果建设工程施工于1999年10月1日之前，竣工或停工于1999年10月1日之后，承包人的工程价款是否享有优先受偿权，应分别情况处理：在1999年10月1日，该工程没有设定抵押权的，承包人的工程价款享有优先受偿权；该工程上设定有抵押权的，承包人就工程价款享有的优先权不得对抗已设定的抵押权；承包人的工程款不能对抗在1999年10月1日之前已缴纳大部分或者全部购房款的购房者的请求权。如果建设工程施工于1999年10月1日之后，人民法院审理这类案件时应严格适用合同法第286条的规定。”以及根据最高法院［2002］执他字第21号、［2003］执他字第27号答复精神，建设工程价款优先权应当在1999年10月1日《合同法》生效后才有，在之前就没有建设工程价款优先权，也就没有对抗第三人的优先效力。该案所涉“京隆苑”竣工于1999年10月1日之前，苏一建公司所主张的建设工程款优先权并不具有优先受偿的效力，不能优于享有抵押权的中国工商银行深圳市分行。因此，深圳中院于2004年1月17日解除了对上述9套商铺的查封。

就同一房产、同一原告，福田区法院［2002］深福法经初字第848号判决判定苏一建公司工程款享有优先受偿权。该案现已进入执行阶段，经广东高院多次协调，双方无法达成一致意见。

（2）对于第三案，即福田区法院受理的苏一建公司与瑞京隆公司铝合金门窗及幕墙建设工程合同纠纷案，广东高院已指定汕尾中院执行，该院于同年11月15日立案执行。12月13日中国工商银行深圳分行提出异议，经执行听证，该院于2005年1月19日作出了［2004］汕中法执字第81－1号裁定书，驳回异议。同年3月10日作出［2004］汕中法执二立字第81－2号裁定，拍卖被执行人9套商铺中的2栋1B房产。该房产的评估市值为人民币1878840元，足够清偿苏一建的工程款，现正准备进行拍卖。

广东高院综合考虑以上三个案件的情况，拟作如下处理：1. 督促汕尾中院依法抓紧执结苏一建公司与瑞京隆公司建设工程合同的铝合金门窗及幕墙工程纠纷一案，所得执行款优先执行苏一建公司的工程款。2. 鉴于苏一建公司、江苏省建筑安装工程股份有限公司深圳分公司与瑞京隆公司建设工程合同纠纷的［2003］深中法执一查字第2033号案件中的“京隆苑”于1997年10月26日开工，竣工日期为1999年2月1日，广东高院同意深圳中院认为该案不能适用《合同法》第286条的意见，认为苏一建公司不享有建设工程价款优先权，不能优于中国工商银行深圳市分行所享有的抵押权。最高法院于2005年作出复函，同意广东高院意见的第一点，但不同意第二点，认为苏一建公司享有优先受偿权。

附：最高法院复函

最高人民法院执行工作办公室

［2004］执监字第 62－1 号函

广东省高级人民法院：

你院［2004］粤高法执督字第 65 号《关于深圳中院执行瑞京隆房地产开发（深圳）有限公司情况的报告》收悉。经研究，提出以下处理意见：

一、同意你院督促汕尾中院依法抓紧执结深圳市苏一建实业有限公司与瑞京隆房地产开发（深圳）有限公司建设工程合同的铝合金门窗及幕墙工程纠纷一案的意见。

二、关于苏一建公司主张工程款优先受偿问题。鉴于该案合同成立于《合同法》实施前，当时法律没有规定工程款优先受偿制度，因此，根据我院《关于适用〈中华人民共和国合同法〉若干问题的解释（一）》第一条的规定，当时法律没有规定的，可以适用《合同法》的有关规定。

请你院接此函后，监督深圳中院尽快依法执结此案。

2005 年 7 月 9 日

第三节　我国解决终局执行、保全执行竞合问题的规定及评价

在本章前两节中，着重探讨了我国在终局执行之间，包括在金钱债权终局执行之间、非金钱债权终局执行之间以及它们相互之间竞合问题上的法律规定及实践中存在的问题。本节主要探讨我国解决终局执行与保全执行之间、保全执行相互之间竞合问题的有关规定和实践中存在的问题。

一、我国解决保全执行相互之间竞合问题的规定及问题

(一) 我国关于保全执行的法律规定

在德国、日本及我国台湾地区"民事诉讼法"上，存在单独的保全程序。所谓保全程序，即维持执行标的现状，以保全将来之终局执行为目的之程序。"假扣押、假处分为保全程序，其执行程序，亦曰保全执行。"① 质言之，保全执行就是执行机构对法院在诉讼中作出的假扣押裁定和假处分裁定的执行。

就我国现行民事诉讼法而言，从广义上讲，保全程序应当包括财产保全、先予执行和证据保全；从狭义上讲，则专指财产保全。② 相比较而言，我国的保全程序不区分假扣押、假处分，只有相当于大陆法系假扣押制度的财产保全制度。根据我国《民事诉讼法》第92条、第93条的规定，财产保全是指人民法院在诉讼开始后，或者诉讼开始前，为防止因当事人的行为或其他原因导致日后给付终局判决难以执行，而对当事人争议的财产或者与本案有关的财产依法采取的各种强制性保护措施的总称。对于诉讼中的财产保全申请，如果情况紧急，人民法院必须在接受申请后48小时内作出裁定；对于诉前财产保全申请，人民法院接受申请后，必须在48小时内作出裁定；一旦裁定采取财产保全措施的，应当立即开始执行。对于法院于审理过程中作出的上述财产保全裁定的执行活动，就是保全执行。

从强制执行的角度来看，对于我国的财产保全制度应当主要把握以下两个方面：

1．关于财产保全的对象

我国《民事诉讼法》第94条第1款规定："财产保全限于请求的范围，或者与本案有关的财物。"从理论上通常的解释来看，

---

① 杨与龄编著：《强制执行法论》，台湾地区三民书局2007年修正版，第663页。

② 江伟主编：《民事诉讼法》，高等教育出版社2004年版，第222页。

所谓“限于请求的范围”，是指所保全的财产，应当在对象或价值上与当事人所提诉讼请求的内容相符或者相等。所谓“与本案有关的财物”，是指当事人在诉讼请求中没有直接涉及，但是与日后本案生效判决的强制执行相牵连的财物。例如，离婚案件中应当加以分割的夫妻共有财产，以及（金钱）借贷纠纷案件中原告没有直接主张的被告的财产等，即属此类之典型。

需要注意，“人民法院采取财产保全措施时，保全的范围应当限于当事人争议的财产，或者被告的财产，对案外人的财产不得采取财产保全措施，对案外人善意取得的与案件有关的财产，一般也不得采取财产保全措施。”① 另外，根据有关司法解释的规定，“人民法院对债务人到期应得的收益，可以采取财产保全措施，限制其支取，通知有关单位协助执行。”② 而且，“对于债务人的财产不能满足保全请求，但对案外人有到期债权的，人民法院可以依债权人的申请裁定该案外人不得对债务人清偿。该案外人对其到期债务没有异议并要求偿付的，由人民法院提存财物或价款。但是，人民法院不应对其财产采取保全措施。”③

另外，在我国保全的对象仅限于财产。但从有关国家和地区的民事诉讼立法来看，除财产保全外，还存在对行为的保全，即通过责令当事人为一定行为或禁止其为一定行为来达到保全的目的（即假处分）。其制度设计的理论根据是：单纯的财产保全并不能够覆盖民事诉讼实践中保全对象的全部形态，财务之债的保全固然可以通过财产保全制度的适用来实现，而行为之债的保全则可能需要通过行为保全机制来完成。为此，有学者主张，我国将来应该“在财产保全的基础上，增加行为保全的内容，即通过建立行为保

① 参见1994年最高人民法院《关于在经济审判中严格执行〈民事诉讼法〉的若干规定》第14条。

② 参见最高人民法院《适用意见》第104条。

③ 参见最高人民法院《适用意见》第14条；1998年最高人民法院《关于对案外人的财产能否进行保全问题的批复》。

全制度，补充和完善我国的保全制度。"① 当然，从有关司法解释来看，我国民事诉讼中的先予执行制度的某些适用情形似乎也具有一定的行为保全的色彩，② 但是由于先予执行程序适用的前提条件是"当事人之间的权利义务关系明确"，因此与典型的行为保全制度仍不能相提并论。迄今为止，在我国民事诉讼中，仅在知识产权纠纷案件的审判中确立了诉前行为保全制度，而能够普遍适用于一般民事诉讼的行为保全制度则仍然处于缺失的状态。

2. 关于财产保全的方法

关于财产保全的方法，我国《民事诉讼法》第94条第2款规定得非常原则，即"财产保全采取查封、扣押、冻结或者法律规定的其他方法"。该条第3款规定，"人民法院冻结财产后，应当立即通知被冻结财产的人"。这里所谓保全方法，实际上就是保全执行的方法。

我国《民事诉讼法》明确规定的保全方法（或曰保全执行方法）主要有三种：查封、扣押、冻结。从诉讼理论上通常的解释来看，所谓查封，是指人民法院依法对需要保全的财产盘查清点后予以封存，这种方法主要针对不动产及庞大笨重的动产；所谓扣押，是指人民法院依法对需要保全的财产予以强制扣留，以便使保全对象脱离当事人的控制，这种方法主要针对动产；所谓冻结，是指人民法院依法限制当事人等对其在银行等有储蓄业务的单位的存款加以提取或者转账。③

至于"法律规定的其他方法"，则泛指上述三种方法以外的其他保全方法，主要由最高法院的有关司法解释加以规定。具体包

① 金正佳：《论建立行为保全制度》，载《人民司法》1997年第1期。

② 我国《民事诉讼法》第97条规定："人民法院对下列案件，根据当事人的申请，可以裁定先予执行……（三）因情况紧急需要先予执行的。"最高人民法院《适用意见》第107条第2项将"需要立即制止某项行为"纳入前条第3项"因情况紧急需要先予执行"的范围之中。

③ 参见江伟主编：《民事诉讼法》，高等教育出版社2004年版，第226页。

括：（1）对债务人应得收益，限制其支取，通知有关单位协助执行；（2）对债务人对案外人享有的到期债权，裁定不得对债务人清偿，必要时提存财物或价款；（3）对于季节性商品、鲜活、易腐烂变质以及其他不宜长期保存的物品，可以责令当事人及时处理，由法院保存价款；必要时法院可予以变卖，保存价款；（4）对于不动产和特定动产，可以采取扣押有关财产权证照，并通知有关产权登记部门不予办理该项财产的转移手续的保全措施等。

（二）我国关于保全执行竞合的法律规定与实践

保全执行的竞合，主要是指两个以上人民法院审理不同的民事案件时，依申请或依职权对同一债务人的同一财产，同时或先后采取保全措施的情况。从强制执行实践来看，保全执行的竞合主要发生在重复查封、重复冻结方面，尤其是重复查封方面。

对于保全执行的竞合，我国法律的基本精神是禁止重复查封，实际上就是先采取保全措施的优先执行。《民事诉讼法》第 94 条第 4 款规定：“财产已被查封、冻结的，不得重复查封、冻结。”而且，财产保全的范围原则上不得超额保全。第 94 条第 1 款规定：“财产保全限于请求的范围，或者与本案有关的财物。”

另外，我国司法解释对财产保全与担保物权的关系也作了规定。最高人民法院《适用意见》第 102 条规定：“人民法院对抵押物、留置物可以采取财产保全措施，但抵押权人、留置权人有优先受偿权。”

尽管如此，在我国强制执行实践中，在有关保全执行竞合问题上还是存在一些问题。这些问题主要是由于地方保护主义、执行法院的不规范操作等原因造成的。下述“广东省高级人民法院与湖南省岳阳市中级人民法院关于深圳市‘洪湖大厦’执行争议案”就是一例。

广东省高级人民法院与湖南省岳阳市中级人民法院关于深圳市“洪湖大厦”执行争议案①

【案情简介】

1. 广东省高级人民法院（以下简称广东省高院）对深圳市“洪湖大厦”诉讼保全（查封）后被解封案

1996年，广东省高院二审受理了深圳市洪湖实业有限公司（以下简称洪湖公司）与天津市工业供销联合总公司（以下简称天津公司）、刘一、潍坊投资开发有限公司（以下简称潍坊公司）债务纠纷一案。天津公司、潍坊公司在二审期间，向广东省高院提出对洪湖公司进行财产保全的申请，并提供了担保。广东省高院依当事人的申请，分别于1996年10月16日、1997年1月14日作出（1996）粤法经一上字第259－1号和（1996）粤法经一上字第259－2号民事裁定书，裁定查封洪湖公司、刘一价值1199万元的财产，查封洪湖公司价值497万元的洪湖大厦一层房屋的产权。其后，广东省高院对洪湖公司所有的洪湖大厦第4层、第13层、第7层房屋采取了保全措施。经深圳市罗湖区国土局办理了有关查封登记手续，并向该局送达了协助执行通知书，要求罗湖区国土局对该几层房屋，在查封期间，不得转让、抵押、出租。广东省高院还于1997年6月13日和8月27日，两次向罗湖区国土局发出通知，告知本案尚未审结，要求该局对洪湖大厦第4层、第13层和第7层房屋继续办理查封手续。但罗湖区国土局在广东省高院本案生效判决作出前，分别于1998年4月3日和7月20日，依广东省高院的查封已超过《深圳经济特区房地产登记条例》规定的6个月期限为由，擅自将洪湖大厦第4层、第13层和第7层房屋予以解封。该3层房屋解封后，部分被湖南省岳阳市中级人民法院（以下简

① 参见《强制执行指导与参考》2003年第1辑，法律出版社2003年5月版，第200～205页。

称岳阳市中院）查封；部分则被洪湖公司销售过户至第三人名下。

2. 湖南省岳阳市中院对“洪湖大厦”诉讼保全案

1997 年，湖南省岳阳市中院受理了湖南德银房地产开发公司诉深圳市洪湖实业有限公司房屋租赁纠纷案。在案件审理期间，岳阳市中院依法查封了位于深圳市罗湖区人民北路 117 号属于洪湖实业有限公司所有的洪湖大厦第 6 层、第 7 层房屋。

1998 年 8 月 8 日岳阳市中院作出一审判决，1999 年 3 月 23 日湖南省高院以（1998）湘民终字第 122 号民事判决驳回上诉，维持原判。

【执行中的问题】

1. 广东省高院请求最高人民法院协调处理重复查封问题

2000 年初，广东省高院向最高人民法院报送了《关于深圳市罗湖区国土局擅自解除人民法院对洪湖大厦保全措施后，如何协调处理外省法院重复查封问题的请示》。广东省高院认为：根据最高人民法院《关于适用〈中华人民共和国民事诉讼法〉若干问题的意见》第 108 条、第 109 条的规定，人民法院财产保全裁定的效力，应维持到案件生效判决执行时止。深圳市罗湖区国土局依据深圳市人大制定的地方法规《深圳市经济特区房地产登记条例》第 20 条、第 21 条关于“查封房地产或以其他形式限制房地产权利的期限，最长不得超过 6 个月”的规定，在本案生效判决执行前，对洪湖大厦第 4 层、第 13 层、第 7 层房屋予以解封，从而导致岳阳市中院对洪湖大厦第 4 层、第 7 层又进行查封，是错误的。因此，广东省高院向深圳市房地产登记部门发函，要求暂不得办理该两处房产的过户手续。

在最高人民法院协调期间，2001 年 3 月 21 日广东省高院又向最高人民法院紧急报告称：广东省高院在向深圳市国土局罗湖分局、深圳市中资源拍卖有限公司等单位调查中得知，岳阳市中院在 1999 年 7 月 21 日将洪湖大厦第 7 层委托深圳市中资源拍卖有限公司进行拍卖，并于同日由深圳市罗湖区国际旅行社竞得，但后因竞买人反悔，该次拍卖无效。此后，岳阳市中院在最高人民法院协调期间，于2001年1月13日又将上述争议房产委托深圳市中资源拍卖有限公司进行拍卖，并于同日由中亿集投资有限公司以人民币195万元的低价竞得。岳阳市中院于2001年2月14日作出(1999)岳中执字第64-1号民事裁定书，将上述房产以人民币195万元过户给中亿集投资有限公司。广东省高院认为，岳阳市中院在本案协调期间处理争议财产，将造成不良后果，故请求最高人民法院尽快协调。

2. 湖南省高院请求最高人民法院监督解除广东高院不准过户的函

湖南省高院反映的案情是：1999年7月13日，岳阳市中院根据湖南德银房地产开发公司的申请立案执行。7月15日，岳阳市中院向洪湖实业有限公司送达了执行通知，洪湖实业有限公司在指定期限内没有履行生效判决所确定的义务。岳阳市中院于1999年7月21日在《深圳特区报》上公告，依法拍卖法院查封的房屋。1999年8月28日，该院委托深圳市中资源拍卖有限公司对洪湖大厦第7层进行公开拍卖。1999年9月1日，深圳市中资源有限公司在《深圳特区报》、《羊城晚报》上登出拍卖公告，9月10日公开拍卖，深圳市罗湖区国际旅行社以370.35万元的竞价成交，买得洪湖大厦第7层的房屋产权。该房产拍卖后，应执行标的款项已于2000年2月2日交付申请执行人湖南德银房地产开发有限公司。

湖南省高院认为：(1) 岳阳市中院在查封该房产进行登记时，深圳市房地产管理部门未受理其他法院查封的登记，故岳阳市中院的行为不构成重复查封。(2) 岳阳市中院在对洪湖大厦第7层进行评估、拍卖时法律手续齐全，程序合法，两次登报公告、公开拍卖均未有任何单位提出异议。而岳阳市中院在将该房屋拍卖完毕办理过户手续时，广东省高院经济庭以该庭正在审理深圳市洪湖实业有限公司与天津市工业供销联合总公司、刘一、潍坊投资开发有限公司债务纠纷案为由，发函给深圳市罗湖区国土局要求：该房产没有广东省高院的函件同意，不得过户。致使拍卖中的买受人深圳市罗湖区国际旅行社在成交后要求退款，给申请执行人和拍卖公司造成很大的损失，使法院的执行工作受阻。湖南省高院认为，广东省高院经济庭在岳阳市中院拍卖完毕后办理过户手续时发函阻止是欠妥的。

关于为何在最高人民法院协调期间岳阳市中院又裁定拍卖的问题，岳阳市中院报告称：2000 年 5 月 31 日，因无法办理房产过户手续，罗湖区国际旅行社与深圳市中资源有限公司签订了“解除《拍卖成交确认书》协议书”，由深圳市中资源拍卖有限公司退回罗湖区国际旅行社拍卖本金及利息。2001 年 2 月，因拖延时间过长，拍卖公司承受不了解除合同后的损失，故拍卖公司要求岳阳市中院出具裁定，以办理过户手续。岳阳市中院经研究，考虑此案执行款已于 2000 年 2 月 2 日实际交付了申请执行人，而作出裁定的意义只是给买受人提供一个办理过户的依据，故岳阳市中院作出裁定确认中亿集投资有限公司为新的买受人。价款 195 万元不含过户和补地价的一切费用，此款未经法院，而是由拍卖公司直接退回罗湖区国际旅行社。因此，岳阳市中院于 2001 年 2 月 14 日作出了 (1999) 岳中执字第 64－1 号民事裁定书。岳阳市中院认为，这实际上是本案执结后所作的一个技术性处理。裁定中之所以表述为拍卖而非变卖，是因为考虑到如果由罗湖区国际旅行社变卖给中亿集投资有限公司，就会在办理过户手续时要进行二次过户，产生不必要的二次过户费用损失。

2002 年 6 月湖南省高院补充报告称：岳阳市中院查封房产的行为已得到深圳市人大的认可。深圳市人民代表大会法制委员会于 2001 年 4 月 10 日以《关于洪湖大厦有关查封问题请示的答复》(深人法函 [2001] 第 11 号函) 明确认定，岳阳市中院的查封行为合法有效。另外，关于岳阳市中院查封洪湖大厦第 6 层的问题，由于该房设定了抵押，在查封期满后没有继续查封，该房已于 2000 年 12 月被深圳市中院予以查封。

【最高人民法院的处理意见】

最高人民法院于2002年10月8日作出了《关于广东省高级人民法院、湖南省岳阳市中级人民法院就执行深圳市“洪湖大厦”发生争议案的复函》（［2000］执协字第50号）。在该复函中，最高人民法院提出了如下处理意见：

（1）湖南省岳阳市中院在审理湖南省德银房地产开发有限公司诉深圳市罗湖区实业有限公司房屋租赁纠纷一案时，于1998年7月10日以（1998）岳民初字第2号民事裁定书依法查封了洪湖大厦第7层房屋。虽然广东省高院在审理案件时，先于岳阳市中院对该楼层作出了诉讼保全，但该诉讼保全满6个月后因没有继续查封，而被深圳市罗湖区国土局依照深圳市人大制定的地方性法规予以解封。岳阳市中院的查封行为，是在该楼层无查封状态下进行的，且协助执行人深圳市罗湖区国土局受理了该院的查封并办理了查封登记手续，符合我院《关于人民法院执行工作若干问题的规定（试行）》第41条的规定，应认定该查封行为合法有效。岳阳市中院是在无争议的情况下，于2000年2月2日将执行款给付债权人的，故岳阳市中院的执行行为应当予以维持。

（2）广东省高院反映的深圳市罗湖区国土局对该院诉讼保全查封的洪湖大厦第4层、第7层第13层房屋，以该查封已超过《深圳经济特区房地产登记条例》规定的6个月期限为由，径行予以解封，导致该房产被其他法院执行，部分被被执行人销售过户给第三人。对此，最高人民法院同意广东省高院的意见，即依据最高人民法院《关于适用〈中华人民共和国民事诉讼法〉若干问题的意见》第109条的规定，人民法院财产保全裁定书的效力，应当维持到案件生效判决执行时止。罗湖区国土局依据本市地方法规，将广东省高院的保全查封的财产予以解封的行为是错误的。地方法规只能在其辖区内发生效力，且不得对抗国家法律、法规和司法解释。罗湖区国土局使用地方性法规的规定，对抗法律的规定，并扩大了该地方性条例的适用范围，应对其行为后果承担相应的民事责任。

（3）广东省高院报告反映的深圳市人大常委会法制委员会《关于洪湖大厦有关查封问题请示的答复》中依据《深圳经济特区房地产登记条例》而答复法院“未依法办理续封手续的标的物，予以径为注销查封的行为合法有效”的问题，因该问题直接涉及地方性立法的问题，建议广东省高院就此问题向广东省人大常委会作专题报告，以期通过立法机构使该问题得到有效解决。

二、我国解决终局执行与保全执行竞合问题的规定及问题

（一）我国解决终局执行与保全执行竞合问题的立法规定

终局执行与保全执行的竞合主要有两种表现形态：一是某法院在审理中先行采取了财产保全措施，其他法院在另案中启动了对该项财产的终局执行，此时应当如何处理的问题；二是某法院启动了对债务人的特定财产的终局执行，其他法院在审理另案过程中对该项财产做出了财产保全裁定，此时应当如何处理的问题。

在终局执行与保全执行竞合的问题上，我国立法似乎采取的是“先采取执行措施者优先的原则”。我国《民事诉讼法》第94条第4款规定：“财产已被查封、冻结的，不得重复查封、冻结。”应该说，这里所表述的“查封、冻结”，并没有区分是保全执行的查封、冻结，还是终局执行的查封冻结。最高人民法院《执行规定》第88条第1款规定：“多份生效法律文书确定金钱给付内容的多个债权人分别对同一被执行人申请执行，各债权人对执行标的物均无担保物权的，按照执行法院采取执行措施的先后顺序受偿。”这里所说的“执行措施”，也应理解为既包括终局执行的生效法律文书的执行措施，也包括在审理案件中采取的保全措施。因此，无论是终局执行还是保全执行，上述立法体现了先采取执行措施者优先的原则。

最高人民法院《执行规定》第91条还规定：“对参与被执行

人财产的具体分配，应当由首先查封、扣押或冻结的法院主持进行。首先查封、扣押、冻结的法院所采取的执行措施如系为执行财产保全裁定，具体分配应在该院案件审理终结后进行。”按照这条规定，不管查封等措施是在诉讼阶段还是在执行阶段进行的，执行措施也不论是保全执行还是终局执行的法院采取的，只要是哪个法院先采取的措施，就由哪个法院主持分配，它的案件没有审理结束的，要等待其审理完结。如果第一个采取措施的法院在案件审理完结前，其他终局判决的法院要求自己对查封的标的物进行执行的话，按照这一规定是不允许的。就是说，终局执行并不能因为它是终局执行，就当然优先于保全执行。

（二）对我国“先采取执行措施者优先原则”的评价

先行的保全执行不应一概否认其他债权人的终局执行。因为，终局执行可分为金钱债权的终局执行和非金钱债权的终局执行，而保全执行可分为假扣押执行和假处分执行，所以，保全执行与终局执行之间的竞合包括假扣押执行与金钱债权终局执行之间的竞合、假扣押执行与非金钱债权终局执行之间的竞合、假处分执行与金钱债权终局执行之间的竞合以及假处分执行与非金钱债权终局执行之间的竞合四种形态。

从域外的立法来看，在上述四种竞合形态中，有的两种执行程序目的并不互相排斥，如假扣押执行与金钱债权终局执行之间的竞合，两者均以实现金钱债权为目的。所以，如果不妨害保全债权人将来进行的本案执行，不违反保全执行的目的，则应当准许其他债权人采取执行措施。在这种情况下，如果保全执行的债权人不愿意继续保全或者保全执行被撤销或本案败诉，这时，其他债权人对于同一特定物所进行的扣押结果不应受保全执行撤销的影响，可以继续进行拍卖或转移占有的处分行为。可见，为了兼顾其他债权人的利益，不能绝对否定其他债权人对保全财产实施的扣押行为。可见，我国立法由于尚不够精致、细致，在处理保全执行与终局执行竞合的问题上还存在不尽合理之处。

（三）对终局执行与保全执行竞合问题的实证考察

虽然从总体上看，在终局执行与保全执行竞合的问题上，我国立法采取了“先采取执行措施者优先的原则”，但是，在实践中由于地方保护主义、执行法院乱执行等原因，也经常会导致难以理顺的执行冲突问题。下述“北京市第一中级人民法院与沈阳市中级人民法院执行冲突案”就是一例。

北京市第一中级人民法院与沈阳市中级人民法院执行冲突案①

【案情简介】

1. 北京市第一中级人民法院（以下简称北京市一中院）诉讼保全执行案

申请执行人：北京北美物产集团（以下简称北美物产）

被执行人：辽宁本溪满族自治县天民集团公司（以下简称天民公司）

第三人：辽宁中泰实业发展公司（以下简称中泰公司）

第三人：辽宁省财务开发总公司（以下简称财务公司）

执行依据：北京市一中院（1998）一中经初字第449号民事判决书

北美物产与天民公司、第三人财务公司、中泰公司加工承揽合同纠纷一案，北京市一中院于1998年12月30日作出（1998）一中经初字第449号民事判决。判决内容：（1）天民公司在受到本判决之日起10日内将价值1364万余元的落绵、绢纱或等值人民币返还北美物产公司；（2）财务公司在本判决生效之日起10日内将价值1364万余元的落绵、绢纱或等值人民币返还给天民公司。判决书送达后，双方均为上诉。

另外，本案审理期间，北京市一中院应原告北美物产的请求，

① 参见《强制执行指导与参考》2004年第2辑，人民法院出版社2004年版，第110～112页。

于1997年8月5日对中泰公司名下存放在辽宁省纺织工业供销公司（以下简称供销公司）储运库二号库、天民公司非法抵押的涉案标的物101吨落绵和73吨绢纱采取了诉讼保全措施。

2. 沈阳市中级人民法院（以下简称沈阳市中院）终局执行案

申请执行人：财务公司

被执行人：天民公司、本溪满族自治县绢纺厂（以下简称绢纺厂）

执行依据：辽宁省公证处（97）辽证经字第30170号公证债权文书

天民公司和其下属的绢纺厂与财务公司因借款纠纷，于1997年7月15日签订了一份还款协议。协议约定：天民公司和绢纱厂将其所有库存绢纱等作为还款抵押物，并对此进行公证。同年7月18日，财务公司与天民公司、绢纱厂就上述还款协议在辽宁省公证处办理了公证。1997年7月28日，辽宁省公证处应申请执行人财务公司的申请，下达了（97）辽证字执字10006号执行证书。强制执行证书载明：天民公司和绢纱厂欠财务公司人民币800万元，协议约定于同年8月10日前还清。后因上述两公司缺乏履行诚意，财务公司遂向辽宁省公证处申请执法强制执行证书。沈阳市中院应财务公司申请，向天民公司和绢纺厂送达了执行通知书，并裁定将上述两公司所有的绢纱72吨、落绵102吨（与北京市一中院裁定查封的数额稍有出入）依法查封、扣押。

【执行中的问题】

北京市一中院在执行该院（1998）一中经初字第449号生效民事判决书的过程中发现，因沈阳市中院在执行以天民公司等为被执行人的（97）辽证经字第30170号公证债权文书时，将北京市一中院张贴封条的财产予以强制解封，并执行给财务公司，导致北京市一中院执行案的债权人的债权无法实现。为此，北京市一中院报请北京市高级人民法院（以下简称北京市高院）与辽宁省高级人民法院（以下简称辽宁省高院）进行协调，因意见分歧，协调未果。2000年3月23日，北京市一中院对被执行人财务公司的两处房产依法进行了查封。财务公司曾提出异议，认为北京市一中院执行错误。2000年3月29日，北京市一中院针对财务公司所提异议进行了听证，但由于财务公司未能提供有效的证据，而被北京市一中院予以驳回。

后北京市高院、辽宁省高院先后请求最高人民法院进行协调，具体情况如下：

北京市高院认为：(1) 该案自判决至今已有数年，造成本案债权人权益不能实现的原因，正是沈阳市中院违法强制执行了北京一中院诉讼保全的标的物。(2) 该案执行标的物已被北京市一中院法院查封、扣押，在此情况下，财务公司辩称已将有关财产退还给天民公司的说法缺乏事实和法律根据。(3) 该案北京市一中院的诉讼保全手续完备，且程序合法，应为实际有效控制了相关财产。(4) 沈阳市中院的执行依据是公证债权文书，但公证书载明的履行期限是1997年8月10日，而沈阳市中院的强制执行时间却是1997年8月6日，开始强制执行的时间发生在履行期届满之前。因此，沈阳市中院的执行活动缺乏合法的依据。(5) 沈阳市中院在强制执行时，供销公司明确告知有关财产已被北京市一中院查封，且有封条存在，对此，沈阳市中院应当停止执行，通过协调的方式予以解决，而不是强行采取强制执行措施。

辽宁省高院认为：(1) 沈阳市中院1997年7月31日立案执行，同日下达了履行通知书和查封裁定等送达天民公司和绢纱厂，并制作了查封笔录。(2) 北京市一中院的查封时间是1997年8月5日，故沈阳市中院的查封时间在先。(3) 沈阳市中院虽然没有向保管单位送达协助执行通知书，但却对查封物进行了拍照，因此查封合法。

最高人民法院收到两高院的协调请求后，经审查认为：沈阳市中院在债务人履行期限届满前即对债务人采取强制执行措施的做法缺乏事实根据和法律依据。另外，虽然沈阳市中院作出查封争议财产的裁定在先，但因没有向争议财产保管人供销公司送达有关查封裁定书和协助执行通知书等法律文书，所以对争议财产并没有取得实际有效的控制。因此，沈阳市中院的查封措施不能对抗北京市一中院合法有效的查封，依法应当予以纠正。

【案件评析】

本案争议的焦点是，北京市一中院的保全执行与沈阳市中院的终局执行措施（即查封）谁先、谁后，哪一家法院的查封合法有效，以及在有先行查封的情况下，后来法院应如何处理的问题。笔者认为，应从以下几个角度分析：

（1）关于查封裁定的时间先后。沈阳市中院是 1997 年 7 月 31 日立案执行，当日向被执行人下发了执行通知书和查封争议财产的裁定书；8 月 1 日，该院委托辽宁亚美资产评估事务所进行了书面评估（并未到现场）；8 月 6 日，该院裁定以物抵债，并强制出库，争议财产被财务公司运走。期间，供销公司曾向沈阳市中院讲明该财产已被北京市一中院查封的事实，但沈阳市中院坚持强制执行。而北京市一中院制作裁定的时间是 1997 年 8 月 1 日，送达时间是 8 月 5 日，查封争议财产的时间是 8 月 5 日。故从法院制作查封裁定的时间看，沈阳市中院终局执行查封裁定在先，北京市一中院的保全裁定在后。

（2）关于查封手续的合法性。我国《民事诉讼法》第 224 条明确规定："查封、扣押财产时，被执行人是法人或其他组织的，应当通知其法定代表人或者主要负责人到场"，"对被查封、扣押的财产，执行人员必须造具清单，由在场的人员签名或者盖章后，交被执行人一份"。最高人民法院《适用意见》第 282 条规定，"人民法院在执行中已依照《民事诉讼法》第二百二十一条、第二百二十三条的规定对被执行人的财产查封、冻结的，任何单位包括其他人民法院不得重复查封、冻结或者擅自解冻"。本案中，沈阳市中院 1997 年 7 月 31 日制作沈法（97）执字第 648 号民事裁定书仅送达给天民公司和绢纺厂，并没有送达协助执行人供销公司，对查封物也没有造具清单和指定保管人进行保管，仅在1997年8月6日强制执行时才向供销公司发出了协助执行通知书。在此之前，沈阳市中院对查封财产并没有采取任何实际有效的控制措施。而北京市一中院1997年8月1日制作了（1997）一中初字第794号诉讼保全裁定书，8月5日查封、扣押了存放在供销公司的101吨落绵和73吨绢纱时，上述裁定送达了天民公司、中泰公司和供销公司，同时向供销公司下发了协助执行通知书，并制作了相关笔录，对存储财产的仓库张贴了封条。沈阳市中院在供销公司明确告知该财产已被北京市一中院查封的情况后，依然采取强制执行措施违反了有关法律规定。故从查封手续上看，北京市一中院的查封手续完备、合法，而沈阳市中院的查封、处分行为违反法律规定。

（3）关于财产的所有权性质。北京市一中院1998年12月作出的（1998）一中经初字第449号民事判决明确认定财务公司运走的101吨落绵和73吨绢纱的所有权属于北美物产，天民公司无权处分。因此，判令财务公司在判决生效后10日内将价值1364万余元的落绵、绢沙或等值的人民币返还给天民公司。既然生效判决已判定争议财产属北美物产所有，在天民公司作出处分后，北美公司就享有物权的追及效力。

综上所述，在执行程序中，虽然沈阳市中院基于终局执行名义作出的查封裁定在先，但由于手续不完备，并未对争议财产取得实际有效的控制。其在北京市一中院依法采取了查封措施后仍然强制执行的做法，违反了法律规定，应当执行回转。

第四节　我国在查封、扣押措施的效力方面的有关规定及问题

根据我国目前法律的规定，无论是对财产保全裁定的执行（即保全执行），还是对法院及其他机构制作的终局生效法律文书的执行，都可以采取查封、扣押和冻结等执行措施，两种性质的执

行措施在名称上并无不同。这与大陆法系国家和地区将保全执行称之为假扣押、假处分执行，将终局裁判文书的执行措施直接称为查封、扣押等，将二者区别称谓的做法有所不同。同时，虽然我国法律上对查封、扣押两种执行措施分别表述，但鉴于大多数国家对查封、扣押不作实质性区别的惯例，本节为行文方便，一般称为扣押。本节着重探讨我国强制执行中与扣押有关的法律规定及其存在的问题。

一、关于禁止超额扣押、禁止重复扣押的问题

（一）我国关于超额扣押、重复扣押方面的法律规定及其评价

我国《民事诉讼法》第 94 条规定："财产保全限于请求的范围，或者与本案有关的财物。财产保全采取查封、扣押、冻结或法律规定的其他方法。人民法院冻结财产后，应当立即通知被冻结财产的人。财产已被查封、冻结的，不得重复查封、冻结。"最高人民法院《适用意见》第 282 条规定："人民法院在执行中已依照《民事诉讼法》第二百二十一条、第二百二十三条的规定对被执行人的财产查封、冻结的，任何单位包括其他人民法院不得重复查封、冻结或者擅自解冻，违者按照《民事诉讼法》第一百零二条的规定处理。"最高人民法院《执行规定》第 39 条规定："查封、扣押财产的价值应当与被执行人履行债务的价值相当。"由此可见，我国法律不仅禁止超额扣押，而且禁止重复扣押。

如前所述，在优先清偿原则下，由于先申请扣押的债权人可以优先受偿，不受后来的债权人加入强制执行程序的影响，所以，法律禁止超额扣押。但是，由于在该原则下，不论债务人为公民、法人还是非法人团体，也不论债务人的财产能否清偿所有债权，有执行根据的债权人都可以依申请重复扣押的方法对执行所得金额进行分配。各扣押债权人依其扣押时间的先后组成一个受偿序列，先申请扣押的债权人优先于后申请扣押的债权人而受偿，所以，在立法上不禁止重复扣押。也就是说，优先清偿原则禁止超额扣押而允许

重复扣押。而按照平等清偿原则，在有多个债权人参与分配时，执行债权人因担心其他债权人参与分配，致使自己的分配额减少，所以，扣押债务人财产时，尽量超出债权额范围进行超额扣押。这就造成在平等清偿原则下，不仅不应当限制扣押范围，而且还应当采取扩张扣押范围的规定。但是，扣押只能产生使债务人丧失对扣押物处分权的效力，在变价前扣押物所有权仍属于债务人所有，债权人并不因先申请扣押而对扣押物享有优先受偿权。在这种情况下，重复扣押没有任何意义，所以，法律一般禁止重复扣押。那么，按照平等清偿原则，应当是允许超额扣押而禁止重复扣押。

从以上分析可以看出，我国法律对此的规定存在两个方面的问题：

（1）我国法律禁止超额扣押。这一规定从理论上看，与我国允许参与分配的平等清偿原则无法相称。也就是说，我国现行强制执行制度既然采纳平等清偿原则，就不应当规定优先清偿原则下的禁止超额扣押制度。因为，禁止超额扣押制度的立法原意是保护债务人的利益，避免滥行扣押，但是，在平等清偿原则下，由于允许其他债权人广泛参与分配，这种规定在立法技术上是存在问题的。

（2）我国法律禁止重复扣押。这一规定，在平等清偿原则下固然符合法理，并且还能有效地遏制强制执行中的地方保护主义，防止强制执行竞合的发生，但是，如果不分情况地一律禁止重复扣押，有时反而会不利于保护债权人的合法权益。例如，强制执行可以分为对金钱债权的强制执行和对非金钱债权的强制执行，如果几个强制执行程序都是对金钱债权的强制执行，由于债权人债权的内容是给付一定数量的金钱和有价证券，只要被执行人还有其他财产可供执行，债权人的债权即可得到满足，因而不必就被执行人已被扣押的财产进行重复扣押。如果被执行人的其他财产不足以清偿债权人的债权，债权人可以申请参与分配，并由人民法院追加扣押，此时也无重复扣押的必要；如果既有对金钱债权的强制执行，也有对非金钱债权的强制执行，如前一个是金钱债权的执行，后一个是物之交付请求权的执行，则应当允许重复扣押。

（二）实践中对禁止重复查封的软化——“轮候查封”制度的创立①

所谓轮候查封，是指两个以上人民法院对同一宗土地使用权、房屋进行查封的，国土资源、房地产管理部门为首先送达协助执行通知书的人民法院办理查封登记手续后，对后来办理查封登记的人民法院作轮候查封登记，轮候查封登记的顺序按照人民法院送达协助执行通知书的时间先后进行排列。查封法院依法解除查封的，排列在先的轮候查封自动转为查封。

轮候查封是为弥补民事诉讼法禁止重复查封制度的不足而创设的，其法律依据最早出现在 2004 年 3 月 1 日起施行的《最高人民法院、国土资源部、建设部关于依法规范人民法院执行和国土资源房地产管理部门协助执行若干问题的通知》（以下简称《联合通知》）之中，该通知第 19 条、第 20 条对轮候查封的概念、效力、顺序等问题作了初步的规定。其后，2005 年 1 月 1 日起施行的《最高人民法院关于人民法院民事执行中查封、扣押、冻结财产的规定》（以下简称《查封、扣押、冻结规定》）第 28 条对轮候查封制度进行了确认。

轮候查封制度的创立，有其特定的背景。依照我国最高人民法院《适用意见》第 282 条规定，人民法院对同一标的物不得重复查封。这一规定虽对稳定查封秩序是有必要的，但也带来了不少弊端，主要表现在：（1）先查封的法院基于已执行到被执行人的金钱债权或者执行了部分查封物而予以解封时，致使其他法院本可以继续查封而不能，往往导致被执行人立即转移解封了的财产，使其他法院执行案件的债权人严重受损；（2）有的法院基于地方利益

① 查封是我国立法上广泛使用的一个词，“轮候查封”出现在最高人民法院的有关司法解释中。为了尊重司法解释的表达，本部分不再使用“扣押”的概念代指“查封”。

驱动，将被执行人的财产全部查封，且无查封期限，用以对抗外地法院的查封，然后找准适当时机解封，致使财产流失，外地法院执行落空；（3）有的法院因中止执行后，对已查封的财产长期不处置，也不解封，致使其他法院不能执行。针对此弊端，为解决执行难问题，最高人民法院参照外国立法经验，在《联合通知》中创立了轮候查封制度，取得了良好的社会效果，并通过《查封、扣押、冻结规定》固定下来。

需要注意，轮候查封与查封有着很大的不同，表现在以下几个方面：

1. 轮候查封的法定程序

债权人申请轮候查封登记时，应当遵守先申请登记在先的原则。具体来说，登记的顺序是：（1）两个以上人民法院对同一宗土地使用权、房屋进行查封的，国土资源、房地产管理部门为首先送达协助执行通知书的人民法院办理查封登记手续后，对后来办理查封登记的人民法院作轮候查封登记。（2）轮候查封登记的顺序按照人民法院送达协助执行通知书的时间先后进行排列。（3）查封法院依法解除查封的，排列在先的轮候查封自动转为查封；查封法院对查封的土地使用权、房屋全部处理的，排列在后的轮候查封自动失效；查封法院对查封的土地使用权、房屋部分处理的，对剩余部分，排列在后的轮候查封自动转为查封。①

另外，根据《联合通知》第2条、第3条、第19条规定，有关机关办理轮候查封的法定程序有三点：一是执行人员应当出示本人工作证和执行公务证，并出具查封、预查封裁定和协助执行通知书；二是国土资源、房地产管理部门对第一位查封办理登记之后，对后来办理的查封作轮候查封登记，而不是作查封登记。否则，就变成了重复查封。这也是最高人民法院《适用意见》第282条所禁止的行为。三是国土资源、房地产管理部门应书面告知该土地使

① 参见《联合通知》第19条、第20条。

用权、房屋已被其他法院查封的事实及查封的有关情况。

值得注意的是，新规定要求协助执行人应当书面告知以前的查封状况，目的是使后来的法院决定是否采取轮候查封，防止重复查封。《查封、扣押、冻结规定》第28条第2款、第3款规定对这一程序又进行了补充完善。强调了两点：一是实施查封、扣押、冻结的法院应当允许其他法院查阅有关文书和记录；二是对没有登记的财产进行轮候查封、扣押、冻结的，应当制作执行笔录，并经实施查封、扣押、冻结的法院执行人员及被执行人签字，或者书面通知实施查封、扣押、冻结的法院。

2. 轮候查封的效力

轮候查封本身没有效力，是处于效力待定状态。何时生效，何时失效，《联合通知》第20条第1款和《查封、扣押、冻结规定》第28条第1款作了规定。笔者认为应当这样理解：

首先，轮候查封登记必须是按照法院送达协助执行通知书的时间进行排序等候。这样做是为了防止无序管理，避免重复查封现象发生。有的法院认为，只要送达协助执行通知书，不附裁定也生效，笔者不敢苟同。这种观点和认识，是对法定程序的断章取义，也是对法律规范的行为和立法精神的片面理解。

其次，查封法院依法解除查封的，排列在先的轮候查封自动转为查封。此时，排列第一位的轮候查封才生效，其他轮候查封再依序排列，依此类推。

再次，查封法院对查封物全部处理的，所有的轮候查封自动失效。

最后，查封法院对查封物部分处理的，对剩余部分，排列在先的轮候查封自动转为查封。这里又有两层意思，一是查封法院根据案件需要，只处理部分查封物即可达到执行之目的的，对剩余部分无权控制。这样可以防止地方保护主义或被执行人趁机转移剩余财产，使轮候查封法院即取得对剩余财产的控制权。二是对可分割的查封物，查封法院留足可供执行的部分后（适用于超标的查封物的处置），解除多余部分的查封，轮候查封法院对解除查封的部分便有了控制权。

从2004年3月1日起实施的《联合通知》到2005年1月1日实施的《查封、扣押、冻结规定》，其间有许多法院和协助单位不知道或对轮候查封制度理解不透彻，造成执行不规范、登记不规范，以致处理争议各执一词，无法沟通。下述“HW股份公司土地被查封案”就是一例。

HW股份公司土地被查封案

【案情简介】

被执行人HW股份公司位于宜市临江路30号的一块面积为60000平方米的土地使用权（已折为国有股），先后被四家法院查封。各法院查封的情况简要如下：

1. 2004年3月24日，黄市中级人民法院（以下简称黄市中院）查封了该宗地，协助执行人宜市国土局办理了查封登记。

2. 2004年6月10日，宜市宜武区人民法院（以下简称宜武区法院）对该宗地查封时，宜市国土局办理了查封登记，未注明是轮候查封。不知何故，国土局从登记册上删除了该查封登记。宜武区法院认为自己是有效查封，有优先处置权。

3. 2004年9月20日，沔县人民法院（以下简称沔县法院）查封该宗地时，宜市国土局未书面告之上述查封情况，也为沔县法院办理了查封（而非轮候查封）登记。

4. 2006年3月8日，黄市中院将一份续查封60000平方米土地使用权的通知书及一份拍卖被执行人股权的裁定书委托宜武区法院代为送达，但宜市国土局的查封登记中没有该续查封登记。

5. 2006年4月15日，宜武区法院仅向宜市国土局送达了一份续查封的执行通知书，未附民事裁定书，对剩余55000平方米土地使用权继续查封。国土局办理了续查封登记。

6. 2006年5月23日，宜市中院也对该宗地进行查封，其面积仍是60000平方米。登记的仍是查封而非轮候查封。

【执行中的问题】

1. 2005年3月12日，黄市中院认为执行标的只有60万元，不宜评估、拍卖，便委托宜武区法院执行（与其他案件合并执行）。

2. 2005年10月31日，宜武区法院根据宜市国土局关于宜市政府同意收回、征用该涉案地中的5000平方米使用权用于城市建设请求解除查封的申请，经院领导同意，承办人仅向宜市国土局送达了一份协助执行通知书，依据《民事诉讼法》230条之规定，解除了查封地中的5000平方米土地使用权（未注明四至）；对剩余部分继续查封。另作出了一份协助执行通知书，扣留、提取转让土地补偿费90万元。同年11月2日，宜市国土局以该涉案地属案外人宜市焊条厂国有划拨地的名义收回，并划拨给该市城建局兴建办公大楼和办公综合大楼（现正建第1期11层办公楼），3日就为城建局办理了土地权属证书。之前，宜市国土局实际早已为焊条厂与城建局的土地转让办理了相关审批手续（仅等候解除查封）。

3. 2006年12月初，有一案件的申请执行人发现该涉案地中临街面的最佳位置上有人建大楼，才导致事发。泗县法院经查明，该已转让的5000平方米土地使用权由宜武区法院解除，解除时未经法定程序。各申请执行人和各执行法院不知情，被执行人也正在向宜市国土局申诉，认为被转让的土地是其已依法所有的国有股，并非焊条厂的财产，要求得到合法补偿。泗县法院认为宜市国土局非法转移了查封财产，遂于12月7日责令该局限期追回。逾期未追回，于15日裁定该局在转移财产范围内承担相应责任。

关于如何处理各法院查封的效力，归纳来看有如下三种分歧意见：

第一种意见：黄市中院是查封的执行法院，其他法院的查封因登记时未注明为轮候查封，属重复查封，无效。黄市中院虽委托宜武区法院依法处置该查封地，但宜武区法院未依法处置，其已转让的5000平方米土地使用权无效。黄市中院的续查封未依法送达和登记，查封效力消灭。

第二种意见：宜武区法院是查封法院，且受托于黄市中院，具有优先处置权。宜市国土局批准转让土地使用权的行为，是配合宜武区法院处置查封财产的行为，并非擅自处分查封财产，因此没有过错。沔县法院是轮候查封法院，无权追究国土局的责任。

第三种意见：黄市中院是查封法院，其他法院的查封均为轮候查封。宜武区法院的轮候查封、续查封和黄市中院的续查封未依法登记，没有法律效力，沔县法院的轮候查封已于2006年3月25日自动转为查封，对宜市国土局擅自处分5000平方米土地使用权的行为有权追究责任。

【案件评析】

综上所述，笔者赞同第三种意见，理由为：

1. 从宜市国土局查封登记册和各法院送达的文书显示，查封登记不符合规定，是典型的混淆了查封与轮候查封的登记，将轮候查封统一作为查封登记处理。鉴于新法律制度刚实施后不可避免的理解适用问题，我们认为本案的第一个查封法院为黄市中院，之后的其他法院的查封为轮候查封而不能视作重复查封，否则，本案难以处理，也不符合客观事实。

2. 宜武区法院的查封不是正式查封，也不是第一轮候查封。因为，查封登记册显示宜武区法院的轮候查封登记被删除，依照《联合通知》第3条第1款、《执行规定》第41条第2款、第3款、《查封、扣押、冻结规定》第9条第2款的规定，应视为没有登记，不能对抗其他法院的有效登记。对这一删除登记的唯一合理解释只能推定当时宜武区法院与国土局还不清楚或者说还分不清轮候查封与重复查封的区别，错误认为这一轮候查封登记是重复查封登记而予以了删除。从一系列的登记显示来分析，没有一个轮候查封是按规定注明为“轮候”。可以说，宜市国土局至今仍不知道按规定要分别注明查封登记与轮候查封登记的作用与要求。否则，没有其他合理的解释。

宜武区法院在随后的解除查封，扣留、提取转让土地补偿款的执行行为，均只向国土局各送达了一份协助执行通知书，没有制作相应的民事裁定书，也未送达双方当事人。而这一查封地是黄市中院查封的，依照前述中的相关法律规定，该院所称解除部分查封是处置查封物行为的理由不成立。对这种既未依法定程序经当事人申请处置或双方当事人协议抵偿，又未依法评估、拍卖，更没依法裁定，仅以一份适用法律错误（引用《民事诉讼法》第230条）的协助执行通知书就解除、处置了部分查封物，其行为严重损害了各方当事人的合法权益，是严重的违法执行行为，依法没有效力。即便是受黄市中院的委托，执行该查封地中的部分土地使用权，也应该在依法定程序处置后，由查封法院（黄市中院）出具处置查封财产（如拍卖、抵偿、解除剩余财产的查封等）裁定。

事实上，黄市中院并不知道宜武区法院已处置了这5000平方米土地使用权，还将续查封裁定及协助执行通知书委托其送达国土局。按法律规定，黄市中院作为查封法院，对宜武区法院扣提的90万元只要60万元就可结案，对剩余土地使用权，依法也应该解除查封。宜武区法院认为自己对黄市中院查封的财产有优先处置权，其处置查封财产合法的理由不攻而破。

宜市国土局在宜武区法院解除查封前，就以该查封地为案外人宜市焊条厂的名义办理了转让给宜市城建局的全部审批手续后，才向宜武区法院请求解除部分查封，理由是市政道路及长江大堤护坡需要政府收回、征用这5000平方米地。事实与结果表明，宜市国土局与有关部门串通一气，弄虚作假，所谓的收回、征用之地，却被无偿划拨给政府机关作建房之用。其擅自处分查封物的违法行为是典型的地方保护主义，是知法犯法的行政乱作为。依照《联合通知》第21条、第22条和《城市房地产法》第37条第2项的规定，宜市国土局为宜市城建局办理的土地使用权的转让登记依法没有效力。

3. 黄市中院的查封是有效的，但在2006年3月8日虽作了续查封的协助执行通知书，但未作续查封裁定，又没有依法在登记机关办理续查封登记，依照《联合通知》第11条和《查封、扣押、冻结规定》第30条、第9条第2款的规定，其查封效力消灭，不能对抗其他法院的查封。

4. 洒县法院的轮候查封是黄市中院查封之后的第一位有效轮候查封，依照《联合通知》第11条第2款、第20条第1款及《查封、扣押、冻结规定》第30条、第28条第1款的规定，应自2006年3月25日开始因之前的查封效力消灭而自动转为查封。黄市中院依序由第二轮候查封转为第一轮候查封法院。宜武区法院一系列执行行为不符合法律规定，依法没有效力，对洒县法院的轮候查封没有对抗力。对宜市国土局的违法行为，洒县法院有权依照《联合通知》第22条和《执行规定》第44条的规定追究其责任。

二、关于扣押产生的效力的有关法律规定及其问题

（一）扣押的实施能否发生优先清偿的效力

这一点涉及对《民事诉讼法》第94条的规定如何理解的问题。我国《民事诉讼法》第94条第4款规定："财产已被查封、冻结的，不得重复查封、冻结。"在实践中，如何解决这种重复扣押问题，涉及扣押措施产生的效力问题，即先采取扣押措施案件的债权人是否有优先受偿权。从我国法律禁止重复扣押的明确规定来看，先行扣押的法院在程序上有优先处理扣押财产的权利，这是毫无疑问的。但是，先申请扣押的当事人是否在实体上有优先受偿权，法院在扣押后是不是必须将该财产执行给申请扣押的债权人？对此，从《民事诉讼法》第94条关于禁止重复扣押的规定本身并不能得出这一结论。由于法律没有进一步明确的规定，在我国理论和实务上存在不同的看法。

一种观点是将《民事诉讼法》第94条的规定理解为扣押有优先权。理由是：（1）一个法院的扣押行为是为了本法院审理的具

体案件实施的，不是为其他案件。扣押是为了保证申请实施扣押的债权人的债权能够得以满足，而不是为了保证所有的债权人都能够受偿；（2）禁止重复扣押，实际上就是禁止其他债权人对扣押的财产进行执行。①

另一种观点是将《民事诉讼法》第94条的规定理解为扣押无优先权。理由是：（1）《民事诉讼法》第94条并未规定扣押财产如何处理，既未说是否实行参与分配，又未说在先扣押的债权人是否有优先受偿权；（2）之所以禁止重复扣押，是因为一个法院扣押后，扣押的效力就产生了，其他法院再行扣押没有必要，否则徒显法院间互相不协调。②

从总体上看，持第二种规定的人占少数。但是，扣押产生的优先权并不是绝对的。在被执行人的财产足以清偿债务时，有优先权，而在被执行人的财产不足以清偿债务时（即在破产和参与分配的情况下），就不具有优先权。可见，这是有条件的优先清偿原则。

（二）关于扣押效力的绝对性

按照我国《民事诉讼法》第102条第1款第3项的规定，债务人或其他人隐藏、转移、变卖、毁损已被查封、扣押的财产，或者已被清点并责令其保管的财产，转移已被冻结的财产的，人民法院可以根据情节轻重予以罚款、拘留，构成犯罪的，依法追究刑事责任。根据以上规定，虽然还不能得出债务人的上述行为对债权人不发生效力，但是，实际上人民法院在对债务人或其他人采取强制措施的同时，也就等于否认了上述行为对债权人的效力。因此，我国实行的是扣押效力的绝对性，即债务人的以上行为，不仅对执行债

① 黄金龙著：《〈关于人民法院执行工作若干问题的规定〉实用解析》，中国法制出版社2002年1月版，第281页。

② 黄金龙著：《〈关于人民法院执行工作若干问题的规定〉实用解析》，中国法制出版社2002年1月版，第282页。

权人不发生效力，而且对其他债权人也不发生效力。

扣押效力的相对性是与强制执行的平等清偿原则相配合的。在优先清偿原则下，扣押债权人因扣押而取得优先受偿的权利，债务人事后的处分不能对抗扣押债权人，而对于其他债权人来说，则债务人的处分行为是有效的。

第五节　我国关于强制执行程序与破产程序协调的规定及问题

一、强制执行实践中存在的债务人“资不抵债”的问题

在我国强制执行实践中，人民法院的执行机构经常会遇到这样的问题，即执行机关就某一被执行人的财产进行强制执行时，发现该被执行人存在众多的债权人；而这多个债权人中，有的已经取得了执行根据，有的虽未取得执行根据但业已向人民法院提起了诉讼，还有一些则既未取得执行根据，也未向法院提起诉讼。同时，就被执行人的“资产”和“债务”相比较而言，又呈现出“资不抵债”的情形。下面上海市法院办理的两起案件即属此类：①

【案例一】

上海电位器厂系一家集体所有制性质的企业法人，在法院对其强制执行时，发现由于该企业经营管理不善、电子行业不景气以及某些历史的原因，该企业已经连续多年严重亏损。据其1997年9月的“资产负债表”显示，该企业资产合计9236454元。其中，应付职工工资3844680元，应付劳动保险费等福利费用5249122元，欠缴税款123925元，另欠中国农业银行××支行、中国工商

① 参见金殿军：《论强制破产制度的创设》，载《强制执行指导与参考》2005年第1辑，人民法院出版社2005年版，第119～120页。

银行××支行等数家银行贷款合计6258756元。而该企业共有职工389名，其中残疾职工32人，此外还有退休职工145人。1996年11月19日，上海市第一中级人民法院依债权人中国农业银行××支行的申请立案执行，要求偿付该企业的贷款本金26000000元及逾期的利息和罚息。

【案例二】

经上海市法院系统审理的以上海市××房地产有限公司为被执行人的案件共33件。其中，返还个人购房款类型的案件13件，执行标的额本金合计3188586元；支付工程款类型的案件1件，执行标的额本金13652353元；偿还银行抵押贷款类型的案件共5件，执行标的额本金合计22415000元；其他普通债权案件14件，执行标的额本金合计74900000元。此外，尚有51户个人业主因上海××房地产有限公司迟延交付房屋而不断进行上访，但一直未向法院起诉。经法院查明，该有限公司可供执行的财产仅为“××大厦”一幢，评估市值为54000000元。

上述案例表明，当某一或某些债权人就同一债务人申请强制执行时，法院已查明债务人的财产状况为“资不抵债”；此外还有一些案件正在审理中，有一些案件尚未起诉。这就使法院在处理该类案件时处于一种两难的境地：现有取得执行根据的债权人申请强制执行，法院自当受理并依法强制执行，但这种执行又不能无视其他需要保护的债权的存在。此时法院是应当按照参与分配制度处理呢，还是应当宣告债务人破产呢？这就涉及强制执行程序与破产程序的协调和衔接问题。

二、我国现有制度范围内对“资不抵债”案件的处理模式

我国现有关于处理“资不抵债”案件的法律规定主要集中在最高人民法院《适用意见》第297条至第299条、最高人民法院《执行规定》第88条至第96条之中，共12个条文。根据这些规定，我国处理“资不抵债”案件按被执行人主体资格的不同而分

为两种模式，即参与分配模式和告知申请破产模式。

根据最高人民法院《适用意见》第 297 条和《执行规定》第 90 条的规定，所谓“参与分配模式”是指，在某债权人就公民或其他组织的财产申请强制执行开始至执行完毕之前，其他已经取得强制执行根据的债权人发现被执行人的财产不足以清偿所有债权时，向执行法院申请参与到已经开始的强制执行程序中，请求分配相应财产的制度。

根据最高人民法院《适用意见》第 276 条和《执行规定》第 89 条的规定，所谓“告知申请破产模式”是指，人民法院在执行程序中，如果发现被执行人的财产不足以清偿全部债务，且为企业法人的，可以告知当事人依法申请被执行人破产，从而使得对该企业法人的执行程序中止，其相关债务统一纳入破产程序一并解决。

人民法院在强制执行实践中，既会遇到公民和其他组织在“资不抵债”时的财产分配问题，也会遇到法人在“资不抵债”时的财产分配问题。对于前者，人民法院依法按照“参与分配模式”予以处理自不待言。但对于后者，人民法院依照“告知申请破产模式”处理有时会遇到极大的障碍，导致“告知申请破产模式”在实践中几乎无法落实。究其原因，主要有以下几个方面：第一，对于享有法定优先权和担保物权等优先受偿权的债权人而言，由于被执行人是否进入破产程序对其债权的清偿几乎没有实质性的影响，因此一般都没有申请破产的必要和意愿。第二，对于已经取得执行根据但不享有优先受偿权的债权人而言，如果申请破产则会导致按照破产程序平等分配债务人的财产；而如果不申请债务人破产，则由于强制执行程序中实行按照执行法院采取执行措施的先后顺序清偿原则（先申请先执行原则），基于自身利益的考虑，已经开启强制执行程序的债权人定然不愿意申请宣告债务人破产。第三，对于未取得执行根据的债权人来说，他们或者尚未提起诉讼，或者正在审理过程中，依法都不具有参与到执行程序中并申请宣告债务人破产的资格。[①] 第四，有时还存在制度上的障碍，如对于国有企业申请宣告破产还须经上级主管部门同意，以及安置企业职工方面的限制等。[②] 上述情况都导致强制执行程序中，启动破产程序虽有法律依据但难以落实的窘境。

此外，由于我国法律对“告知申请破产模式”的程序性事项，如告知的方式、告知的效力、告知后的结案方式等都未再作进一步的规定，这就使得在当事人不向法院申请破产的情况下，该执行案件依然存在，执行机关还需要继续予以强制执行。这样，对于其他债权人来说，就会造成明显不公正的后果。

由于我国法律规定的“告知申请破产模式”在司法实践中由于种种原因无法得以落实，而执行法院继续进行强制执行又会造成明显不公正的后果，因此，实践中很多法院不得不在企业法人“资不抵债”的执行案件中，实行参照“参与分配”的做法。所谓参照“参与分配”，从有些法院的实践来看，主要是指在强制执行程序中，由于企业法人存在资不抵债的情形，法院参照“参与分配”的程序和法律规定对债权人的债权进行清偿。这种做法可谓于法无据，但也实属不得已而为之，是在现有法律无法解决实际问题的情况下的变通之举。[③]

三、对我国执行实践中参照“参与分配”的做法的评述

依据法律规定，在执行程序中，对于“资不抵债”的企业法

---

① 参见金殿军：《论强制破产制度的创设》，载《强制执行指导与参考》2005 年第 1 辑，人民法院出版社 2005 年版，第 122 页以下。

② 例如，原《企业破产法（试行）》第 8 条规定：“债务人经其上级主管部门同意后，可以申请宣告破产。”《最高人民法院关于审理企业破产法案件若干问题的规定》第 6 条规定：“债务人申请破产，应当向人民法院提交以下材料……（四）企业职工情况和安置预案……”

③ 参见金殿军：《论强制破产制度的创设》，载《强制执行指导与参考》2005 年第 1 辑，人民法院出版社 2005 年版，第 125 页。

人，除未经清理或清算而撤销、注销或歇业的企业法人参照适用“参与分配”制度外，其他情形下对企业法人参照“参与分配”制度执行可谓于法无据。① 但是，立法者设计的用以解决“资不抵债”的法人企业财产分配的“告知申请破产模式”由于种种原因而无法实际适用，于是，作为我国“商人破产主义”补充的“参与分配”制度在实践中只好临危受命，替代解决本该属于“商人破产主义”立法下的企业法人的破产清偿问题。由此可以看出，实践与逻辑开了个玩笑——基于逻辑设计的制度未能解决实践中的问题。同时我们也看到，现有的“参与分配”制度在解决企业法人财产分配问题时又显得力不从心，其功效远远不如破产清算来得彻底、高效。这种尴尬的境地，亟须立法调整加以解决，而强制破产制度正是可以选择的方案之一，我们在下一章再对此问题进行进一步的阐述。

① 最高人民法院《执行规定》第96条规定：“被执行人为企业法人，其财产不足清偿全部债务的，可以告知当事人依法申请被执行人破产；但是，对于未经清理或者清算而撤销、注销或者歇业，其财产不足清偿全部债务的，应当参照本规定第90条至95条的规定，对各债权人的债权按比例清偿。”

第六章 我国强制执行竞合问题的解决

通过本书前一部分的理论剖析，以及对我国相关法律规定和强制执行实务的分析，可以看出，我国在解决强制执行竞合问题上存在着不少法律规定上的漏洞和缺陷。解决强制执行竞合问题，应当从强制执行竞合的基本理论出发，并结合我国的实际情况，探索和研究我国应遵循的原则，并协调我国法律规定在强制执行清偿原则、扣押措施以及保全执行与终局执行等问题上的矛盾和冲突。

由于强制执行竞合分为终局执行之间的竞合、保全执行与终局执行之间的竞合以及保全执行之间的竞合三种形态，所以，解决强制执行竞合应当从以下几个方面入手。

第一节 终局执行之间竞合的解决

终局执行之间的竞合又可分为三种形态，即金钱债权终局执行之间的竞合、金钱债权终局执行与非金钱债权终局执行之间的竞合、非金钱债权终局执行之间的竞合。对于这三种形态，有的学者根据各执行程序是否互相排斥，又将其分为两类，即执行程序目的不相排斥者和执行程序目的互相排斥者。① 金钱债权终局执行之间的竞合，由于各个执行程序目的相容，可以并存。非金钱债权终局

① 崔婕：《强制执行竞合的解决》，纪念民事诉讼法颁行十周年学术研讨会论文（2001 年）。

执行之间的竞合，如果各执行程序的内容相容，也可以并存。例如，多数债权人均依容许通行的终局执行根据，请求债务人容忍在其同一土地上通行。这两种情形都属于前者。而金钱债权终局执行与非金钱债权终局执行之间的竞合，或非金钱债权终局执行之间的竞合且各执行程序内容互不相容的，则属于后者，此时，只能满足一种债权。

一、金钱债权终局执行之间竞合的解决途径

非金钱债权终局执行之间的竞合，如果各执行程序相容，可以并存，应并案办理，这里暂且不谈。下面仅就金钱债权终局执行之间的竞合如何解决进行探讨和研究。

金钱债权终局执行之间，由于各执行程序目的相容且程序相同，所以，都需要对债务人的财产进行查封、扣押和拍卖、变卖以清偿债权。但是，在多个债权人对债务人的特定财产是平等地按比例受偿，还是先申请执行的债权人因其先申请而获得优先受偿地位的问题上，各国在立法上却有不同的做法，并由此形成了优先清偿主义、平等清偿主义和折中主义。笔者认为，在我国实现优先清偿主义的强制执行原则是发展的一般趋势。

（一）我国采用优先清偿原则的理论依据

如本书前两部分所述，各国无论是采用平等清偿原则还是采用优先清偿原则，都是为了充分体现民事强制执行的价值，即保障民事强制执行程序的公正和效率。我国现行的法律和司法解释对强制执行竞合的规定既有平等清偿原则，也有优先清偿原则，从理论上讲，作出这样的规定是互相冲突的，有时候甚至会造成无所适从。例如，在保全执行与终局执行竞合中，如果两者同为金钱债权的执行且不足以清偿债权时，是按照最高人民法院《执行规定》第 88 条的规定，即依优先清偿原则对先申请执行的债权人优先清偿，还是按照最高人民法院《适用意见》第 297 条的规定对各债权人按债权额的比例进行分配，就难以抉择。

我国法律对于平等清偿原则与优先清偿原则作出相互矛盾的规定，是与我国的文化传统、社会心理、价值观念等因素密切相关的。我国有几千年的文明史，长期以来形成了我国民众普遍存在的对结果公正或实体公正的依赖情结和较强的“重义轻利”意识。但是，随着中国的现代化发展的渐进，在市场经济规则的强大压力下，使得我国民众对“义”与“利”又有了新的观点和认识。伴随着对机会平等、程序正义与效率的认识的不断深化，强制执行优先清偿原则也自然地融入其中。因此，在对我国强制执行法的改革中，我们应当更新执行理念，确立优先清偿原则，这也是我国解决强制执行竞合问题的最佳选择。

在我国，确立优先清偿原则的理论依据如下：

第一，优先清偿原则从程序公正出发，更有助于实现债权人之间的公平。如前所述，公正与效率是民事强制执行制度的两大价值。在公正与效率之间还存在着价值评价标准问题，即在此两种法律价值发生冲突时如何评判取舍。首先，在民事强制执行中，公正与效率是互相包含、互相依存的。效率作为满足人类需求的一种价值，其中内含着公正的精神。从某种意义上说，效率所追求的是以最经济、最佳的方式来实现公正。同样，“当代社会中法律正义的公正内涵的确定，也需要借助于资源使用与配置的效益评价。某些行为的正义或公正性，甚至直接可以用效益作为度量。”① 其次，在民事强制执行程序中，公正与效率之间也会产生矛盾和冲突。

在公正问题上，笔者认为程序公正观更具有现实意义，它打破了传统的实体公正的观念，确立了程序法自身的保护实体权利的方法，体现了民事强制执行程序不依附于实体法的独立价值。应当说，程序公正的价值取向更符合世界各国强制执行清偿原则的发展趋势。从程序公正出发，强制执行优先清偿原则并不违反债权人平

---

① 顾培东：《效益，当代法律的一个基本价值目标》，载《中国法学》1992 年第 3 期。

等原则。首先，债权人对于债务人的强制执行，是利用国家的公权力强迫债务人履行义务的行为。尽管强制执行程序不如债务人的自由清偿行为简便，但是，两者之间在本质和目的上并无不同。既然在债务人自由清偿的场合，后来的债权人无法否认先前的债权人受清偿的效力，那么，在强制执行程序中，其原理应当是一样的，自然也应当允许债务人的清偿行为有时间上的先后，先申请者先受偿。其次，在强制执行程序中，一般来说，先申请执行的债权人在事前要花费大量的时间、金钱和精力去查报债务人的财产。在我国的司法实践中也是这样，如最高人民法院《执行规定》第 28 条规定，申请执行人应当向人民法院提供其所了解的被执行人的财产状况或线索。这就是说，债权人要申请强制执行，并不是简单地填写一张申请书而已，更重要的是去调查债务人的财产状况。那么，对于债权人花费心机获得的执行财产线索，理应由该债权人优先受偿。平等清偿原则允许申请参与分配的债权人不劳而获地分享先申请强制执行债权人所得的利益，实际上是用形式上的平等掩盖实质上的不平等。

第二，在效率问题上，优先清偿原则较之平等清偿原则也具有明显的长处：首先，债权人优先受偿权的顺序根据强制执行时间的先后而取得，其程序简便易行，债权人只要有执行根据就能进入扣押、拍卖程序，从而提高强制执行效率；其次，确立优先清偿原则，有利于提高债权人的法律保护意识，督促债权人及时行使申请强制执行的权利，便于法院及时解决执行案件，以促进社会经济秩序的稳定；最后，实行优先清偿原则，还可以避免在平等清偿原则下，由于其他债权人不断地申请参与分配，法院一再重新制作参与分配表，而导致强制执行程序迟延。同时，避免债权人在获得胜诉判决后迟迟不申请强制执行的现象发生，也可以减少债务人恶意转移财产、隐匿财产的机会。

第三，在我国，实行平等主义清偿原则不仅程序复杂，而且还有其他的限制，如管辖权的障碍。我国的法院判决一律由一审法院执行，而不是由债务人所在地法院执行，这样，每个案件往往产生多家法院争相执行一个标的物，而不是由一家法院处理，对参与分配程序的实施非常不便。特别是由于地方保护主义的影响，不同地方的法院之间为了各自的利益，要做到公正客观地保护所有债权人的利益是很困难的。

综上所述，我国在解决强制执行竞合问题上应当确立优先清偿原则。只有这样，才能更充分地实现强制执行程序的公开、公正、合理、及时等价值要求，体现强制执行程序的经济性及合目的性。

（二）我国的优先清偿原则的模式设计

强制执行优先清偿原则的基本内涵是，对于债务人的财产，先申请扣押的债权人，享有优先于其他无法定优先权的债权人受清偿的权利。德国、英国和美国在立法上均采优先清偿主义，但各国规定的优先权在具体内涵和性质上却又有所不同。具体可分为以下几种模式：

1. 德国模式

如前所述，德国法利用扣押质权制度，使债权人在扣押之际就取得担保物权人的地位，从而优越于其他普通债权人而受清偿。在保全执行和终局执行中产生的担保物权，在法律效果上与契约产生的担保物权后果相同。这种模式能够给予执行中的债权人以强有力的保护，但是，在债务人的偿债能力有限的情况下，因扣押行为产生的担保物权在破产程序中又享有别除权，如此一来，对于其他事先没有设定担保，事后又没有机会申请强制执行或保全执行的债权人来说，这项制度实际上剥夺了他们通过破产程序获得平等救济的可能性。所以，该模式在对债权人的保护上有失公平。

2. 法国模式

法国在强制执行的清偿原则上采平等清偿主义，但法国民法典规定的裁判上的抵押权制度实质上是把民事诉讼法典中的平等清偿原则架空了。与德国的扣押质权相比，法国裁判上的抵押权制度有以下特点：（1）对债权人的保护在时间上是大大地提前了，德国的扣押质权始于强制执行，法国裁判上的抵押权则始于裁判的作出。(2) 裁判上的抵押权制度仅限于对不动产的强制执行。尽管法国的裁判上的抵押权制度与德国的优先权相比有上述不同之处，但是，在破产程序中同样有别除权，所以，这一制度与德国模式存在相同的缺陷。

3. 英、美模式

英国普通法上仅承认债权人按交付执行令状的先后而有优先受偿权，并无扣押质权制度，而衡平法通过裁定设定担保权益（如前所述的扣押指令），也达到了使部分债权人优先受偿的目的。判决债权人通过扣押指令所获得的担保权益的发生时间是在判决作出之后，在债务人破产时，判决债权人对扣押财产不享有别除权。

美国法通过司法担保权益制度，规定法院的判决对债务人的财产产生判决担保权益，而强制执行本身又在债务人的动产和不动产上产生扣押担保权益和强制执行担保权益。这样，在司法程序中产生的担保权益，改变了普通债权人之间原来的平等地位，使强制执行优先清偿原则能够得以体现。美国的判决担保权益在对债务人的保护时间上与法国一样，都是始于裁判的作出，但美国的判决担保权益不仅仅限于不动产，也可以适用于动产，尽管在财产是动产的场合该担保权益不能对抗第三人。与德国、法国不同的是，美国法上的司法担保权益不同于因契约而产生的担保物权，在债务人破产时不享有别除权。

在以上各种不同的模式中，应当说，英、美的司法担保权益制度具有一定的合理性。因为，一方面，它充分考虑到了对先申请执行的债权人的保护，如对为实现债权付出费用和时间的债权人规定的优先受偿的权利，以及债权人的担保权益的产生时间的提前等；另一方面，为了不使优先主义破坏债权平等，在债务人的财产不足以清偿所有债权人债权的情况下，其他债权人或者债务人可以提出破产来阻止执行程序的进行，以使自己的债权获得一个平等救济的机会。

因此，笔者认为，我国在对强制执行优先清偿原则的模式选择上，应当在借鉴英、美的司法担保权益制度的基础上，结合我国的实际情况来确立。

从优先权的立法体例上看，各国主要有两种情况：一是在程序法中规定优先权，如德国民事诉讼法上的扣押质权和强制抵押权制度，美国债权人救济法中的判决担保权益和执行担保权益制度；二是在实体法中规定优先权，如法国民法典规定的裁判上的抵押权制度。一般来说，在民事诉讼法或强制执行法中采强制执行优先清偿原则的国家，其民法典对于优先权则规定得较少或者不作规定(如德国)，而采强制执行平等清偿原则的国家，其民法典对于优先权则规定得非常详细（如法国、日本)。这体现了强制执行清偿原则与实体法律制度互相配合的理想状态，① 即：

强制执行优先清偿原则 + 债权平等

强制执行平等清偿原则 + 民法上的优先权

基于上述两种模式，并结合我国目前的民事立法状况，笔者认为我国应将强制执行优先清偿原则规定在程序法（即民事诉讼法或强制执行法律）中。

（三）我国优先清偿原则的主要内容

如前所述，尽管最高人民法院《执行规定》第 88 条第 1 款确立了处理多个金钱债权人申请执行同一债务人案件优先清偿原则，但是，对于在我国确立这一原则，还有以下问题值得探讨：

1. 执行程序中，先申请执行的债权人优先于其他无法定优先权的债权人受偿的权利的称谓

该权利在德国的法律中称为扣押质权（限于动产）及强制抵押权（限于不动产)，在法国的法律中称为裁判上的抵押权（限于不动产)，而在美国则称为强制执行担保权益和判决担保权益。尽

① 江伟主编：《中国民事诉讼法专论》，中国政法大学出版社 1998 年 6 月版，第 297 页。

管它们都是产生于程序之中，但是，前两者并不随着程序的中止而消灭，在破产程序中仍有优先效力，而后者则是随强制执行程序的终结而消灭，在破产程序中不享有别除权。

笔者认为，我国优先清偿原则中优先权设立的目的是为了满足债权保全的需要，其只能在强制执行程序中发挥作用，所以，应当将其称为强制执行优先权或强制执行担保权。当然，这里的优先权不同于民法上的优先权。民法上的优先权是个多义的概念，它既可以指担保物权中的优先受偿权，也包括用益物权中的先买权等，而本书在这里仅指强制执行程序中的优先受偿权。

2．执行优先权的性质

执行优先权，从性质上说仅仅是为了确保执行债务人履行判决以及在执行债务人不履行判决时从扣押财产中优先受偿的权利，这种权利与英、美的司法担保权益类似，而与德国的扣押质权和强制抵押权有明显的区别，简而言之，执行优先权不能与债权成立时合意设定的担保物权相提并论。

在债权成立时合意产生的抵押权人或质权人，在债权成立时就考虑到了债权的风险并积极地采取了防范措施，其受到优遇，在债务人破产时享有别除权是理所当然的。执行优先权人则不同，他们在债权成立时没有积极采取防范措施，在这种情况下，尽管是基于执行效率等因素的考虑，在法律上赋予其由于诉讼在先或强制执行在先而产生的优先权，但是，在债务人破产时，对于执行优先权，应当像对待提前清偿，以及事前没有提供而事后提供的物权担保一样予以撤销，这无疑是基于公平的要求，为了有效地维护债权平等。所以，执行优先权从广义上看属于执行程序中的一种执行担保权益，而不是抵押权或质权，在破产程序中不享有别除权。

3．执行优先权的对象及内容

（1）执行优先权的对象。执行优先权是针对债务人的财产而设定的权利，那么，是否对债务人的所有财产都可以设定执行优先权呢？

对这一问题，有人主张应当从两个方面的条件来把握:[1] 其一，作为执行优先权的对象应当是可执行处分的物或权利；其二，作为执行优先权的对象应当是已登记公示的物或权利。因此，判决债务人的不动产、登记的动产，如车辆、船舶、航空器等当然可以成为执行优先权的对象。其他财产权利可否成为执行优先权的对象，根据物权法定原则，法律明确规定可以作为抵押物和质押物的，一般都可以成为执行优先权的对象，如知识产权、股权等。但是，笔者认为最高人民法院《执行规定》第 88 条第 1 款所规定的采取执行措施的范围并不限于不动产，对动产也可以采取措施，而且根据法院采取措施的先后优先受偿。所以，可以成为执行优先权的对象包括：动产、不动产、知识产权及股权等。

(2) 执行优先权的内容。法院经判决债权人申请，对可以成为执行优先权对象的、被申请扣押的财产作出扣押裁定。该扣押裁定本身并不是要求用被扣押财产偿还债务，而只是判决债权人在该财产上产生了担保权益，在以后的强制执行程序中，该债权人可以申请拍卖被扣押的财产并从拍卖的价款中优先受偿。

执行优先权在债务人或其他与财产有关的个人的申请下，法院可以在扣押裁定作出后更改或撤销该裁定。

4. 执行优先权的产生

(1) 执行优先权的产生方式。就执行优先权的产生方式看，有两种思路可以考虑：其一，于判决作出后，判决债权人申请法院进行判决登记，并予以公示，其法律效果是在判决债务人的现有财产（不特定）上设定担保权益。这无疑是借鉴美国的做法。其二，是借鉴英国的做法，在判决债权人得到确定判决之后，可以向法院申请扣押判决债务人的特定财产，并在法院作出扣押裁定后对该被扣押的财产在执行程序中享有优先受偿权。

---

① 沈德咏主编：《强制执行法起草与论证》（第一册），中国法制出版社 2002 年 3 月版，第 414 页。

在我国执行优先权产生方式的问题上，既要照顾到现实的可行性，又要考虑我国的法律习惯。笔者认为，第一种思路不可取。首先，与合意产生的担保物权不同的是，判决作出之时并无确定的担保物，甚至是否存在可抵押或质押的财产还有疑问。在物不确定的情况下承认执行优先权，有悖物权法定原则。其次，即使执行债务人有财产可供抵押或质押，但是，因为没有公示而不具有对世性，即使确定了担保权益的存在也毫无意义。再次，如果不论判决债权的数额而认可执行优先权可及于债务人的任何可供抵押、质押的财产的话，无疑限制了债务人财产的流通，加重了债务人的负担。最后，从我国现有的制度设置来看，在法院进行物权登记的做法不仅不符合我国的习惯，而且具有一定的难度。

相比之下，第二种思路不仅对判决债务人行使权利作出了必要的限制，有一定的合理性，而且也较为符合我国的习惯，应为我国所采纳。

（2）执行优先权的产生时间。执行优先权的产生时间，根据实施扣押对象的不同，可分为两种：

①不动产及其他财产权。判决债权人在获得法院给付金钱的确定判决后，就可以申请法院对判决债务人的特定财产进行扣押，法院作出扣押裁定之日起时，该债权人的执行优先权获得确定。也就是说，执行优先权产生的时间不限于执行程序中，而是应当在判决作出之后。

这一设想是基于对债权安全的保全的考虑。因为，尽管判决作出前的债权可以通过诉前保全、诉讼保全来积极弱化其风险，强制执行程序开始后，还可以依靠法院的执行行为对债权风险进行有效的限制，但是，判决确定债权后，申请执行前的这段时间却是法律救济的真空。于此期间，判决债务人一般不可能主动向债权人提供担保，而判决债权人也不能请求法院适用诉讼保全或采取强制执行措施，那么，这时即使判决债权人查到了判决债务人的财产，由于无法立即采取必要的保全措施，就有可能使判决债务人有了转移财产的时间，从而失去执行时机。所以，为了强化对债权人的保护，有必要将执行优先权的产生时间提前到执行开始前。

②动产。对动产的扣押只能在执行程序开始后进行，经债权人申请，法院作出扣押裁定后，该债权人即对扣押的动产享有优先权。

执行优先权的确定是以法院作出裁定的当日为起始时间，以后他债权人通过对该执行标的物重复扣押获得的执行优先权按时间顺序排列，只能在前一顺序的执行优先权所担保的金钱债权获得清偿后，就剩余部分实现清偿。但是，如果有两个以上的债权人在同一天内从法院获得就同一债务人的特定财产的扣押裁定的，那么，两个以上的债权人应当按照各自的债权额比例平均分配被扣押的财产经拍卖、变卖后所得的价额。

二、金钱债权终局执行与非金钱债权终局执行之间或内容不相容的非金钱债权终局执行之间的竞合

金钱债权终局执行与非金钱债权终局执行之间或内容不相容的非金钱债权终局执行之间发生执行竞合时，由于各执行程序的目的互相排斥，只能进行其中一种强制执行程序，满足其中一种债权。

我国最高人民法院《执行规定》第 88 条第 2 款规定的原则是：基于所有权和担保物权而享有的债权优先于金钱债权受偿。有多个担保物权的，按照各担保物权成立的先后顺序清偿。这一规定确立了物权优先于债权的原则，如果在同一物上有数个物权并存时，先设立的物权优先于后设立的物权。对于这一原则，笔者基本赞同，但是，从内容上看，这一原则还有待补充。因为，这一原则只考虑到了多个请求权分别基于物权和债权，或者均是基于物权的情况，而忽略了多个请求权均是基于债权的竞合情况的发生，在这种情况下，物权优先的原则并不适用。

因此，我国对于金钱债权的终局执行与非金钱债权的终局执行之间或内容不相容的非金钱债权终局执行之间的竞合解决的原则应当是：先申请执行者优先，但执行根据基于物权者更优先。

第二节　保全执行与终局执行之间竞合的解决

终局执行分为金钱债权终局执行与非金钱债权终局执行，而保全执行又可分为假扣押执行与假处分执行，因此，两者的竞合可以有以下四种类型：假扣押执行与金钱债权终局执行之间的竞合、假扣押执行与非金钱债权终局执行之间的竞合、假处分执行与金钱债权终局执行之间的竞合及假处分执行与非金钱债权终局执行之间的竞合。这四种形态，根据执行程序的目的是否互相排斥，又可分为以下两种情况：

一、假扣押执行与金钱债权终局执行之间的竞合

假扣押执行与金钱债权终局执行之间，由于两者均是为了实现金钱债权，所以两种程序可以并存。在两者发生竞合时，应当按照金钱债权强制执行竞合的清偿原则，即优先清偿原则予以处理，有执行优先权的优先受偿，但假扣押执行债权人所应当受偿的金额应当予以提存。

二、假扣押执行与非金钱债权终局执行之间、假处分执行与金钱债权终局执行之间以及假处分执行与非金钱债权终局执行之间的竞合

假扣押执行与非金钱债权终局执行之间、假处分执行与金钱债权终局执行之间和假处分执行与非金钱债权终局执行之间发生强制执行竞合时，由于各个执行程序相互排斥，只能满足其中一种执行程序。如前所述，对于这一问题如何解决，理论上有三种观点：终局执行优越说、保全执行优越说和折中说。其中，终局执行优越说和保全执行优越说均有其缺陷，相对来说，折中说的观点则较为合理、全面。也就是说，解决保全执行与终局执行之间的竞合问题，

除了以申请执行的时间先后作为基本原则之外，似乎也找不出其他更为公平合理的方法了。

一般情况下，先行的保全执行排斥后行的终局执行。但是，在不违背保全执行目的的情况下，允许后行的终局执行的债权人对同一保全财产进行扣押，但不得对该财产进行拍卖、变卖等最终处分，否则保全执行的债权人可以运用执行异议或第三人异议之诉进行救济。如果诉讼的结果是保全执行债权人在本案中败诉，或者保全执行被撤销，终局执行就可以进行。相反，如果保全执行债权人在本案中获得胜诉判决，则按终局执行之间的情形竞合处理。

第三节　保全执行之间竞合的解决

对于保全执行之间的竞合，我国现行法律的规定是先行的保全执行排斥后行的保全执行（如我国法律禁止重复查封、冻结），即对于同一保全财产，先行的保全执行和后行的保全执行是不能并存的。

当然，一般情况下，先行的保全执行应当具有排斥后行的保全执行的效力，但是，保全执行的目的只是在于用扣押等方法禁止债务人处分其财产，从而保证债权人将来的胜诉判决能够得以执行。因此，其他债权人在不违背这一目的的前提下，应当可以申请对同一保全财产实施扣押等保全方法。另外，如果认为对于同一财产不能重复进行保全执行，那么，在理论上，法院应当将后行的保全执行申请驳回。这时，一旦先申请保全执行的债权人撤回申请，法院将保全财产发还债务人后，后申请保全执行的债权人由于没有任何表示意见的机会，导致其债权没有任何保障。所以，对于同一财产，应当允许重复扣押。因此，先行的保全执行和后行的保全执行应该是可以并存的。

在保全执行并存（即竞合）的情况下，其处理方法因各个保全执行程序的不同而有所不同，如保全执行竞合分为假扣押执行之间的竞合、假处分执行之间的竞合以及假扣押执行与假处分执行之间的竞合，其中，假扣押执行之间的竞合，因其执行措施相容而可以并存。而假扣押执行与假处分执行之间、假处分执行之间，有的执行措施不相抵触（包括执行措施相同及执行措施不同但不互相抵触的），也有的执行措施相互抵触。下面分别予以说明。

一、假扣押执行与假处分执行之间的竞合

假扣押执行与假处分执行之间的竞合分为两种情况：

（一）其执行根据的内容或执行方法不相抵触

如依债权人甲的申请对债务人乙的土地实施假扣押执行后，另一债权人丙申请命令债务人乙容忍其通行该土地的假处分执行，此时这两种保全措施可以并存；又如债权人甲对于债务人丙的不动产申请法院实施假扣押执行后，债权人乙为了保全其不动产所有权转移登记的请求权，申请法院就同一不动产实施禁止丙转移、让与、设定负担、出租及其他一切处分行为的假处分执行，此项假处分执行与假扣押执行不相冲突，应当予以准许。但是，由于在时间上假扣押执行在先，假处分执行在后，执行在先者取得优先地位，所以，假扣押执行的效力优于假处分执行，假处分执行不得妨碍假扣押。假扣押执行债权人取得终局执行根据、申请转变为终局执行时，假处分债权人不得提出异议。

（二）其执行根据的内容或执行方法互相抵触

所谓互相抵触，是指假处分执行的内容，是撤销或变更假扣押效力或除去假扣押执行，或者假扣押执行的内容，是撤销或变更假处分效力或除去假处分执行。假扣押执行与假处分执行相互抵触的情况的发生，是由于法院在裁定准许假扣押或假处分时，并不需要审查请求标的物的状态或债权人欲保全的债权是否确可实现所造成的。例如，债权人甲对于债务人丙占有的动产申请法院实施假扣押执行，债权人乙请求法院对该动产实施交付的假处分执行，这样，债权人乙的假处分执行就会变更假扣押执行的内容或除去假扣押执

行的效力，从而与假扣押执行发生抵触，法院不应当予以实施。

二、假处分执行之间的竞合

假处分执行之间的竞合，也存在两种情况，即执行措施相抵触和执行措施不相抵触。

（一）执行措施不相抵触

假处分执行的方法，因债权人的请求的不同而具有多样性，对于同一债务人，不同的执行方法如果不相抵触，可以实施多次假处分执行。由于假处分执行在法律上的效力具有物权排他性，所以，第一次假处分执行的效力优先于第二次假处分执行，第二次假处分执行不影响第一次所进行的假处分执行的效力。[①] 如果第一次假处分执行的债权人所保全的权利，经诉讼后败诉应撤销其假处分执行的，第二次假处分执行的债权人当然可以期待受保全的利益，所以，在这种情况下，不同的假处分执行可以并存。例如，债权人甲为保全不动产的转移登记，申请法院实施禁止债务人转移、让与、设定负担的假处分执行后，债权人乙也申请法院就相同的不动产实施相同方法的假处分执行，此时，两种假处分执行可以并存。但是，第二次假处分执行不得妨碍第一次假处分执行的效力，第一次假处分执行的债权人在获得本案胜诉判决后，可以直接申请执行法院除去第二次假处分执行而实现其权利。

（二）执行措施相抵触

假处分执行之间，其执行措施互相抵触，是指第二次假处分执行的内容是撤销或变更第一次假处分裁定的执行。例如，第一次假处分执行的内容是禁止债务人就不动产进行转移，而第二次假处分执行的内容则是命令债务人将该不动产交付债权人，这时，如果对第二次假处分执行予以接受并实施，那么，就等于是否定了第一次

---

① 庄柏林：《强制执行之竞合及其效力》，载台湾地区《法令月刊》第41卷第10期，第129页。

假处分执行的效力。因此，在假处分执行措施不相容的情况下，由于各个执行程序无法并存，法院应依先申请执行者优先的原则，驳回后申请保全执行的债权人的申请。

第四节 我国相关强制执行制度的完善

在我国确立强制执行优先清偿原则后，我们还需要对相关的强制执行制度进行改革和完善，只有这样，才能使强制执行竞合问题从各个方面得以全面、有效地解决。

一、我国强制执行优先清偿原则的确立与扣押措施的协调

如前所述，我国立法上在强制执行清偿原则上规定的疏漏和矛盾，造成了扣押措施效力的法律规定上的失调。所以，我国如果实行强制执行优先清偿原则，还需要理顺这一原则与扣押措施之间的关系，以使我国的强制执行竞合问题得以全面、彻底地解决。具体地说，在扣押措施上应当作以下调整：

（一）允许重复扣押

扣押的效力与强制执行清偿原则直接相关。如前所述，在平等清偿原则下，对债务人的财产实施扣押措施，只能产生债务人丧失对执行标的物处分权的效力，而债权人并不因此而获得优先受偿权。同时，又由于允许申请执行在后的他债权人加入到已经开始的强制执行程序中来，并有权通过申请参与分配而获得平均受偿，所以，对债务人的同一财产，根本没有重复扣押的必要。而按照优先清偿原则，申请法院采取扣押措施的债权人将因该措施的采取而获得优先于其他普通债权人受清偿的权利，对金钱债权的清偿顺序是根据扣押措施实施的先后或申请执行的先后来决定的，所以允许重复扣押也是必然的要求。

允许重复扣押具有一定的积极意义。重复扣押可以防止第一顺序的扣押被撤销或者由于其他原因被解除以后，债务人趁机处分财

产，使后顺位的债权人的权利落空，对后顺位的债权人的利益造成损害。因此，允许重复扣押的，全体债权人的权利都比较有保障，这样，先申请扣押的债权人可以优先受偿，后申请扣押的债权人在先申请扣押的债权人的债权受偿完毕或放弃债权时，可依据申请扣押的先后顺序依次受偿，从而使债务人没有处分其财产的空隙。相反，如果禁止重复扣押，对于非首先申请扣押的债权人来说可能会有所不利。因为，根据个别的相对效力说的观点，债务人处分扣押物的行为只是不能对抗申请扣押的债权人，对其他债权人仍然有效。那么，如果首先申请扣押的债权人的债权不足扣押财产的价值，或者其放弃债权，则在其受偿或解除扣押后，债务人就可以处分其财产，从而使其他债权人的权利落空。

（二）禁止超额扣押

在平等清偿原则下，为了保障后来加入的他债权人的债权的实现，应当允许执行债权人实施超额扣押，而按照优先清偿原则，先申请采取扣押措施的债权人可以优先受偿，不会因为他债权人后来的加入而受到影响。所以，为了保护债务人的利益，法律不允许超额扣押，即实施扣押的范围应严格限制在执行根据所载的债权数额。

（三）明确扣押效力的相对性

我国现行法律规定，法院对债务人的财产采取扣押措施后，债务人对该财产进行的处分行为对任何人都不发生法律效力，即绝对无效。但是，一般认为，为了在不妨碍扣押目的的范围内确保交易安全，扣押的效力应当具有相对性。也就是说，实施扣押后，债务人违反禁止性规定而就扣押的标的物进行处分时，其处分行为仅对于债权人不发生效力，但对第三人仍然具有效力。债务人就扣押的财产所为的处分行为，只是不得对抗债权人，对于第三人仍有法律效力。

所以，我国在强制执行优先清偿原则下，应当规定：债务人的财产被扣押后，债务人处分扣押物的行为只是不得对抗申请扣押的债权人以及处分前申请参与分配的债权人，而对于处分后才申请参与分配的债权人仍然有效。

二、对终局执行（保全执行）与抵押权效力之间冲突的处理

在人民法院对执行义务人的财产采取强制措施时，往往会出现案外人以被执行的财产是抵押物为由主张财产权利，以阻止对生效判决的执行，对这一问题如何处理，不仅关系到强制执行法能否与实体法协调，而且关系到强制执行拍卖或变卖能否成功。

我国在这一问题上采取的是涂销主义，即执行标的物上的抵押权因拍卖而消灭，拍定人取得该标的物后，不承受先前存在于该标的物上的任何负担。这一原则的优点是：可以利用一次拍卖，消灭债务人的债务及标的物上的负担，免得优先权人再对拍定人行使权利，符合执行经济的原则，而且拍卖物上的负担因拍卖而消灭，拍卖物上无残留的复杂法律关系，可提高应买意愿及拍卖成功率。但是，这一原则也存在着明显的缺陷。根据这一原则，如果普通债权人及顺位在后的优先债权人申请拍卖，就会使顺位在先的优先债权人被迫提前受偿，从而丧失收取利息的利益，特别是在执行标的物卖得价金虽不足以清偿优先债权的情况下，仍然进行拍卖，使得顺位在后的优先权消灭，而申请执行的债权人也无实益，对优先权人和债权人都不利。

目前，其他国家在立法上均采剩余主义限制下的涂销主义或剩余主义限制下的承受主义，即在保证强制执行程序的实际效益的前提下或着重保障优先权人的权益或着重保障债权人的利益。我国也有学者提出应当在剩余主义限制下采取涂销主义为原则；如果执行标的物上存在的是用益物权，则宜在物权优先原则下维持承受主义，以免影响用益物权人的利益。[①] 笔者认为，解决这一问题应当

① 谭秋桂著：《民事执行原理研究》，中国法制出版社 2001 年 10 月版，第 431 页。

从三个方面考虑：一是程序法与实体法之间应当保持一致，也就是说，民事强制执行法的内容应尽可能与民事法律的基本原理一致和相协调。二是应当看到民事强制执行法本身所具有的独立价值。对于设有抵押权的执行标的物的拍卖，不能仅依据民法关于物权继受取得及物权追及或优先原则而解决，还要考虑到一个问题，就是在强制执行程序中，既要对标的物迅速进行拍卖并卖得较高价金，同时，还要兼顾优先债权人、普通债权人、债务人及拍定人的利益，维护拍定所形成的法律关系的稳定性。三是结合抵押权效力与终局执行（保全执行）冲突的具体情形分别加以分析和解决。

在抵押权效力与终局执行（保全执行）发生冲突时，根据抵押权人的债权是否已经到期及是否表示参加分配，可以将两者冲突的具体情形分为四种情况：（1）债权已到期，抵押权人在接到拍卖通知后表示愿意参加分配；（2）债权已到期，抵押权人在接到拍卖通知后没有作出参加分配的表示，或者表示不愿意参加分配；（3）债权未到期，抵押权人在接到拍卖通知后表示愿意参加分配；（4）债权未到期，抵押权人在接到拍卖通知后没有作出参加分配的表示，或者表示不愿意参加分配。

上述情形中，对于第（1）（2）（3）种情形应当采取剩余主义限制下的涂销主义进行拍卖。其中，对于第（1）种情况，抵押权人在债权已到期而未受清偿时，可以申请法院拍卖抵押物，并就卖得价金而优先受偿，这种情形较为单纯。第（2）种情况则较为复杂。一般地说，如果抵押权人表示不愿意参加分配，原则上法院应当尊重其表示而采取承受主义的拍卖，使其抵押权继续存在。但是，如果抵押权人在债权已经到期后迟迟不主张其权利，有时会产生有失公平的结果。虽然说是否申请拍卖抵押物属于抵押权人的自由，然而，在有普通债权人申请法院执行拍卖该抵押标的物的情况下，如果法律仍然容忍抵押权人不参加分配，无疑是鼓励了自由权利的滥用，[①] 且对于债务人及普通债权人的保护不利。因为采承受主义拍卖有时会影响交易的成功，而且拍定法律关系长期不能确定。所以，在这种情况下，法院可以依普通债权人的申请进行涂销主义的拍卖，而不须经抵押权人的同意。在第（3）种情况下，抵押权尚未到期，抵押权人不能主张其抵押权，但是，在强制执行程序中，为了简化程序、提高效率，在抵押权人愿意参加分配，而债务人又没有能力清偿抵押权时，采剩余主义下的涂销主义进行拍卖，不仅有助于拍卖的成功实现，而且可以使拍定的法律关系趋于稳定。

对于第（4）种情形，应当采取剩余主义下的承受主义进行拍卖。因为，权利行使与否，属于权利人的自由，一般来说法院不能强制其行使权利，申请执行的普通债权人也同样不能要求其行使。

三、我国执行管辖制度的问题与改革

执行案件的管辖法院如何确定更为合理，是目前理论界和实务界关注的一个问题。为了配合强制执行竞合的解决，我国的执行管辖制度也应当予以完善。

执行管辖是指人民法院之间受理强制执行案件的分工和权限，包括上下级法院之间的级别管辖和同级法院之间的地域管辖。我国民事诉讼法对人民法院制作的法律文书和其他机关制作的法律规定了不同的执行管辖法院，其中，由人民法院制作的法律文书，包括发生法律效力的民事判决、裁定，以及刑事判决、裁定中的财产部分，由第一审人民法院或者与第一审人民法院同级的被执行的财产所在地人民法院执行；法律规定由人民法院执行的其他机关制作的法律文书，由被执行人住所地或者被执行的财产所在地人民法院管辖。关于财产保全的执行，民事诉讼法尽管没有规定由法院的哪个

---

① 叶剑锋：《民事执行专题研究》，载台湾地区《政大法学评论》（1973 年 12 月）第 9 期，第 109 页。

机构来执行，但是，根据最高人民法院《执行规定》第3条的规定：人民法院在审理民事、行政案件中作出的财产保全和先予执行裁定，由审理案件的审判庭负责执行。

从我国现行的法律规定来看，执行管辖存在诸多问题，主要有：其一，对人民法院制作的法律文书和其他机关制作的法律文书的执行，在地域管辖上采用不同的标准不够科学。这一规定的立法理由是：人民法院制作的法律文书可以由第一审人民法院负责执行的规定，是考虑到第一审人民法院比较熟悉案情，便于做好当事人的工作，便于采取强制执行措施，而对其他机关制作的法律文书，人民法院并不熟悉，不具有便于执行的有利条件。所以，对两者规定不同的执行管辖很有必要①。对此，我国有学者指出，尽管人民法院对自己制作的生效裁判、调解书及支付令等比较熟悉，但是，根据审执分立的原则，负责审判工作的审判机构和负责执行工作的执行机构是人民法院内部的不同业务部门，各自独立行使职权，互不干涉，熟悉案情的是人民法院的审判机构，执行机构只能根据生效的法律文书所表示的内容采取相应的执行措施，无权参与审判了解案情。因此，笼统地认为第一审法院比较熟悉案情并不准确，所以，据此来区分人民法院制作的法律文书和其他机关制作的法律文书而规定不同的管辖法院也是毫无道理的。其二，法院判决一律由法院执行机构执行，财产保全裁定则由审理本案的审判机构负责执行。这样规定，一方面从审判庭来说，往往只作出一纸裁定，没有相应的手续跟上，经常达不到进行保全的效果，导致执行的时候对保全是否成立、是否有效产生很多争议；② 另一方面，依据不同执行根据对同一债务人的同一财产执行的往往为多个法院而不是一个

① 马原主编：《民事诉讼法的修改与适用》，人民法院出版社1991年版，第225页。

② 黄金龙著：《〈关于人民法院执行工作若干问题的规定〉实用解析》，中国法制出版社2000年1月版，第20页。

法院，加之地方保护主义的影响，从而使得对强制执行竞合问题的处理困难重重。

笔者认为，我国在强制执行地域管辖的问题上，应当规定不论是终局执行案件还是保全执行案件一律由执行标的所在地和执行行为所在地法院管辖。所谓执行标的所在地，是指在金钱债权和物的交付请求权的执行中，作为执行对象的动产、不动产或者其他财产权的所在地；而执行行为所在地则是指在行为或者不行为请求权的执行中，应实施执行行为的处所所在地。根据这个标准确定执行管辖，可以减少异地执行案件，节约人民法院的人力、物力和财力，提高办案效率，并且有利于克服地方保护主义的影响。对于财产保全案件的管辖，也应当由执行机构来负责，只有这样，才能便于保全执行和终局执行关系的协调，为强制执行竞合的解决提供制度上的保障。

四、我国强制执行程序与破产制度的协调及其改革

在上一章第五节中，我们对执行程序中对企业法人的“告知申请破产模式”存在的问题进行了分析，对法院在强制执行实践中对企业法人存在资不抵债的情形时参照“参与分配”制度对债权人的债权进行清偿的做法提出了批评。那么，解决这一问题的出路何在？笔者认为，解决之道就在于构建执行程序中的强制破产制度。

（一）建立强制破产制度的可行性

所谓强制破产制度，是指执行机关在强制执行程序中，发现作为被执行人的法人企业已经严重“资不抵债”，即已满足破产条件的情况下，依职权强制其进入破产程序的制度。

实际上，早在20世纪90年代，我国就有学者提出了构建强制破产制度的建议，如有学者认为，“人民法院在强制执行过程中如果发现债务人已达破产状态，可依职权宣告债务人破产，从而将强

制执行程序径直转化为破产程序。"[①] 而这种做法，早有先例。例如，我国台湾地区"破产法"第60条规定："在民事诉讼程序或者民事执行程序进行中，法院查悉债务人不能清偿债务时，得依职权宣告债务人破产。"在德国，"法院也可依职权宣告企业破产，但这只是一种例外情况"。[②] 在日本，公益法人的破产和为了避免破产而开始的程序失败后的牵连破产，法院可基于职权而作出破产宣告。[③]《新加坡破产法》第3条第1款第（J）项规定："若地区法院的行政司法官或法警送回传票，认为债务人没有可没收的财产，从本项的目标考虑，传票在地区法院行政司法官或法警手中搁置之日应视为作出破产行为之日。"

在我国强制执行法起草的过程中，我们曾欣喜地看到，其第一稿和第二稿都在第311条中对强制破产作出了规定："在对有法定破产能力的被执行人的执行程序中，发现被执行人的财产不足清偿全部债务的，应当告知债权人和债务人可以申请被执行人破产，或者依职权将案件移送到有管辖权的法院开始破产程序。"[④] 但之后，我们又不无遗憾地发现，在第四稿中该条款被删除了。但无论如何，这些条文或者见解的出现，都表明在一定情形下法院依职权强制债务人进入破产程序的合理性和可行性。

（二）强制破产制度的适用条件

强制破产制度作为连通强制执行程序与破产程序的桥梁，只有在具备了可操作性的具体制度设计时才能发挥其应有的作用。通常

---

① 林祖彭、李浩：《建议在司法执行中建立强制性破产制度》，载《政治与法律》1998年第5期。

② 范安菊：《德国新破产法述评》，载《河南省政法管理干部学院学报》2001年第1期。

③ ［日］石川明著，何勤华、周桂秋译：《日本破产法》，中国法制出版社2000年版，第34页。

④ 沈德咏主编：《强制执行法起草与论证》（第一册），中国法制出版社2002年版，第229页。

情况下，破产程序的启动以当事人申请为原则，国家依职权启动破产程序可谓是对破产申请原则的重大突破。这就要求，必须对强制破产的适用条件进行严格的界定，一方面使其更具有可操作性，另一方面可以通过具体条件上的限制实现创设该制度的价值目标。

强制破产制度的适用条件可以从两个层面进行分析：一是强制破产程序的启动条件；二是强制破产程序的裁定条件。

1. 强制破产程序的启动条件

强制破产程序的启动条件，即执行机关在什么情况下可以启动对被执行人是否适用强制破产程序的审查。概括起来说，就是有初步证据表明被执行人的资产不足以清偿所欠的债务。

第一，被执行人的资产。被执行人的资产，不仅包括已被执行机关采取保全性强制执行措施的被执行人的财产，还应当包括执行机关所了解和查实的被执行人的其他财产。了解和查实的途径不限于当事人提供的材料，也包括执行机关根据执行案件的情况进而依职权查实的，以及有利害关系或者无利害关系的案外人提供的线索或证据。

第二，被执行人的到期债务。这里所称的到期债务，不仅包括本院已经立案受理的案件的标的额，而且包括其他法院已经立案受理的案件的标的额，还包括尚未取得执行根据但已经到期的其他债权额。总之，只要被执行人的债务已届清偿期，都应当包括在内。

2. 强制破产的裁定条件

强制破产的裁定条件，是指执行机关根据初步掌握的有关被执行的资产债务状况，再经过一定的程序对之予以审查和认定，进而裁定进入破产程序所必须具备的条件。这个条件应当与当事人申请破产时的破产原因相一致。破产原因又称破产界限，是指“认定债务人丧失清偿债务能力，当事人得以提出破产申请，法院据以启动破产程序、宣告债务人破产的法律事实”。① 具体而言，包括以

① 王欣新著：《破产法专题研究》，法律出版社2002年版，第19页。

下几个条件：

第一，须被执行人支付不能，即被执行人丧失清偿能力。丧失清偿能力是指根据债务人的财产状况，综合考虑其财产的保有状况、信用和能力认定其已经无法偿还所欠债务。在执行程序中，具体地说，就是申请执行人和其他未取得执行根据的债权人有要求被执行人偿还的意图，而被执行人无法履行到期偿还义务。[①] 如果有其他人愿意代为清偿债务的，执行机关也不应启动强制破产程序。

第二，须不能清偿的债务为到期债务。对于未到期的债务，由于债务人只负有将来的清偿义务而没有现实的清偿义务，只有当债权到期并且债权人要求债务人清偿时才会产生债务人清偿不能的情况，故暂时不能启动强制破产程序。

第三，须被执行人未支付到期债务呈现出持续状态，即被执行人因客观原因未能清偿到期债务，且持续了一段时间，而且不能支付的状态还将延续下去。

第四，须被执行人的财产不足以清偿其所欠所有的债务，即被执行人的消极财产超过了其积极的财产，出现了“资不抵债”的情形。在计算被执行人的债务时，其他人代为清偿的部分和债权人并未主张的部分不应当计算在内。

（三）强制破产程序的启动、审查和裁定

从整体上看，强制破产程序的运行，包括强制破产的启动程序、强制破产裁定条件的审查和强制破产的裁定三个阶段的内容。

1．强制破产的启动程序

强制破产程序建立的重要基础，就是作为被执行人的企业法人已届破产条件，而执行程序中的各债权人又都不愿意提出破产申请。需要注意，各债权人不愿意提出破产申请是以各债权人知悉破产原因为前提的，因此强制破产程序启动前，执行法院必须将被执

① 债务已经到期，但债权人未予主张的，不构成清偿不能。参见韩长印：《破产原因立法比较研究》，载《现代法学》1998 年第 3 期。

行人“资不抵债”的情形告知各债权人。这也表明，强制破产程序是“告知申请破产”途径的补救机制，而不是替代机制；只有在告知后一定期限内仍不愿意申请破产的，才可以启动强制破产程序。

由于执行机关启动破产程序涉及当事人的重大利益，因此，执行机关必须在调查和核实有关证据材料的基础上，及时作出附有启动强制执行破产程序理由和法律依据的裁定书。

2. 强制破产裁定条件的审查程序

强制破产裁定条件的审查程序，是指执行机关对被执行人的资产状况是否满足强制破产的裁定条件而进行审查和认定的程序。笔者认为，审查程序应当注意以下问题：

第一，执行机关在审查是否符合破产条件时，应当组成合议庭，由合议庭负责程序和实体条件的审查。

第二，执行机关需要在启动破产程序裁定作出后，及时向申请执行人、被执行人送达传票，把出庭的时间、地点和权利、义务告知各方当事人。

第三，执行机关的审查程序应当开庭进行审查，各方当事人可以围绕是否符合强制破产条件进行辩论，具体可参照执行听证的方式进行。

第四，合议庭在听取各方意见、经过合议之后，应当及时作出适用或者不适用强制破产程序的裁定。

3. 强制破产裁定的相关问题

执行机构作出的强制破产裁定，因涉及当事人的重大利益，应当注意以下问题：

第一，裁定的管辖法院。当被执行人在多家法院同时或先后被申请强制执行时，会涉及强制执行破产裁定的管辖权问题。从与我国实行的查封制度相配合的角度，也为了避免不必要的混乱，我们认为由首先对被执行人的财产采取查封、扣押或冻结等强制执行措施的法院管辖较为适宜。为避免发生管辖权争议，可规定后采取强制执行措施的法院在得知其他法院已经采取强制执行措施时，不得启动强制破产程序；已经启动的，应当裁定中止处理，并将有关材料移送先采取强制执行措施的法院一并处理。

第二，强制破产裁定的复议程序。执行机关作出适用强制破产程序的裁定后，裁定书应当送达债务人和各债权人，并允许当事人向上一级人民法院提出复议申请。上一级法院接到复议申请后，应当依法进行复议，并作出相应的复议决定。逾期不提出复议申请的，裁定生效。

第三，破产案件的管辖法院。根据2007年生效的新《企业破产法》第3条的规定，破产案件由债务人住所地人民法院管辖。同时，根据有关规定，并按照核准企业的工商登记机关确定级别管辖。强制破产的管辖法院，也应当依据这一原则确定地域管辖和级别管辖问题。也就是说，执行法院在作出适用强制破产程序的裁定后，应当及时将该案件移送给上述管辖法院，受移送的法院必须受理，并按照《企业破产法》的规定展开各项活动。

总之，建立强制破产制度，是解决实践中“告知申请破产模式”存在问题的有效途径。但是，对于强制破产制度而言，它只是在作为被执行人的企业法人资不抵债的情况下，为顺利地使其进入破产程序提供了一个途径。强制破产制度功能的发挥，还需要仰赖相关配套制度的健全和完善，如破产法的完善、参与分配制度的修改与完善等。其中，为达到强制破产制度与参与分配制度之间的协调，需要将参与分配制度定位为通过合并多个执行程序以解决多个债权人申请执行的问题，并规定参与分配的适用主体不限于公民、其他组织，也包括企业法人；参与分配不以被执行人“资不抵债”为条件，而将强制破产制度定位为解决企业法人“资不抵债”情形下的财产分配问题的制度。

第七章　我国参与分配制度的立法及完善

在市场经济条件下，市场主体之间进行广泛而活跃的横向经济交往，一个市场主体往往同时与多个市场主体发生经济关系。一旦某市场主体因经营失败或遭受不可抗力等原因不能清偿所有到期债务时，便出现了多个债权人对同一债务人所享有权利的冲突。破产制度为平衡各债权人之间的利益冲突提供了较理想的思路。它首先满足具有优先请求权的债权人正当合理的清偿要求，进而以“比例公平”的原则使所有一般债权人实现同一比例的债权，共同分担债务人的亏损。

在采用一般破产主义的国家或地区，不论是法人还是自然人、其他组织，也不论是商人还是非商人，都具有破产能力。这样，在强制执行程序中（包括强制执行竞合的情况），如果遇到执行义务人资不抵债时，强制执行程序就可转为破产程序。而我国现行的破产制度采有限破产主义，《企业破产法（试行）》的适用对象是国有企业；《民事诉讼法》中企业法人破产还债程序的适用对象是除国有企业外的具有法人资格的企业，它不适用于非法人企业、个体工商户、农村承包经营户、个人合伙，即只有企业法人才可以适用破产程序公平清偿所有债权。因此，在强制执行中，如果遇到企业法人资不抵债时，强制执行程序可以转为破产程序。但是，由于自然人或其他组织不具有破产能力，所以，为了弥补破产法适用主体上的不足，最高人民法院《适用意见》中针对具有多数债权人的其他组织和公民“资不抵债”的情况，规定了强制执行中的参与分配制度，从而为所有债权人提供了一条公平受偿的法律途径。

由于他债权人请求对债务人的已经被采取执行措施的财产进行强制执行，才产生强制执行的竞合，也才有可能出现多个债权人对债务人同一财产的执行所得金额平均分配，同时，也正是由于他债权人可以请求对债务人的同一财产的执行所得参与分配，才使强制执行竞合得以解决。所以，参与分配既是强制执行竞合的一种表现形式，也是解决强制执行竞合的一种方法。

我国参与分配制度体现的主要是平等原则。目前，在一般破产主义已经成为破产制度中的一种发展趋势的情况下，我国的破产法也应当顺应这一发展趋势。在这种情况下，如何改革完善我国的参与分配制度，具有重要意义。

第一节　参与分配制度概述

一、参与分配制度的概念和特征

（一）参与分配制度的概念

一般地说，参与分配，是指对债务人财产实施强制执行所得的金额，他债权人向执行法院请求平均受偿，以实现自己的债权。而就我国而言，参与分配制度是指取得执行根据的债权人对被执行人的财产开始执行程序后，被执行人的其他已取得执行根据或者已经起诉的债权人，发现被执行人的财产不能清偿所有债权时，向人民法院申请就所有债权平等受偿的制度。① 从功能上看，参与分配制度是解决金钱债权执行竞合的一种方式。

参与分配制度的历史由来已久，早在罗马法中就有所体现。罗马法学家保罗在《论告示》第 59 编中指出：“当债权人中的一人

① 江伟、肖建国：《民事执行制度若干问题的探讨》，载《中国法学》1995 年第 1 期。

要求控制债务人的财产时，人们问：是否只有提出了要求的人才能够占有此财产？当只有一个人提出要求并且得到裁判官允许时，这是否使所有债权人均有了占有财产的可能性？确切地说，在裁判官允许占有之后，这不被看做是对提出要求者的允许，而被视为允许所有债权人占有财物。”① 自罗马法始，参与分配制度就逐渐被看做是实现债权人法律上平等保护的理想制度而先后为不少国家和地区的民事程序法或者强制执行法所确认。

目前，大陆法系各国和地区的民事诉讼法或强制执行法大都将参与分配制度作为解决金钱债权执行竞合的一种方式予以规定，如《法国民法典》第2039条规定，债务人的全部财产为其债权人的共同担保，其卖得价金，除个别债权人有优先权情形外，应按债权额分配与债权人。《德国民事诉讼法》第872条规定：“在对动产强制执行中，提存的金额不足以清偿有关债权人时，应进行分配。”我国台湾地区“强制执行法”的第2章“关于金钱请求权之执行”于第1节专门对参与分配制度作了规定。该“法”第31条规定：“因强制执行所得之金额，如有多数债权人参与分配时，执行法院应作成分配表，并制定分配期日，于分配期日五日前以缮本交付债务人和各债权人，并置于民事执行处，任其阅览。”

我国早在1990年，国务院68号文件和1991年《最高人民法院关于在经济审判中适用国务院国发（1990）68号文件有关问题的通知》就作了如下明确规定：“被撤销的公司资不抵债、且有多个债权人的，应按比例统一清偿。”这是在《企业破产法（试行）》实施后国家又公布的一种新的规定，也就是说是与破产制度平行适用而又截然不同的制度。但是，我国1991年《民事诉讼法》中并未对参与分配制度予以规定，而是在随后的最高人民法院《适用意见》中首次确立了该制度，但仅仅只有三条粗略的规定。经过

① 黄风译：《民法大全选译·司法管辖审判诉讼》，中国政法大学出版社1992年版，第89页。

数年的司法实践，最高人民法院又于 1998 年在《执行规定》中对参与分配制度的内容作了进一步的规定。

具体来说，我国最高人民法院《适用意见》第 297 条规定：被执行人为公民或者其他组织，在执行程序开始后，被执行人的其他已经取得执行依据的或者已经起诉的债权人发现被执行人的财产不能清偿所有债权的，可以向人民法院申请参与分配。这是我国参与分配制度确立的标志，也是对我国参与分配制度之概念和条件的最初描述。最高人民法院 1998 年发布的《执行规定》进一步将参与分配制度规定为：被执行人为公民或者其他组织，其全部或主要财产已被一个人民法院因执行确定金钱给付的生效法律文书而查封、扣押或冻结，无其他财产可供执行或其他财产不足清偿全部债务的，在被执行人的财产被执行完毕前，对该被执行人已经取得金钱债权执行依据的其他债权人可以申请对该被执行人的财产参与分配。可见，最高人民法院《执行规定》对参与分配制度的内容规定较《适用意见》更为具体，同时，条件规定得也更为严格。

（二）参与分配的法律特征

综观大陆法系各国、我国及我国台湾地区之规定，参与分配制度具有以下特征：

1. 制度价值的公平性

参与分配制度是为了配合破产制度而设立的，它必然受破产制度首要价值的影响，即以公平地保护所有债权人的权利为主要目的。由于实行参与分配的前提条件是被执行人的财产不足以清偿所有债权，因此，如果不允许其他债权人申请就执行所得参与分配，那么，虽然提起执行程序的债权人的债权可以得到全部清偿，但是，其他债权人的债权则很有可能全部或者部分得不到清偿，这就会造成债权人之间的不公平。另外，在参与分配中，还存在如何用较少的执行所得清偿较多的各债权人的债权的问题，即如何分配的问题，一般来说，进行分配的原则是对各个债权人的债权按比例清偿。这些都体现了参与分配制度价值的公平性。

2. 参与主体的有限性

对于参与主体的有限性，应当从以下两个方面来理解：（1）由于参与分配制度只适用于关于金钱债权的强制执行，这就要求：第一，已经开始的强制执行程序必须是关于金钱债权的执行；第二，申请参与分配的债权也必须是金钱债权。在强制执行程序中，其他债权人要想参与分配，其债权必须为金钱债权。对于非金钱债权的执行程序，如果在强制执行中转变为金钱请求的执行的，则他债权人可以依法申请参与分配。例如，执行根据中要求债务人履行的行为是可替代的行为时，若该行为由第三人代为履行，则该案件就由对行为请求权的执行转化为对金钱债权的执行。但是，对于物之交付请求权、作为或不作为请求权，在执行债权人未将其变更为金钱请求的债权之前，不能参与分配。（2）申请参与分配的主体必须是对被执行人已经取得执行根据或者已经起诉的债权人。对没有起诉的债权人和债权未至清偿期的债权人，尚未赋予其申请参与分配的资格。

3. 分配客体的特定性

申请参与分配的债权人只能对被执行人已采取强制执行措施的财产申请参与分配，而不包括被执行人的其他财产，即不能对执行债权人没有申请扣押的财产申请参与分配。理由如下：（1）对于尚未采取强制执行措施的债务人的财产，他债权人可以按照规定另行申请强制执行或申请财产保全；（2）对该财产的强制执行程序开始前，他债权人无法申请参与分配；（3）他债权人参与分配只是就执行所得获得清偿，对于未扣押的财产，因其在参与分配中不能主动申请采取强制执行措施，也就无法从中受偿。当然，他债权人申请参与分配后，执行法院对原来没有采取强制执行措施的其他财产再实施扣押措施，则属于另外的问题。

4. 申请时间的限制性

申请参与分配的债权人只有在强制执行程序开始后至执行所得移交债权人之前提出参与分配申请。其他债权人既不能在执行程序开始前，也不能在执行所得已由法院移交债权人后提出参与分配申请。

二、参与分配制度的功能

任何一种法律制度的确立与存续，均应有其存在的价值和意义，在现代法律体系中体现必要的功能。不体现任何功能的法律制度如无根的树木，是没有存在之基础的。同样，错误地担当着某些功能的法律制度，也会如失去根基的大厦，终有一日面临坍塌的危险。

从民事实体法的角度而言，债务人的财产是其所有债权人债权的总担保。[①] 所以，当一个债权人就债务人的财产向执行机关申请强制执行时，其他债权人应当有权要求就债务人的同一财产参加到执行程序中，以获得法律的平等保护。这是参与分配制度在实体法上的理论基础。

从程序价值角度来讲，参与分配制度作为各国民事诉讼法或强制执行法中普遍存在的一项制度，其功能定位应当由强制执行程序的价值取向决定。与审判程序追求公正的价值目标比较而言，强制执行程序追求的价值取向更具有效率优先性。因为，审判程序的任务在于以裁判确认当事人双方权利义务关系的方式来解决民商事纠纷，这就要求审判行为必须以正义或公正作为根本准则，提供较为慎重的程序保障以追求裁判结果的公正性，其侧重点在于确保程序和结果上的正当性。而在执行程序中，当事人间的权利义务关系已为生效的执行依据确认，执行程序只具有实现已被确认的债权之功能，是以迅速、准确地实现已为生效裁判确认的权利为目标，所以更应偏重于程序的效率性。[②] 当针对同一债务人的财产，多个取得

---

① 参见张登科著：《强制执行法》，台湾地区文太有限公司 1992 年版，第 226 页。

② 参见邹川宁著：《民事强制执行基本问题研究》，中国法制出版社 2004 年版，第 5 页。

执行依据的金钱债权人先后或同时申请强制执行时，如果按照正常程序分别执行，难免造成执行措施和程序的一再重复，有违强制执行程序的效率价值。基于此，参与分配制度应运而生。

因此，参与分配制度的功能就在于通过该制度，使同一债务人的多个金钱债权能够通过同一执行程序获得清偿，从而节省执行时间和执行费用，提高执行效率。在实现程序效率的前提下，兼顾多个债权人（非所有债权人）的整体利益，在数个债权人之间进行分配，保证所有参加参与分配的债权人之金钱债权都能得到一定程度的实现，达到效率与公平的平衡。

三、参与分配与强制执行竞合、破产程序的关系

（一）参与分配与强制执行竞合的关系

执行竞合是强制执行实践中普遍存在的现象，我国民事诉讼法并未对执行竞合作出详细的规定，只是以司法解释的形式作出了一些规定。一般认为，“执行竞合是指多数执行权利人同时或先后以其不同的执行根据对同一执行义务人的特定财产，请求法院为强制执行，由于各执行权利人执行根据的种类和内容的不同及执行义务人特定财产的有限性，导致各执行权利人的执行无法同时获得满足，此时各执行权利人的执行相互之间发生排斥。”[①] 也有学者认为，执行竞合有广义和狭义之分，狭义的执行竞合不包括金钱债权之间的竞合，即不包括参与分配，广义的执行竞合则包括参与分配。[②]

在强制执行中，债权人金钱债权请求的执行根据与非金钱请求的执行根据发生竞合是必然的，在债务人不能清偿所有债务时，此种竞合表现得尤为明显。债权人金钱债权请求的执行根据之间发生

---

① 参见江伟主编：《民事诉讼法学原理》，中国人民大学出版社 1999 年版，第 886 页。

② 崔婕：《执行竞合的解决》，载《法商研究》2004 年第 4 期。

竞合，则可以通过参与分配制度予以解决。针对金钱债权的执行根据与非金钱债权的执行竞合的情况，如果债务人有能力清偿所有债权，应当优先满足交付特定物的请求，因为债务人尚有其他财产可供执行，交付特定物并不会影响金钱债权的实现；如果债务人不能清偿所有债权时，依据我国现行执行制度的有关规定，债务人是公民或非法人组织的，执行竞合通过参与分配解决。须注意的是，在此种情况下，非金钱债权要转化为金钱请求债权；债务是法人的，则通过破产程序加以解决。总之，笔者认为从我国现行最高人民法院《执行规定》来看，参与分配是解决执行竞合的方式之一。

同时，参与分配制度是与解决强制执行竞合中的平等清偿原则或团体优先原则相适应的。如果是实行完全的优先清偿原则，则依请求执行的先后或者依采取扣押措施的先后决定受偿的顺序，从而不可能出现平均或按比例分配执行所得金额的现象，即不可能存在参与分配的问题。

（二）参与分配与破产程序的关系

破产制度与民事执行制度共同构成了现代的债务执行制度，[①]两者之间具有某些共性。尽管参与分配和破产程序的适用条件之一都是债务人的财产不足以清偿所有的债权，而且，两者都是在债务人资不抵债时所运用的特殊清偿手段，目的是为了使数个债权人能获得公平清偿，但从理论上说，参与分配程序毕竟是与破产程序完全不同的制度。

1．参与分配与破产程序的区别

（1）性质不同。参与分配是强制执行程序中的一项解决强制执行竞合的制度，而破产程序是一项独立的法律制度。强制执行程序在性质上属于个别的执行程序，破产程序在性质上属于一般的执

① 债务执行制度是指在债务人不能履行或不愿履行的情况下，通过一定的强制力量使债务尽可能得以实现的制度。参见张冬之、申海思：《破产制度之债务执行基础分析》，载《社会科学研究》2003 年第 1 期。

行程序。

（2）功能不同。强制执行程序的功能在于通过国家公权力迫使债务人履行义务，实现债权人的权利。参与分配制度作为强制执行程序的组成部分，也是债权人实现私权的程序，所以参与分配程序终止后，债务人的民事主体资格并不丧失，而且清偿后的剩余债务并不免除，若有财产的，可继续清偿债权；破产制度的功能在于通过对债权人的债权进行一般清偿，免除债务人不能履行的其他债权，最终使债务人从沉重的债务中解脱出来，重新寻求发展。

（3）适用主体不同。参与分配的适用主体只能是公民和其他组织，而且只有债权已届清偿期的债权人才能提出申请；而破产程序的适用主体则只能是企业法人，不论其债权清偿是否到期，都可以依法参加破产程序。

（4）发动原因不同。参与分配只能经他债权人的请求而发动，债务人不能主动提出对自己的财产进行分配；而破产程序的进行则既可以由债权人申请而开始，也可以由债务人自己主动提出破产申请而开始。

（5）效力不同。参与分配执行完毕以后，债务人对其未履行的债务必须继续履行；而破产程序终结以后，对债务人产生破产免责的效果，即债务人对其未能履行的债务，不再负有清偿的义务。

2. 破产制度与强制执行制度的关系

虽然强制执行制度与破产制度在现代法律体系中各自分担不同的任务，但两者有着密切联系。可以说，破产制度与强制执行制度共同构成了现代的债务执行制度。

从广义上说，破产制度是强制执行制度的一部分，二者都是保证债权人的债权得以实现的程序。在理论上相对于民事案件个别强制执行来说，可将破产制度称之为概括执行。当出现多个债权人对同一债务人请求履行债务，而债务人的财产又不足以清偿所有债务时，破产制度为解决债权人与债务人，以及各债权人之间的利益冲突提供了理想的解决思路。它首先满足具有优先请求权的债权人正当合理的清偿要求，进而遵循“比例公平”的原则使所有一般债权人实现同一比例的债权，共同分担债务人的亏损。[①] 因此，设立破产制度的直接目的就是为了保证全体债权人得到最大限度的公平受偿。

第二节 参与分配的构成要件

在实行平等清偿主义或者团体优先主义的国家，都通过强制执行法对参与分配的条件作出明确的规定，一般包括以下各项：(1) 须有多数债权人；(2) 须不足清偿全部债务；(3) 须均为金钱债权；(4) 他债权人的债权须已届清偿期；(5) 申请参与分配的执行须为终局执行；(6) 须为对于已开始实施强制执行的财产提出；(7) 他债权人的债权须有执行名义或者对于执行标的物有优先受偿权。

根据最高人民法院《适用意见》第 297 条、第 298 条和最高人民法院《执行规定》第 90 条、第 92 条的规定，在我国，债权人请求参与分配应当符合以下条件：

一、有数个债权人存在

如前所述，参与分配只不过是处理金钱债权的强制执行竞合的一种方式，所以，参与分配的适用条件和强制执行竞合一样，都要求有数个债权人存在。也就是说，参与分配程序解决的是数个债权人对同一债务人同时请求清偿的问题，该数个债权人中，包括申请执行的债权人和申请参与分配的债权人（即他债权人）。另外，债务人也必须是同一的，即只有一个债务人而该债务人有多个债权人。多个债权人有多个债务人，一个债权人对多个债务人，或者一

① 参见朱良好：《对我国民事执行参与分配制度的反思》，载《社会科学》2003 年第 2 期。

个债权人对一个债务人，在一般情况下都不会发生参与分配问题。

二、债务人是公民或其他组织

一般地说，参与分配的债务人应当是公民或其他组织。根据最高人民法院《适用意见》第297条的规定："被执行人为公民或者其他组织，在执行程序开始后，被执行人的其他已经取得执行依据的或者已经起诉的债权人发现被执行人的财产不能清偿所有债权的，可以向人民法院申请参与分配。"可见，依该条规定的内容，只有公民和其他组织才具有参与分配义务主体的资格。这是因为：参与分配是以他债权人发现被执行人的财产不能清偿所有债权为条件的，而作为法人在其存续期间依法应当有必要的财产，如果企业法人的财产不能清偿所有债权，说明该企业法人已达到了破产界限，债权人和债务人应当依法申请宣告其破产，而不是实行参与分配。所以，法律明确规定，被执行人为企业法人，其财产不足以清偿全部债务的，可告知当事人依法申请被执行人破产。①

但是，最高人民法院在《执行规定》中，对参与分配债务人的范围已有所扩大，如《执行规定》第96条规定："被执行人为企业法人，未经清理或清算而撤销、注销或歇业，其财产不足清偿全部债务的，应当参照本规定第90条至95条②的规定，对各债权人的债权按比例清偿。"这一条规定了企业法人为被执行人时，比照参与分配处理的特殊情况。尽管最高人民法院之所以赋予企业法人在特殊情况下的参与分配的主体资格，主要是针对目前企业撤销、注销或歇业后财产无人清理、破产制度不健全、破产程序的启动十分困难等特殊情况，为了维护债权人之间的公平受偿而作出的

---

① 最高人民法院《执行规定》，第89条。

② 注：此6条为参与分配的规定。

规定，[①] 但是，笔者认为，从将来的发展趋势看，各国都在由有限破产主义向一般破产主义转换，因此，随着我国破产制度的完善，将参与分配的债务人限定为公民和其他组织将失去其应有意义。

三、债务人没有其他财产可供执行或者其他财产不足清偿全部债务

这是实行参与分配的实质要件。“债务人没有其他财产可供执行”，是指除了已被采取强制执行措施的财产之外，债务人已没有其他财产。这时，他债权人如果不参与分配，其债权将没有受偿的可能。“其他财产不足清偿全部债务”，是指除了已被采取强制执行措施的财产以外，债务人还有其他财产，但是其他财产不足以清偿他债权人的全部债权。此时，他债权人如果不参与分配，其债权就不能得到全部清偿。如果债务人除了清偿申请执行的债权外，还有其他财产可供强制执行，那么，已经取得执行根据的他债权人可以另外申请强制执行，已起诉的他债权人可以等到取得执行根据后再申请强制执行。只有当债务人的财产不足以清偿全部债权时，为公平地保护各债权人的债权，才有必要实行参与分配。

四、债权人必须已经取得执行名义

根据最高人民法院《执行规定》第 90 条的规定，在被执行人的财产被执行完毕前，对该被执行人已经取得金钱债权执行根据的其他债权人可以申请对该被执行人的财产参与分配。据此，债权人请求对债务人的财产采取强制执行措施后，他债权人如果要求参与分配，必须是已经取得了执行根据。如果他债权人尚未取得执行根据，则不能申请参与分配。这里的执行根据，是指经过一定的法定程序作出的、可申请法院强制执行而未申请强制执行的生效法律文

① 黄金龙著：《〈关于人民法院执行工作若干问题的规定〉实用解析》，中国法制出版社 2002 年 1 月版，第 292 页。

书。这些生效法律文书包括人民法院作出的裁判文书、公证机关赋予强制执行效力的公证债权文书以及仲裁机构的裁决书和调解书。这些生效的法律文书确定的金钱债权，债权人原本可以申请人民法院强制执行，只是因为未申请强制执行或因一定原因暂时不能申请强制执行，所以，未进入强制执行程序，但是可以申请参与分配。

最高人民法院《执行规定》第 93 条规定，对人民法院查封、扣押或冻结的财产有优先权、担保物权的债权人，可以申请参加参与分配程序，主张优先受偿权。这里的优先权是指法定优先权，如我国《海商法》第 21 条、第 22 条和第 25 条规定，向船舶所有人、承租人、经营人请求船员劳动报酬、保险等费用、船舶营运中的人员伤亡赔偿、港口规费、海难救助费用等的权利人，对产生该请求权的船舶具有优先受偿的权利。该权利称为“船舶优先权”，具有优先于对船舶的留置权和抵押权的受偿权。又如我国《合同法》第 286 条规定：“发包人未按照约定支付价款的，承包人可以催告发包人在合理期限内支付价款。发包人逾期不支付的，除按照建设工程的性质不宜折价、拍卖的以外，承包人可以与发包人协议将该工程折价，也可以申请人民法院将该工程依法拍卖。建设工程的价款就该工程折价或者拍卖的价款优先受偿。”由此可见，已经被人民法院查封、扣押或冻结的财产，他债权人就该财产享有优先权和在该财产上设立了担保物权的，他债权人在未取得执行根据和未起诉的情况下也可以参与分配。但是，从此条的文字表述上看，是将具有优先权、担保物权的债权人提出保护权利主张的情形称为“参加”参与分配程序，而不是申请参与分配，其原因是此类债权人所具有的债权性质与申请参与分配的他债权人的债权性质有所不同，申请参与分配的债权一般应当是无担保物权的金钱债权。

另外，这里还有以下两个问题值得探讨：

1．刑事上的罚金和行政上的罚款能否申请参与分配

对此，在理论界有两种意见：其一，认为可以申请参与分配。因为国家权利也应当予以保护，违法犯罪应予惩罚，不能让违法犯

罪分子在经济上占便宜。其二，认为不能申请参与分配。因为：(1) 这两种金钱不是民法上的债权，参与分配没有法律依据；(2) 罚金、罚款不能与民事债权等同而言，违法犯罪分子因违法犯罪所应受到的惩罚，不能影响债权人的利益；(3) 在被执行财产不足同时支付时，罚金、罚款也参与分配，表明国家与公民、法人争财产，这样做不妥，国家应当将利益让与公民、法人。①

笔者认为，刑事上的罚金和行政上的罚款不能申请参与分配。对这一问题可以从以下两个方面进行说明：

首先，从性质上说，刑事上的罚金和行政上的罚款并不属于民事强制执行根据的范畴，因为这里的罚金和罚款的执行并非是以实现当事人的私权为目的的。在强制执行中，由于两者都是对金钱的执行，所以，可以作为参照适用的强制执行根据实施，但这并不是说它们就是民事强制执行根据。因此，认为刑事上的罚金和行政上的罚款可以参与分配在理论上是缺乏依据的。

其次，从法律上看，我国法律对这一问题并没有作出明确的规定。但相关的规定还是有的，如我国《刑法》第 36 条规定："由于犯罪行为而使被害人遭受经济损失的，对犯罪分子除依法给予刑事处罚外，并应根据情况判处赔偿经济损失。承担民事赔偿责任的犯罪分子，同时被判处罚金，其财产不足以全部支付的，或者被判处没收财产的，应当先承担对被害人的民事赔偿责任。"我国《公司法》第 215 条规定："公司违反本法规定，应当承担民事赔偿责任和缴纳罚款、罚金的，其财产不足以支付时，先承担民事赔偿责任。"我国《证券法》第 232 条规定："违反本法规定，应当承担民事赔偿责任和缴纳罚款、罚金，其财产不足以同时支付时，先承担民事赔偿责任。"我国《个人独资企业法》第 43 条规定："投资人违反本法规定，应当承担民事赔偿责任和缴纳罚款、罚金，其财产不足以支付的，或者被判处没收财产的，应当先承担民事赔偿责

① 金永熙著：《法院执行实务新论》，人民法院出版社 2000 年出版，第 180 页。

任。”以上规定明确了一个原则，即在责任人的财产无法同时满足民事赔偿和刑事罚金或行政罚款时，民事赔偿优先受偿的原则。尽管从严格意义上说，优先受偿的仅仅限于民事赔偿债权，不包括其他民事债权，但是，民事债权优先应当是大势所趋。所以，上述法律规定实际上是否定了刑事上的罚金或行政上的罚款和民事债权平等参与分配的可能性。

还有一种观点认为，刑事上的罚金或行政上的罚款在强制执行程序中，应当参与分配，但是，应当将民事赔偿债权作为第一顺序优先受偿，而刑事上的罚金或行政上的罚款作为第二顺序受偿。[①] 对此，本文在前面已经谈到，按照我国法律规定，参与分配的前提条件应当是债务人的财产不足以清偿所有债权，那么，在优先受偿的民事债权都不可能完全得到满足的情况下（只能是按比例受偿），允许刑事上的罚金或行政上的罚款参与分配，实际上是没有任何意义的。所以，刑事上的罚金或行政上的罚款不应当作为申请参与分配的执行根据。

2. 已经起诉的债权人能否参与分配

对于这一问题，最高人民法院《适用意见》第297条规定，已经起诉的债权人发现被执行人的财产不能清偿所有债权的，可以向人民法院申请参与分配。而最高人民法院《执行规定》第90条则只规定对被执行人已经取得金钱债权执行根据的其他债权人可以申请参与分配，并未提及对同一被执行人就金钱债权已经起诉的债权人发现被执行人的财产不能清偿所有债权的，是否可以向人民法院申请参与分配的问题。因此，可以说，《执行规定》第90条实际上是否定了已经起诉的债权人参与分配的权利。其理由是：执行程序中的参与分配制度与破产程序不同，在破产程序下，无论债权是否已到清偿期，无论债权人是否已经取得执行根据，均作为破产债权参加破产清偿。而强制执行程序本身就是专门为满足有执行根

① 金永熙著：《法院执行实务新论》，人民法院出版社2000年出版，第180页。

据的债权人的债权而设立的，不是像破产程序那样为所有债权人的债权而设立的。只有有执行根据的债权人才能申请强制执行，在执行程序中受到债权的清偿。没有执行根据的债权人，其申请对债务人强制执行的条件还没有具备，不应当有权直接参与到执行程序中来，受到和执行债权人一样的待遇。而且，在未经诉讼程序确认的情况下，债权人与债务人之间往往会存在对债权债务关系的争议，一律在参与分配程序中解决起来比较复杂，又与执行机构的职责不相符。另外，如果一旦出现有执行根据的债权人因为在查封财产之外受到债务人的清偿或有其他原因而撤销自己的强制执行申请时，该强制执行程序就应当终结，此时没有执行根据的债权人就失去了再利用这一程序的法律理由。①

在《执行规定》的相关内容与《适用意见》的规定相互矛盾的情况下，我国司法实践中是如何解决这一问题的呢？从实践中看，首先，解决这一问题的指导思想是明确的，即他债权人的债权已经进入诉讼程序的，应当依法予以保护。但是，从最高人民法院《适用意见》第 297 条的规定来看，对如何保护已经起诉的债权问题，在实际操作中难以把握。因为，他债权人虽已起诉，但未经人民法院裁判确认其债权就参与分配，因为没有生效的法律文书作为根据，在参与分配中到底以什么债权数额为标准给予分配不好确定。如果以起诉状的债权数额为标准进行分配，那么，一旦将来人民法院作出的裁判文书确认的债权数额少于起诉状上的债权数额，该债权人就会分得多了，这就会侵害被执行人和其他债权人的合法权利；如果作为原告的他债权人最后败诉，那么，事先给予分配也是错误的。所以，为了解决已经起诉的债权人直接参与分配难以把握公正性和准确性的问题，许多法院的做法是：在允许已经起诉的债权人参与分配的前提下保留其份额，待其取得执行根据时，按生

① 黄金龙著：《〈关于人民法院执行工作若干问题的规定〉实用解析》，中国法制出版社 2002 年 1 月版，第 286～287 页。

效法律文书确定的债权数额再确定分配额予以清偿；保留份额多于分配数额的，多余部分再向所有债权人分配，保留份额少于分配数额的，不再予以分配。这种做法，实际上也是以执行根据来进行参与分配的。

五、实行参与分配的债权必须都是金钱债权

民法上的债权，是指在债的关系中债权人要求债务人为一定行为或不为一定行为的权利。债权以其内容划分，可分为财物债权和劳务债权，财物债权包括金钱债权和特定物债权。实行参与分配的各债权，包括已经先开始强制执行的债权和申请参与分配的债权，都必须是金钱债权。劳务债权、特定物债权和一定行为的债权不能参与分配。例如，如果先开始强制执行的债权是物之交付请求权，则其他金钱债权就不能参与分配；同样，如果先开始强制执行的债权是金钱债权，而后来的是物之交付请求权的执行，则也不能实行参与分配。也就是说，只有当申请执行人和他债权人主张清偿的都是金钱债权时，才发生参与分配问题。

之所以要求参与分配的债权必须是金钱债权，因为，在关于金钱债权的强制执行、关于物的交付请求权的强制执行和关于行为请求权的强制执行中，只有关于金钱债权的强制执行是用执行所得的金钱清偿债权，而参与分配的一个重要特征就是以强制执行所得的金钱在各个债权人之间按比例进行公平的分配。只有对金钱债权才能做到按比例公平分配，因此，实行参与分配的债权必须是金钱债权。

对于非金钱债权的强制执行程序，如果在执行中可以转化为对金钱债权的执行的，他债权人也可以依法申请参与分配。例如，执行根据中要求债务人完成的行为是可以替代完成的行为时，如果该行为是由第三人代为履行的，应当由债务人向第三人支付代为履行的费用，这时，对行为请求权的强制执行就转变为对金钱债权的强制执行。

六、法院已经对被执行人的全部财产或主要财产采取强制执行措施

这是关于申请参与分配的起始时间的要求。“参与”是指参加到已经开始的强制执行中去，“分配”是指对债务人的财产就执行所得金额进行清偿。所以，参与分配的开始，必须有先行的强制执行程序存在。也就是说，因为金钱给付案件的债权人的申请执行，法院已经对被执行人的全部或者部分财产采取了查封、扣押或冻结等强制执行措施，此时，未申请强制执行的债权人在具备其他条件的情况下，可以依法申请参与分配。如果法院还未采取强制执行措施，被执行人的财产尚未被执行法院控制，他债权人申请参与分配则缺乏条件。这种情况下，他债权人只能请求法院启动强制执行程序。

我国最高人民法院《适用意见》第298条第2款规定的申请参与分配的起始时间是执行程序开始后，而强制执行程序的开始是当事人提出执行申请或者审判员移送执行，也就是说，当事人提出执行申请或审判员移送执行，人民法院受理后，他债权人就可以申请参与分配了。实际上，这时他债权人完全可以向法院申请强制执行，而没有必要申请参与分配。最高人民法院在《执行规定》中将申请参与分配的起始时间定为被执行人的财产被采取强制措施后，这一规定是比较合理的。

七、他债权人应当在债务人的财产执行完毕前提出申请

这是关于申请参与分配最后期限的要求。我国最高人民法院《适用意见》第298条第2款规定，参与分配申请应当在执行程序开始后，被执行人的财产被清偿前提出。最高人民法院《执行规定》第90条规定，在被执行人的财产被执行完毕前，对该被执行人已经取得金钱债权执行依据的其他债权人可以申请对该被执行人的财产参与分配。可见，我国法律对申请参与分配的期限的规定有

两种情况：一是被执行人的财产被清偿前；二是被执行人的财产被执行完毕前。这两种申请时间是不一致的。

应当如何准确地理解“被执行人的财产被清偿”和“被执行人的财产被执行完毕”的涵义？对这一问题存在不同的看法。有的人认为，财产被清偿，即财产所有权之转移，应以交付时间为准。[①] 也有的人主张，对“被执行人的财产被清偿”和“被执行人的财产被执行完毕”的时间，应当理解为被执行人财产被拍卖或变卖终结前（即各个标的物拍定或卖定之时），不经过拍卖或变卖的，为当次分配表作成前，而不宜理解为将执行所得金额交付债权人；如果将这一时间理解为就执行所得金额交付债权人的话，那么，他债权人就可以在分配表作成后申请参与分配，这样就需要再采取强制执行措施和不断修改分配表，使强制执行程序难以顺利完结，不利于保护当事人的合法权益。[②]

笔者认为，最高人民法院《执行规定》将他债权人申请参与分配的终点时间规定为“在被执行人的财产被执行完毕前”，这一规定比较模糊和笼统，且容易令人产生歧义。例如，“执行完毕”到底是指被执行人的财产被拍卖、变卖或者其他处分措施终结前，还是被执行人的财产被清偿前或清偿完毕前？如果将其解释为被执行人的财产被拍卖、变卖终结前，那么，被执行人的财产被拍卖或变卖后，他债权人就不能再申请参与分配。但是，这时如果价款还没有清偿，则他债权人应当还有机会和条件申请参与分配。如果将其解释为清偿完毕前，那么，由于清偿一般都有一个过程，如一部分债权人已经受偿而另一部分债权人还未受偿，这样，一旦允许他债权人仍有权申请参与分配的话，整个清偿分配方案就要被推翻，已经受偿的债权就要被追回。这必将导致参与分配程序的迟延，所

① 戴建志主编：《法院执行运作实务》，法律出版社 1999 年 9 月版，第 85 页。

② 孙加瑞著：《中国强制执行制度概论》，中国民主法制出版社 1999 年 12 月版，第 367 页。

以，相比较来说，最高人民法院《适用意见》将他债权人申请参与分配的终点时间规定为“被执行人的财产被清偿前”是比较明确和合理的。

第三节 参与分配的程序

根据最高人民法院《适用意见》和《执行规定》的有关规定，结合民事强制执行实践，参与分配的程序可以从参与程序和分配程序两个方面进行归纳。参与程序是指其他债权人提出参与分配的申请所应遵循的步骤和方法。分配程序则是就执行所得对参与分配的债权人进行清偿的过程。

一、参与程序

（一）我国法律规定的申请参与分配的程序和步骤

根据我国有关法律和司法解释，参与程序包括以下几方面程序上的要求：

1. 他债权人以书面形式提出参与分配申请

他债权人欲参加已经开始的强制执行程序，并要求分配被执行财产，提出申请是必经程序。根据最高人民法院《执行规定》的规定，申请人应当向原申请执行法院提交参与分配申请书。申请书应当写明参与分配的理由，并附有执行根据。该执行法院应当将参与分配申请书转交给主持分配的法院，并说明执行情况。

可见，申请参与分配应当以书面形式进行。申请书的主要内容应当包括以下几个方面：（1）申请人、债务人的姓名（名称）、住所等基本情况；（2）债权的种类、数额；（3）被执行人不能清偿所有债权的事实；（4）申请参与分配的理由；（5）其他需要说明的内容。

2. 提出证据

申请书应当附有必要的证明文件和材料。申请人已经取得执行根据的，在申请书后应附有执行根据。同时，申请书还应附有说明被执行人不能清偿所有债权的必要证据，以说明参与分配的理由，即除已实施强制执行的财产之外，被执行人已无其他财产可供执行，或虽有财产但不足以清偿全部债权的情形。对于申请人提出执行根据和文件的，该执行根据和证明文件经执行法院审查核实，即视为债权的存在已无疑问，应准许其参与分配，他债权人对此不能提出异议。

在我国台湾地区，债权人参与分配的程序因其是否具有执行根据而有所不同。有执行根据的债权人只要提出执行根据，以书面形式申请参与分配即可。而没有执行根据的债权人，则必须提出证明文件并释明债务人无其他财产可供强制执行，或者虽有其他财产但其他财产不足以清偿全部债权，经执行机关审查属实，且其他债权人及债务人对其参与分配无异议的，才能准许其参与分配。如果其他债权人及债务人存在异议，无执行根据的债权人还须对异议人提起参与分配之诉，执行法院才能准许参与分配，将其债权所应受分配的金额提存，待诉讼结果为胜诉确定，才可以受清偿。

3. 接受参与分配申请的法院

最高人民法院《执行规定》第92条规定：“债权人申请参与分配的，应当向其原申请执行法院提交参与分配申请书”，由此可见，接受参与分配申请的法院是“其原申请执行法院”。但是，如前所述，参与分配时申请人尚未向法院申请强制执行，那么，又怎么会出现“其原申请执行法院”？也就是说，我们对于“其原申请执行法院”应当作何理解？笔者认为，这里应当理解为：如果他债权人申请强制执行，则对该执行申请案件有管辖权的法院就是“其原申请执行法院”。当然，该接受参与分配申请的法院在接到申请书和有关材料后，若自己不是主持分配的法院，应当将申请书转交给主持分配的法院，主持分配的法院经审查认为符合条件的，应当准予参与分配；认为不符合条件的，应当驳回申请。

4. 法院对参与分配申请的处理

执行法院应当首先查明参与分配申请是否符合形式要件。例如，是否符合规定的形式，是否提出相应的文件等。对于不符合要求的，法院可以责令其限期补正，逾期不补正的，驳回其申请。对于申请参与分配的债权不是金钱债权或不在规定的时间内提出申请的，也应当予以驳回。经审查，符合参与分配条件的，应准予其参与分配。

5. 申请参与分配的效力

他债权人申请参与分配，与债权人申请强制执行的性质相同，具有如下法律效力：（1）他债权人对全部执行所得有同受分配的权利。参与分配后所得的金额不足以清偿各债权人的债权时，可以对被执行人的其他财产继续执行，他债权人对该被执行人的其他财产仍应同受分配。（2）他债权人参与分配后，原来的申请执行人如果撤回执行申请或因其执行根据无效等原因终结或中止执行的，可以在缴纳执行费后请求继续执行，原已实施的执行处分对于续行的执行仍然有效。

（二）关于参与分配的异议和异议之诉

参与分配的异议和异议之诉是参与分配制度中的重要概念，了解这两个制度，对于我国充分理解参与分配制度具有十分重要的意义。需要说明的是，我国由于最高人民法院《适用意见》和《执行规定》中只规定有执行根据的债权人或已经起诉的债权人可以申请参与分配，所以，我国现行法律中并没有规定参与分配的异议和异议之诉。

1. 参与分配的异议

从某种意义上讲，参与分配异议属于程序上的执行救济，是在参与分配中专门规定的一种执行救济制度。参与分配异议，是指申请强制执行的债权人、债务人及已经参加参与分配的他债权人，对于无执行根据的他债权人参与分配的申请表示不同意，并产生排除该他债权人的效力。

无执行根据的他债权人申请参与分配时，因该申请影响到了其他债权人及债务人的利益，并且该申请加入的债权未经法定程序确认，因此，法院经审查认为其符合形式要件的，还要征求债权人及债务人的意见，告知在一定时间内表示是否承认其参与分配，以免损害其合法权益。债权人及债务人在规定的时间内表示不同意申请人参与分配的，就是对申请参与分配的异议。一旦有人提出异议，执行法院就不应允许其参与分配，并应及时通知申请人。各债权人、债务人在规定的时间内表示没有异议或不提出异议的，[①] 执行法院就应允许该申请人参与分配，并将其债权加入分配表。

申请人接到已提出异议的通知后，认为异议并无不当而放弃其参与分配的权利的，对该参与分配的请求自然不再考虑。但是，申请人如果认为异议没有理由，即产生了争议，对此争议如何处理，有不同的做法：有的是由执行法院决定不准参与分配，申请人不服的可以上诉；有的是由执行法院通知申请人，由申请人决定是否起诉，同时不允许其参与分配。后一种方法即是参与分配异议之诉。

2．参与分配异议之诉

参与分配异议之诉，是指申请参与分配的无执行根据的债权人，以对其申请提出异议的人为被告提起诉讼，请求法院判决准许其参与分配的诉讼行为。

申请人得知债权人、债务人对其参与分配申请提出异议后，如果认为异议无理由，仍要求参与分配，这样，在申请人与异议人之间就产生了实体权利的争议，对此，必须通过审判程序才能予以解决。所以，无执行根据和未起诉的债权人申请参与分配的，若债务人和债权人提出异议，申请人应对此提出异议之诉，否则不得参与

---

① 我国台湾地区学者认为，对被执行人来说，各债权人、债务人未在期限内表示异议虽视为无异议，但推论并无裁判上的请求认诺的效果，不能因此认为该无执行根据的债权已得到积极的确定，日后被执行人仍可对之提起确认债务不存在之诉或请求返还不当得利之诉。

分配。

参与分配异议之诉也属于执行救济方法的一种，但因其诉讼标的为参与分配的权利，而使其不同于申请人原有的债权，所以有其特殊性。

申请人提起参与分配异议之诉，应当具备以下条件：（1）必须有债权人或债务人对该参与分配申请提出异议。（2）必须是申请人对于异议人提起诉讼。这里的异议人，就是指不同意申请人参与分配的债权人或债务人，异议人为数人时，应以数个异议人为共同被告；如果申请人不对异议人提起诉讼，而是仅对债务人诉请清偿债务，则不属于参与分配的异议之诉。执行法院在对申请人的通知中，除应叙明异议的内容外，还应当告知异议人的姓名、地址等，以便于申请人起诉。（3）必须是申请人仍欲参与分配。申请人收到执行法院的异议通知后，认为异议有理由的，可以放弃参与分配的权利，这时也就不可能产生参与分配异议之诉。所以，参与分配异议之诉的提起只能是由于申请人仍欲参与分配而引起的。（4）必须在收到通知后一定时间内提起异议之诉。确定这一期间，既要考虑到参与分配程序的迅速结束，又要注意维护申请人参与分配的权利，所以既不宜太长也不能过短，一般以10日为宜。（5）一般认为对参与分配异议之诉的管辖法院应当是执行法院，这样便于查清案件事实和确定参与分配。

参与分配异议之诉提起后，为保护申请人的合法权益，执行法院应当将其债权应受分配金额提存，待判决确定后，再决定如何处理。如果经法院判决决定可以参与分配，申请人可以请求法院交付为其提存的金额，申请人败诉的，则应根据各个债权人是否已全部受偿而将原提存的金额再行分配或返还被执行人。为使法院明了起诉的事实，申请人应向法院提供已起诉的证明（如受理案件通知书、预交诉讼费收据等），否则，即使申请人已经起诉，执行法院也可以直接进行分配而不受理其参与分配申请。

3. 参与分配异议与参与分配异议之诉在我国的实践意义

根据最高人民法院《执行规定》第 90 条的规定，可以申请参与分配的他债权人仅限于取得执行根据的他债权人，也就是说，还没有取得执行根据的他债权人不能对法院采取执行措施的财产申请参与分配。而参与分配异议或参与分配异议之诉是针对无执行根据的他债权人的一种救济手段，对于已经取得执行根据的他债权人来说，其申请参与分配是否准许是由执行法院决定的，不需要征求各个债权人和债务人的意见，也就不存在参与分配异议和参与分配异议之诉问题。

但是，我国最高人民法院《适用意见》第 297 条规定，已经起诉的债权人发现被执行人的财产不能清偿所有债权的，可以向人民法院申请参与分配。同时，最高人民法院《执行规定》第 93 条规定，对已被采取执行措施的财产有优先权和担保物权的债权，该债权人在未取得执行根据和未起诉的情况下，也可以申请参与分配，并可主张优先受偿权。依据这两条规定，已经起诉的债权人和对被采取执行措施的财产享有优先权、担保物权的债权人可以参与分配。由于这两类债权人参与分配后对其他各个债权人及债务人的利益产生很大的影响，而其主张的债权或优先权、担保物权并未经依法确认，所以，执行法院应对其是否存在及范围进行审查和确认，以保证其真实性和合法性。同时，法院在决定是否允许其参与分配时，应当征求各债权人及债务人的意见，双方当事人均无异议的，才能准许参与分配。如果债权人或债务人对已经起诉的债权或优先权、担保物权本身或其行使提出异议，则在申请人和异议人之间发生了实体权利义务的争议，在这种情况下，法院就不应在执行程序中接受参与分配申请，为慎重起见，应当告知申请人通过诉讼程序予以解决。但是，由于我国现行的参与分配法律制度中并没有规定参与分配异议之诉，导致在司法实践中缺乏可供操作的法律依据。所以，笔者认为，在我国的强制执行法律中有必要增设参与分配异议和参与分配异议之诉制度，这样，有利于充分、公平地保护无执行根据的债权人、有执行根据的债权人以及债务人的合法权益。

二、分配程序

分配程序是参与程序的结果，是参与分配程序的核心内容。分配程序解决如果允许其他债权人加入已经开始的强制执行程序，则对所有债权人的债权按照什么原则和方式进行清偿的问题。由于参与分配是对申请执行的债权人和申请参与分配的他债权人就执行所得公平清偿债权的方法，他债权人申请参与执行程序，是为了从执行所得中分配受偿，因此，他债权人参与分配并不排除已申请执行的债权人的受偿权。分配人由参与分配人和已申请执行人组成。

依据我国最高人民法院《适用意见》第 299 条和最高人民法院《执行规定》第 94 条的规定，分配程序主要有以下内容：

（一）主持参与分配的法院

在参与分配中，多份生效法律文书的多个债权人，其中有些可能不在同一法院辖区，这就涉及由哪个法院主持分配的问题。最高人民法院《执行规定》第 91 条规定，对参与被执行人财产的具体分配，应当由首先查封、扣押或冻结的法院主持进行。首先查封、扣押、冻结的法院所采取的执行措施如果依据的是财产保全裁定，则具体分配应当在该法院审理终结后进行。这就是说，不管执行法院是被执行人住所地法院还是被执行财产所在地法院，只要哪个法院首先对被执行财产采取了查封、扣押、冻结等强制执行措施，控制了被执行的财产，该法院就有权处分该被查封、扣押、冻结的财产，从而获得了主持参与分配的权力。

（二）明确可供清偿的被执行人财产的范围和可以受分配债权的范围

可供清偿的被执行人财产是已经依法采取强制执行措施的财产变价为金钱后的执行所得。可以受分配的债权，包括申请执行的债权和被准许参与分配的其他债权，如已经取得执行根据的债权，已经起诉的债权以及有优先权的债权和有担保物权的债权。

（三）分配的原则和顺序

参与分配中的分配问题，关键在于实行什么原则进行分配。对此，我国有关法律及司法解释作出了规定。例如，最高人民法院《执行规定》第94条规定："参与分配案件中可供执行的财产，在对享有优先权、担保物权的债权人依照法律规定的顺序优先受偿后，按照各个案件债权额的比例进行分配。"而最高人民法院《适用意见》第299条规定："被执行人为公民或者其他组织，在有其他已经取得执行依据的债权人申请参与分配的执行中，被执行人的财产参照《民事诉讼法》第二百零四条规定的顺序清偿，不足清偿同一顺序的，按照比例分配。清偿后的剩余债务，被执行人应当继续清偿。债权人发现被执行人有其他财产的，可以随时请求人民法院执行。"其中，1991年《民事诉讼法》第204条关于企业法人破产还债程序中的清偿顺序的内容是："破产财产优先拨付破产费用后，按照下列顺序清偿：（一）破产企业所欠职工工资和劳动保险费用；（二）破产企业所欠税款；（三）破产债权。破产财产不足清偿同一顺序的清偿要求的，按照比例分配。"由此可见，可供参与分配的财产应当优先拨付执行费用才能进行分配。

根据以上规定，在执行所得金额的分配问题上，对于执行所得应优先扣除被执行人应承担的执行费用（包括法院因强制执行而支出的费用和申请人因申请强制执行而支出的费用），对其余金额才能在各债权人之间分配。分配的顺序应当是：(1)执行费用；(2)有优先权的债权（即被执行人所欠职工工资和劳动保险费用）；(3)被执行人所欠税款；(4)有财产担保的债权；(5)申请执行人以及申请参与分配的他债权人的一般债权。

对这一分配顺序，应当注意以下两个问题：

其一，第(2)、(3)项清偿完成之后的被执行人的财产才是参与分配所执行的财产，这一部分财产是平均受偿，如不足清偿所有债权，则按可执行的财产与全部债权的比例平均清偿。有优先受偿权的债权人优先于一般债权受偿，清偿后的余额才能转入第(5)项在一般债权中按比例分配。也就是说，对于参与分配所执行的财产的分配，有两条原则：一是优先受偿原则，适用于对可供执行的财产有优先权和担保物权的债权；二是按债权额比例受偿原则，适用于普通债权的分配。

其二，由于此顺序是参照破产程序的清偿顺序确定的，而参与分配程序与破产程序是有着性质上的区别的，因此，破产清偿顺序对参与分配来说，除对一般债权的清偿外，其他顺序并不是必要的。在参与分配中，法院并不依职权通知各债权人申报债权，也不要求对所有债权人的债权都进行清偿，所以，如果以工资、劳动保险费用、税款为债权申请参与分配的他债权人，事先并不具备已经取得执行根据或已经起诉这个条件，那么，在分配程序中也就没有必要对被执行人所欠职工工资、劳动保险费用和税款一并清偿。

另外，对于清偿后的剩余债务，被执行人应当继续履行。因为，参与分配程序的完成并不是债权消灭的原因，并不因参与分配程序的完成而免去债务人的债务。所以，除非执行程序结束或出现民事诉讼法规定的执行程序终结的情形，只要执行程序仍然存在，债权人发现被执行人有其他财产的，可以随时请求人民法院执行。

(四) 分配表的制作

分配表，是指执行法院制作的确定各债权人就执行所得应分得金额的书面文件。就强制执行所得有数个债权人需要受偿时，执行法院是否应当制作分配表进行分配，对此，不同的国家和地区有不同的规定。例如，根据我国台湾地区“强制执行法”规定，只要有数个债权人对同一债务人主张债权，都要制作分配表，不论执行所得是否足以清偿各个债权人的全部债权。而根据日本民事执行法规定，只有在对债务人的执行所得不能清偿数个债权人的全部债权和执行费用，而且对于执行所得的分配在债权人之间达不成协议时，执行法院才实施分配程序，此时才需要制作分配表。我国民事诉讼法及相关司法解释对此则没有作出规定。

笔者认为，从有利于参与分配程序的规范性和清偿的有序性，以及增强法院执行工作的透明度出发，我国应当增加有关分配表的规定。至于分配表在什么情况下制作，也就是说是采我国台湾地区模式还是采日本模式，笔者认为应取前者，即只要有数个债权人对同一债务人主张债权，都要制作分配表，不论执行所得是否足以清偿各个债权人的全部债权。

分配表的内容，应当包括以下几项：（1）案件名称、案号；（2）强制执行所得金额；（3）预先扣除的强制执行费用；（4）债权总额；（5）各债权人的债权额及债权种类；（6）各债权人应受的分配额或分配比例；（7）实施分配的日期、对分配表提出异议的期间；（8）分配表作成的时间等。

分配表作成后，执行法院应当指定一个分配的日期，由参与分配的各债权人届时到场。该分配的日期应当与分配表作成的日期相距一定时间，以便于当事人能了解分配表的内容，有机会提出异议，如我国台湾地区“强制执行法”规定，执行法院在分配期日前三日把分配表的缮本交付债务人及各债权人，还可以将分配表置于书记室，听任阅览。

（五）分配金额的交付

此步骤是指执行法院在分配期日根据分配表将债权人应分得的金额交付给各债权人。

一般来说，执行法院将分配表副本交付债务人及各债权人后，债权人在分配期日前未对分配表提出异议，执行法院即应当根据该分配表进行分配。如果有债权人在分配期日前对分配表提出异议，其他到场的债权人不反对的，执行法院应当将分配表予以更正，按更正后的分配表进行分配，即由各债权人将应分配的金额分别领取，未到场的当事人不能于事后对分配表提出异议。对未到场的债权人所应受分配的金额，应当由执行法院暂时予以提存，不能因该债权人未到场而视为放弃债权，对之重新分配。

实施分配时，应由书记员作成分配笔录，记明实施分配情况后入卷，以备查阅。分配程序结束后，如果还有部分债权未受清偿，被执行人应当履行剩余债务，不能主张免除。

（六）分配表的异议

分配表异议，是指参与分配债权人在分配期日前，向执行法院提出的不同意分配表中关于金额的计算或分配的次序，并要求更正分配表的意见。从我国台湾地区“强制执行法”的有关规定看，提出分配表异议应当符合以下条件：

（1）提出的主体必须是参与分配债权人。对强制执行所得如何分配是各债权人之间的事情，和债务人没有利害关系，所以，对于分配表的异议只能由债权人提出。债务人对于分配表提出异议的，只能按一般的关于执行程序的异议对待。

（2）异议的内容是不同意关于金额的计算和分配的次序，即对分配表提出异议的目的是为了阻止分配表的确定并请求更正分配表，从而增加自己的分配份额。

（3）提出异议的时间，应当是在分配期日前。实施分配后，再提出异议已无实际意义。如果债权人应当在分配期日前提出异议而未提出的，以后不得再对此分配结果提出异议，也不得主张重新分配。

（4）债权人的分配表异议应当用书面形式向执行法院提出，并应当在异议中说明分配如何不当或如何更正。

分配表异议的效力表现在：债权人对于分配表提出异议后，执行法院应当对该异议进行审查，即审查异议是否符合上述条件。经过审查，执行法院认为不符合条件的，应予驳回；符合条件的，应在分配期日征求到场的各个债权人的意见，各债权人不反对该异议或不在分配期日到场的，执行法院即应依异议对分配表进行更正并在更正后进行分配，未到场的债权人在事后表示反对的，不影响分配的结果。到场的债权人中有反对该异议的，则就有异议的部分暂停分配，而仅就无异议的部分先为分配。对有异议的部分，如果异议人在一定时间内提起异议之诉的，则执行法院予以提存，其提存的部分待法院判决确定后另行处理；如果异议人在一定时间内未起诉的，则仍按原分配表进行分配。

对于分配表异议，应当注意两点：

其一，分配表异议不同于参与分配异议。从两者提出的时间上看，前者是在分配阶段，而后者是在申请参与分配阶段；前者必须由债权人提出，而后者既可以由债权人提出，也可以由债务人提出；前者的对象，是针对列入分配表的各债权人，而后者的对象，则是针对无执行根据的申请参与分配的债权人；前者的内容是关于不同意分配表记载的分配金额和次序，而后者的内容是关于不同意申请人参与分配。

其二，分配表异议也不同与执行异议。前者是在参与分配程序中的分配阶段提出的，而后者可以在执行程序结束前提出；前者是由债权人提出，而后者既可以由债权人提出，也可以由债务人和利害关系人提出；前者的对象，是针对债权人，而后者的对象则是针对法院的执行人员；前者的内容，限于对分配表记载的分配金额及次序有不同意见，而后者的内容，则是对于法院执行人员实施强制执行措施的方法、程序有意见。

（七）分配表的异议之诉

1．分配表异议之诉的概念和条件

分配表的异议之诉，是指在债权人对分配表提出异议之后，其他债权人表示反对时，异议人为了解决由此而引起的争议，在规定的时间内向法院提起的诉讼。

异议人提起分配表异议之诉的条件如下：

(1) 必须是对于分配表的异议尚未终结。对于分配表的异议之诉是解决关于分配表异议的重要方法。债权人对分配表向执行法院提出异议后，执行法院应按规定征求其他债权人的意见，有反对意见时，应通过异议之诉解决争执；如无人反对异议，执行法院按异议更正分配表即可，此时异议已解决，不需要再提起异议之诉。

（2）必须是异议人对其他债权人提起诉讼。异议之诉是异议人对于其他债权人提起的，原告是提出异议的债权人，被告是不同意该异议的其他债权人，当有数个债权人反对该异议时，应将该数个债权人列为共同被告；被执行人不能对分配表提出异议，也不能反对他人的异议，所以，不能作为分配表异议之诉的原告或被告。

（3）在法律规定的期间内提起诉讼。为了不使执行程序久拖不决，只有在一定时间内提起分配表异议之诉，才能获得所期望的效果，不在该时间内起诉的视为放弃异议，执行法院应按原分配表进行分配。我国台湾地区“强制执行法”对该期间的规定为“自分配期日起十日内”。

（4）应向执行法院提起诉讼。

2．分配表异议之诉的性质

一般认为，分配表异议之诉是形成之诉。因为，该诉讼是请求执行法院变更分配表，从而形成新的分配额。该诉讼的诉讼标的是原告的异议权，异议人败诉的，仅其异议权不存在，并不影响其原有债权。

3．分配表异议之诉的审理

对分配表的异议之诉一般由执行法院的民事审判庭管辖。在诉讼中，当事人陈述理由不受分配期日所为陈述的限制。法院认为原告的起诉全部或部分有理由的，应以判决更正分配表中有争执的金额或分配次序，也可以判决命令执行法院作成分配表或履行一定的分配程序。

4．分配表异议之诉的效力

分配表异议之诉的效力，可分为异议之诉提起的效力和判决作出的效力。

（1）异议之诉提起的效力。异议人起诉后，应当向执行法院提供已起诉的证明。可分为两种情形：

其一，异议人在规定的时间内起诉并提出起诉证明的，执行法院即不能依原定分配表实施分配，只能将无异议的部分实施分配，将有异议部分的金额提存，待将来判决确定时，依判决实施分配。

其二，异议人已起诉但不向执行法院提出证明的，此时执行法院仍按原定分配表实施分配。在这种情况下，应当如何对待异议人所提起的诉讼？按照我国台湾地区旧“强制执行法”的规定，此时异议人提起的诉讼仍须进行。但是，由于分配程序已经终结，那么该诉讼程序的进行已没有任何意义，所以，我国台湾地区1997年修正的“强制执行法”中第41条第3款规定，异议人起诉后，在10日内没有向执行法院提供已起诉的证明的，视为撤回其分配表异议的声明。因此，既然分配表的异议不存在，执行法院当然应当按照原定的分配表实施分配，而受诉法院则应当以其诉讼不合法为由裁定驳回分配表异议之诉。

（2）判决作出的效力。在分配表异议之诉的判决确定后，如果异议人败诉的，则由执行法院对起诉后提存的部分依原定分配表进行分配；如果异议人胜诉的，则由执行法院对起诉后提存的部分按照判决重新分配或更正分配表后进行分配。异议人向执行法院提出起诉的证明，执行法院仍按原分配表执行的，异议人可以分配表已变更为由，基于不当得利的规定，请求其他债权人返还已分配的财产。

第四节 我国参与分配制度存在的问题及改革

与英、美及德国等国家的民事强制执行中的优先主义不同的是，我国的民事强制执行制度采取的是平等主义原则。为了贯彻债权人平等原则，在债权人的财产不足以清偿所有债权时，应当允许其他债权人参与到已开始的执行程序中，使分配债权人得到同一比例的清偿。所以，我国的参与分配制度，就实现法律的公平价值而论，在一定程度上体现了公平原则。但是，由于该制度规定得过于粗略，以及参与分配在实际操作层面上的不足等原因，使我国的参与分配制度既不能彻底贯彻公平原则，也不能很好地体现强制执行法律的效率价值。

一、我国参与分配制度存在的问题

我国的参与分配制度在关于申请参与分配的前提条件、关于申请参与分配的主体、申请参与分配的时间以及对债务人的救济等方面都存在一些不足之处。

（一）关于申请参与分配的前提条件

如前所述，他债权人要想申请参加到他人已开始的执行程序中去，有两个前提条件，即他人的执行程序已经开始和债务人的财产不能清偿到期债权。但是，他债权人通过什么途径才能了解债务人的财产不能清偿到期债权以及如何才能知道执行债权人已经开始了针对该债务人的强制执行程序？对这一问题，依照我国有关法律的规定，除了上市公司外，其他民事、经济主体是无义务公开其财务状况的。而参与分配制度中又没有对债权人的公告和通知程序，执行法院、申请执行人和被执行人都没有通知他债权人的义务，所以，他债权人很可能由于不知道已对债务人的财产进行执行或者不知道债务人已资不抵债而没有申请参与分配。这样，其债权的公平受偿必然受到影响。因此，参与分配制度对符合申请参与分配条件但未能申请参与分配的债权人保护不利。

（二）关于申请参与分配的主体

最高人民法院《适用意见》规定有资格申请参与分配的债权人仅限于已经取得执行根据或已经起诉的债权人，而最高人民法院《执行规定》却又将这一主体缩小为已经取得执行根据的债权人。以上规定，对可以申请参与分配的主体的限制过于严格。

首先，从最高人民法院《执行规定》的规定来看，尽管其目的是为了体现执行程序与破产程序在功能上的不同，并提高执行程序的效率，但是，这种做法与我国现有法制不协调。我国现有的破产制度采有限破产主义，即只有企业法人才可以适用破产程序公平清偿所有债权，因此，在强制执行程序中，如果遇到企业法人资不抵债的情况，可将强制执行程序转为破产程序。但是，由于自然人或者其他组织不具有破产能力，所以，对于自然人或者其他组织资不抵债时，特设参与分配制度，为所有的债权人提供一条公平受偿的法律途径。可见，我国的参与分配制度在一定程度上承担着破产法的职能。如果只有已经取得执行根据的债权人才能申请参与分配，那么，对于未取得执行根据的债权人来说是不公平的，也违反了“债务人的财产应当成为所有债权人之债务的共同担保”的原则。所以，在我国实行一般破产主义之前，应当允许未取得执行根据但已经起诉的债权人申请参与分配。

其次，从最高人民法院《适用意见》看，规定允许已经起诉的债权人申请参与分配较为合理，也有利于保护已经起诉的但未取得执行根据的债权人的利益，但是，那些尚未起诉而债权已到期的债权人则不能申请参与分配。这一问题值得考虑。如果法律不允许那些债权已到期但尚未起诉的债权人申请参与分配，就意味着已经起诉的债权人和债权已到期但尚未起诉的债权人之间是不平等的。实际上，两者的权利并没有什么不同，起诉行为和要求债务人清偿的行为都是债权人主张权利的手段，起诉行为本身并不能使提起诉讼的债权人产生任何优先权。因此，有学者主张应当允许债权已到期但尚未起诉的债权人申请参与分配。① 当然，如果允许债权已到期但尚未起诉的债权人申请参与分配，由于其没有并且也不会取得执行根据，此时，为了保护执行债权人、参与分配债权人和债务人的利益，应当允许申请执行人、其他参与分配债权人和债务人对其债权提出异议。如果该申请人对异议不服，可以以异议人作为被告向法院提起异议之诉。在异议之诉审结之前，对该申请人的应分配额可由法院暂时予以提存。

最后，现有的参与分配制度对于债权已到清偿期但未起诉的债

① 江伟、肖建国：《民事执行制度若干问题的探讨》，载《中国法学》1995 年第 1 期。

权人既然不允许其申请参与分配，那么，对于债权未至清偿期的债权人来说，更是不可能申请参与分配。虽然债权未到期的债权人可以在债权到期后向债务人主张权利，但债务人的偿债能力已经由于强制执行而削弱，待债权到期时该债权人受到清偿的可能已经很小了。所以，从公平的角度考虑，对于债权尚未到期的债权人，应当就尚未到期的债权额减去尚未到期期间的利息后申请参与分配。①

（三）关于申请参与分配的时间

申请参与分配的时间是在债务人的财产被清偿之前，因此，在财产被清偿前，各债权人都可以就已经开始的强制执行程序申请参与分配，从而使执行法院不得不一再重新作成分配表，这种情况必然导致执行程序不能迅速终结。

（四）对债务人财产的维护

在参与分配程序进行中，债务人为了防止法院重新对其提起强制执行程序，可能会做出某些损害债权人利益的行为，如隐匿、私分财产；捏造债务或者承认不真实的债务；无偿转让财产和财产权利、非正常压价出售财产；对原来没有财产担保的债权提供财产担保、对未到期的债务提前清偿以及放弃债权等。这些行为的结果是债务人的责任财产不能得到维护，从整体上损害了债权人的利益。但是，由于参与分配程序中，无论是执行债权人还是参与分配债权人或者是法院都难以对上述行为进行有效地阻止，债权人也不能申请宣告其为无效或可撤销的民事行为。所以，参与分配制度无法限制债务人的恶意的处分财产或财产权益的行为，从而不能保证债务人偿债能力的最大化。

（五）关于对债务人的救济

最高人民法院《适用意见》第 299 条规定，参与分配程序结束后，对于未受偿的债权，债权人何时发现债务人有可供执行的财

---

① 朱良好：《我国的参与分配制度与破产立法》，载《山东法学》1999 年第 4 期，第 20 页。

产，可随时申请强制执行。这一规定使参与分配结束后的债务人时刻处于被追偿的境地，无法从个别执行的烦琐中解脱出来，所以，我国的参与分配制度没有体现对债务人的救济。

除上述五个方面的问题以外，我国现行立法区分债务人为法人和非法人而确定是否实行参与分配，即对法人资不抵债时进入破产程序而对非法人则适用参与分配程序，这使得参与分配制度在其功能定位上存在偏差。从国外来看，参与分配制度的宗旨，首先在于使各债权人能够利用同一执行程序获得清偿，以节省执行的时间和费用，其次才是保证各债权人的公平受偿，或者说使各债权人公平分担债务人迟延或不能清偿的风险和损失。而我国的参与分配制度正好相反，其主要的功能是利用个别执行程序来解决企业法人以外的公民或者其他组织资不抵债的问题，实质在于弥补商人破产主义的缺陷，即在公民或者其他组织资不抵债时，为各债权人提供一条公平受偿的途径。由此可见，我国的参与分配制度不过是在我国破产制度不完善的情况下，为解决实际问题而采取的补救措施而已。随着对破产制度功能的认识的不断深化和我国信用体系的建立，我国的破产制度也将由商人破产主义向一般破产主义转化，现行参与分配制度所不应当承载的功能也将还于破产制度。

二、我国参与分配制度的改革完善

我国的参与分配制度是为了弥补破产法适用主体上的局限，为解决具有多数债权人的非法人民事主体的资不抵债问题而由最高人民法院以司法解释的形式确立的一项制度。但是，由于该项制度存在着诸多问题及不足之处，无法胜任弥补有限破产主义之漏洞的重任。所以，必须对该项制度进行改革和完善。

改革的思路有两条：一是保持现存的立法格局，继续由最高人民法院以司法解释的形式对参与分配制度进行修修补补；二是打破原有的破产立法格局，把非法人民事主体纳入破产法调整的主体范围。[①] 第一种做法，势必使参与分配在内容上与破产法产生重复，而从世界范围看，有限破产主义正被一般破产主义所替代，公民和其他组织将与法人一样具有破产能力，我国目前也正在酝酿出台新的统一的破产法，所以，笔者认为应当将参与分配制度所欲解决的问题规定在破产法中。具体设想如下：

（一）将公民和其他组织纳入破产法调整的主体范围

如前所述，我国现有的破产制度采有限破产主义，即只有企业法人才可以适用破产程序公平清偿所有债权。在强制执行中，如遇到企业法人资不抵债的情况，可将强制执行程序转化为破产程序，但是，由于自然人和其他组织不具有破产能力，所以对自然人和其他组织特设参与分配制度。目前，一般破产主义已经成为破产制度的一种发展趋势，我国的破产法也应当顺应这一趋势，将公民和其他组织纳入破产法调整的主体范围。

从目前来看，我国公民和其他组织资不抵债的情况大量存在。对此，虽可依参与分配制度来解决，但参与分配制度下所进行的强制执行仍是对债务人财产的个别执行。在债务人资不抵债时进行个别执行，存在以下弊端：第一，使债务人疲于应付不断而来的个别执行，也会造成清偿时间和清偿费用上的浪费；第二，参与分配制度中，没有对债权人的公告和通知制度，债权人很可能由于不知有人已对债务人的财产进行强制执行或者不知债务人已资不抵债而没有申请参与分配，这样，其债权的公平受偿必然受到影响；第三，对于未受偿的债权，债权人何时发现债务人有可供执行的财产，可随时申请强制执行。也就是说，债务人对参与分配结束后的剩余债务，不能主张免除。这样，就可能使债务人陷入长久地被追偿的境地，难以获得重新奋起的机会。因此，无论是在维护债权人之间公

① 朱良好：《我国的参与分配制度与破产立法》，载《山东法学》1999 年第 4 期，第 23 页。

平的程度上，还是在对债务人的救济上，参与分配制度都不如破产制度彻底。

如果将公民和其他组织纳入破产法调整的主体范围，则能够克服以上不足之处。例如，在破产制度中，可以通过受案法院的通知、公告程序，使债权人不至于因为信息不灵而丧失参与破产分配的机会；破产法通过设立破产债权制度，把物之交付请求权、行为或不行为请求权等非金钱债权转化为金钱债权参加破产分配，对未到期的债权人的债权额减去尚未到期期间的利息后作为破产债权参与破产财产的分配，从而最大限度地维护所有债权人的利益；破产法规定了申报债权的期限，对未在该期限内申报的债权使其转化为自然债权，从而不会造成程序的过分迟延；破产法通过对债务人损害债权人利益的行为进行限制，从而使债务人的责任财产得以维护和增加，保证了债务人偿债能力的最大化；最后，在破产后果上，免责主义立法例可以免除债务人对剩余债务的清偿责任，使债务人有机会东山再起。

（二）以新的参与分配制度取代我国现有的参与分配制度

我国在将来采用一般破产主义后，现行的参与分配制度在一定程度上就失去了其设立的最初宗旨，即为了弥补破产法在适用主体上的不完备，在公民和法人资不抵债时为各债权人提供一条公平受偿的途径。因此，应当建立一种全新的参与分配制度以取代现有的参与分配制度。

国外的参与分配制度，各国虽有所不同，但在以下方面是相同的：（1）不论债务人是公民、法人还是其他组织，均可适用参与分配制度；（2）不论债务人是否资不抵债，其他债权人都可以申请参与分配；（3）设立参与分配制度的宗旨，首先在于使各债权人能够利用同一执行程序获得清偿，以节省执行的时间和费用，其次才是保证各债权人公平受偿。

笔者认为，借鉴国外的经验，我国经过改造的新的参与分配制度与现有的参与分配制度相比，应当具有以下几点主要区别：其一，和我国改革后的强制执行制度相适应，参与分配制度适用的是优先原则；其二，参与分配制度的宗旨主要是使各债权人能够利用同一执行程序获得清偿，以节省执行的时间和费用；其三，无论债务人是公民、法人还是其他组织，均可适用参与分配制度；其四，不论债务人的财产是否能清偿所有债权，其他债权人都可以申请参与分配。

结 语

强制执行是生效的法律文书确定的权利义务实现的过程，是当事人借助国家的强制力实现其民事权利的过程。通过执行程序，使债权人的权利获得实现，正义得到伸张，违法受到制裁，因此，强制执行关系到人民权利的法律保障、法制的权威性以及国家和法律在人民心目中的威信和形象。

强制执行竞合是强制执行实践中普遍存在的一种现象，是强制执行制度的一个重要的理论问题，同时也是各国强制执行立法和实践必须解决的问题。从各国的有关规定看，解决强制执行竞合的具体方法，不仅与是否实现债权平等、是否允许重复扣押等强制执行原则以及债权的性质密切相关，还涉及一国的强制执行法与民法、破产法在法律体系上如何保持和谐一致的问题。

目前，在我国理论界，一方面，对于强制执行竞合的具体涵义的理解存在着差异，从而影响了对这一问题进行集中的、完整的研究；另一方面，对与强制执行竞合的解决直接相关的一些基本理论问题的研究也很少，如强制执行的价值问题、强制执行的清偿原则问题、扣押的效力问题等。这些相关理论研究的缺乏，也在一定程度上影响着对强制执行竞合问题的探讨和研究。同时，从我国的立法情况看，我国现行法律在解决强制执行竞合现象的规定方面，不仅条文比较粗陋，存在着诸多矛盾和冲突，而且没有将强制执行程序与破产程序联系起来，使两种程序缺乏很好的衔接和配合。

本书通过对强制执行及强制执行竞合的基本概念、类型、强制执行竞合的基本理论问题的探讨和研究，在比较、借鉴其他国家的相关制度的基础上，结合我国的司法实际，提出了解决我国强制执行竞合的具体途径，如对于金钱债权的强制执行，执行债权人可以因实施执行措施而获得强制执行优先权，应当禁止超额扣押以及允许重复扣押等；在保全执行和终局执行竞合时，体现先行的保全执行优先等。

当然，在我国，“执行难”现象的产生存在着广泛的社会原因和历史背景，除理论研究的不充分和法律制度不健全的原因外，我国市场经济发展的不完善和不成熟、市场经济主体的风险意识的缺乏、社会信用制度的不健全以及地方保护主义和部门保护主义的影响等也严重地影响了法院的执行效率。因此，解决“执行难”是一个系统工程，任重而道远。

参考文献

一、专著

1. 杨荣馨主编:《〈强制执行立法的探索与构建〉——中国强制执行法(试拟稿)条文与释义》,中国人民公安大学出版社2005年8月版。

2. 常怡主编:《比较民事诉讼法》,中国政法大学出版社2002年12月版。

3. 常怡主编:《强制执行理论与实务》,重庆出版社1990年版。

4. 杨与龄编著:《强制执行法论》,台湾地区三民书局2007年版。

5. 孙加瑞著:《中国强制执行制度概论》,中国民主法制出版社1999年12月版。

6. 孙加瑞著:《强制执行实务研究》,法律出版社1994年版。

7. 黄金龙著:《〈关于人民法院执行工作若干问题的规定〉(试行)实用解析》,中国法制出版社2000年版。

8. 谭秋桂著:《民事执行原理研究》,中国法制出版社2001年版。

9. 沈达明编著:《比较强制执行法初论》,对外贸易出版社1994年版。

10. 张登科著:《强制执行法》,台湾地区三民书局2001年9月修订版。

11. 杨荣馨主编:《民事诉讼法学》,中国政法大学出版社

1997 年版。

12. 江伟主编：《中国民事诉讼法专论》，中国政法大学出版社 1998 年版。

13. 柴发邦主编：《民事诉讼法学》（修订本），北京大学出版社 1992 年版。

14. 沈德咏主编：《强制执行法起草与论证》（第一册），中国法制出版社 2002 版。

15. 童兆洪主编：《民事强制执行新论》，人民法院出版社 2001 年 12 月版。

16. 陈荣宗著：《强制执行法》，台湾地区三民书局 2002 年 10 月修订版。

17. 戴炎辉著：《中国法制史》，台湾地区三民书局 1966 年版。

18. 陈兴良著：《法条竞合论》，复旦大学出版社 1993 年版。

19. 马克思、恩格斯著：《马克思恩格斯全集》，人民出版社 1995 年版。

20. 齐树洁著：《民事司法改革研究》，厦门大学出版社 2000 年版。

21. 于喜富主编：《民事强制执行制度创新与争鸣》，人民法院出版社 2003 年版。

22. 王利明著：《改革开放中的民法疑难问题》，吉林人民出版社 1992 年版。

23. [日] 美浓部达吉著：《公法与私法》，中国政法大学出版社 2003 年版。

24. 马登民、徐安柱著：《财产刑研究》，中国检察出版社 1999 年版。

25. 陈荣宗著：《举证责任分配与民事程序法》，台湾地区三民书局 1984 年版。

26. 李祖军著：《民事诉讼目的论》，法律出版社 2000 年版。

27. ［法］E. 迪尔凯姆著:《社会学方法的准则》, 商务印书馆 1995 年版。

28. 霍力民主编:《强制执行的现代理念》, 人民法院出版社 2005 年版。

29. 刘敏著:《当代中国的民事司法改革》, 中国法制出版社 2001 年版。

30. 陈桂明著:《诉讼公正与程序保障》, 中国法制出版社 1996 年版。

31. 张卫平主编:《司法改革评论》(第一辑), 中国法制出版社 2001 年版。

32. 陈瑞华著:《刑事审判原理论》, 北京大学出版社 1997 年版。

33. 张文显著:《21 世纪西方法哲学思潮研究》, 法律出版社 1996 年版。

34. ［美］爱因斯坦著:《爱因斯坦文集》(第 1 卷), 商务印书馆 1976 年版。

35. 金永熙著:《法院执行实务新论》, 人民法院出版社 2000 年版。

36. 蔡福华著:《民事优先权新论》, 人民法院出版社 2002 年版。

37. 葛行军著:《民事强制执行实务专题讲解》, 中国法制出版社 2007 年 7 月版。

38. 常怡主编:《民事诉讼法学》, 中国政法大学出版社 2002 年修订版。

39. 柴发邦主编:《民事诉讼法学新编》, 法律出版社 1992 年 6 月版。

40. 江伟主编:《民事诉讼法学原理》, 中国人民大学出版社 1999 年版。

41. 戴建志主编:《法院执行运作实务》, 法律出版社 1999 年

9 月版。

42. 张卫平、陈刚著:《法国民事诉讼法导轮》，中国政法大学出版社 1997 年版。

43. 杨荣馨主编:《民事诉讼原理》，法律出版社 2003 年 4 月版。

44. [日] 竹下守夫著，刘荣军、张卫平译:《日本民事执行法理论与实务研究》，重庆大学出版社 1994 年 12 月版。

45. 罗结珍译:《法国民事执行程序法》，中国法制出版社 2002 年版。

46. 梁书文主编:《执行的理论与实践》，人民法院出版社 1993 年版。

47. 刘清景主编:《强制执行法实务全览》，台湾地区学知出版社 2001 年 5 月版。

48. 骆永家著:《既判力之研究》，台湾地区三民书局 1991 年版。

49. [美] 波斯纳著，苏力译:《法理学问题》，中国政法大学出版社 1994 年版。

50. 沈宗灵著:《现代西方法理学》，北京大学出版社 1992 年版。

51. [美] 罗尔斯著，何怀宏、何包钢、廖申白译:《正义论》，中国社会科学出版社 1988 年版。

52. 张文显著:《法学基本范畴》，中国政法大学出版社 1993 年版。

53. 谢怀拭译:《德意志联邦共和国民事诉讼法》，中国法制出版社 2001 年版。

54. [美] 戈尔丁著:《法律哲学》，三联书店。

55. 卓泽渊著:《法的价值论》，法律出版社 1999 年版。

56. 郑玉波总编、杨建华主编:《强制执行法破产法论文选辑》，台湾地区五南图书出版公司印行。

57. [日] 伊藤真著，刘荣军译：《破产法》，中国社会科学院出版社 1995 年版。

58. [日] 石川明著，何勤华、周桂秋译：《日本破产法》，中国法制出版社 2000 年版。

59. 李永军著：《破产法律制度》，中国法制出版社 2000 年版。

60. 陈国梁著：《破产法新论》，台湾地区大同书局 1978 年版。

61. [日] 近江幸治著，祝娅等译：《担保物权法》，法律出版社 2000 年版。

62. 王红亮著：《承揽合同·建设工程合同》，中国法制出版社 2000 年版。

63. 王欣新著：《破产法专题研究》，法律出版社 2002 年版。

64. 邹川宁著：《民事强制执行基本问题研究》，中国法制出版社 2004 年版。

65. 刘汉富主编：《国际强制执行法律汇编》，法律出版社 2000 年 7 月版。

66. 最高人民法院执行工作办公室编：《强制执行指导与参考》，法律出版社 2003 年版。

67. 季卫东著：《法治秩序的建构》，中国政法大学出版社 1999 年版。

68. 张贵成、刘金国主编：《法理学》，中国政法大学出版社 1992 年版。

69. 张根大著：《法律效力论》，法律出版社 1999 年版。

70. 孟德斯鸠著，张雁深译：《论法的精神》，商务印书馆 1982 年版。

71. 马原主编：《民事诉讼法的修改与适用》，人民法院出版社 1991 年版。

72. 郭毓洲著：《强制执行法实务问题研究》，司法周刊社印行，1993 年版。

73．林升格著：《强制执行法理论与实务》，台湾地区五南图书出版公司 1983 年。

74．陈世荣著：《强制执行法诠解》，自印本，1988 年 7 月。

75．梁治平著：《法辨》，贵州人民出版社 1992 年版。

76．［美］波斯纳著：《法律的经济分析》，商务印书馆 1987 年版。

77．张启楣主编：《执行改革理论与实证》，人民法院出版社 2002 年版。

78．肖建国著：《民事诉讼程序价值论》，中国人民大学出版社 2000 年 5 月版。

79．宋冰编：《程序、正义与现代化》，中国政法大学出版社 1998 年版。

80．宋冰编：《读本：美国与德国的司法制度及司法程序》，中国政法大学出版社 1998 年版。

81．刘作翔著：《法律文化论》，陕西人民出版社 1992 年版。

82．［美］博登海默著，邓正来译：《法理学：法律哲学与法律方法》，中国政法大学出版社 1999 年版。

83．马新福著：《法社会学导论》，吉林人民出版社 1992 年版。

84．胡建淼著：《行政强制执行研究》，法律出版社 2003 年版。

85．江伟教授执教五十周年庆典活动筹备组编：《民事诉讼法学前沿问题研究》，北京大学出版社 2006 年版。

二、论文

86．许维中：《强制执行竞合问题研究》，载《法制与社会发展》，1999 年第 1 期。

87．江伟、肖建国：《民事执行制度若干问题的探讨》，载

《中国法学》1995 年第 1 期。

88. 常怡、崔婕：《完善民事强制执行立法若干问题研究》，载《中国法学》2000 年第 1 期。

89. 齐树洁、马昌明：《完善我国强制执行法若干问题的探讨》，载《法学评论》，1997 年第 3 期。

90. 曾洁：《试论执行竞合》，载《诉讼法理论与实践》，中国政法大学出版社 1997 年 10 月版。

91. 殷明耀：《实践唯物主义视野中的理论与实践关系三题》，载《广州大学学报》（哲社版）2007 年第 8 期。

92. 最高人民法院执行工作办公室：《“执行难”新议》，载《人民司法》2001 年第 5 期。

93. 黄双全：《我国民事“执行乱”的情况与对策》，载《政策与法律》1996 年第 1 期。

94. 张杰清：《成功的诉讼 艰难的执行——从一起执行案件看“执行难”》，载《广西电业》2004 年第 4 期。

95. 庄柏林：《强制执行竞合及其效力》，载台湾地区《法令月刊》第 41 卷第 10 期。

96. 杨与龄：《强制执行程序之竞合》，载《法令月刊》第 37 卷第 3 期。

97. 骆永家：《查封效力之相对性》，载《法学丛刊》第 31 卷第 2 期。

98. 陈世荣：《动产、不动产查封之效力》，载《法学丛刊》第 32 卷第 2 期。

99. 陈荣宗：《强制执行之竞合》，载《民事程序法与诉讼标的理论》。

100. 朱良好：《我国的参与分配制度与破产立法》，载《山东法学》1999 年第 4 期。

101. 申卫星：《我国优先权制度立法研究》，载《法学评论》1997 年第 6 期。

102. 张守文:《论税收的一般优先权》,载《中外法学》1997年第5期。

103. 肖建国:《论财产刑执行的理论基础》,载《法学家》2007年第2期。

104. 胡纪平:《财产刑与民事执行的竞合及其处理》,载《当代经济》2007年第1期。

105. 黄金荣:《法的形式理论性——以法之确定性问题为中心》,载《中国社会科学》1999年第2期。

106. 艾四林:《哈贝马斯对韦伯合理性理论的改造》,载《求是学刊》1994年第1期。

107. 田幸、茅仲华、叶巍:《关于财产刑适用与执行问题的调研报告》,载《中国刑事法杂志》2005年第3期。

108. 邹海林:《破产法若干理论与实务问题研析》,载《民商法论丛》(一),法律出版社1994年版。

109. 仲素云:《破产程序与民事执行程序的冲突与协调》,载《西南政法大学学报》2004年第4期。

110. 金殿军:《论强制破产制度的创设》,载《强制执行指导与参考》2005年第1辑。

111. 肖建国:《论担保物权的强制执行》,载《人民法院报》2001年6月12日。

112. 王全弟、于洁:《物权法应确立优先权制度——围绕合同法第286条之争议》,载《法学》2001年第4期。

113. 张学文:《建设工程承包人优先受偿权若干问题探讨》,载《法商研究》2000年第3期。

114. 金正佳:《论建立行为保全制度》,载《人民司法》1997年第1期。

115. 林祖彭、李浩:《建议在司法执行中建立强制性破产制度》,载《政治与法律》1998年第5期。

116. 范安菊:《德国新破产法述评》,载《河南省政法管理干部学院学报》2001 年第 1 期。

117. 韩长印：《破产原因立法比较研究》，载《现代法学》1998 年第 3 期。

118. 张冬之、申海思：《破产制度之债务执行基础分析》，载《社会科学研究》2003 年第 1 期。

119. 杨与龄：《强制执行法之立法主义》，载台湾地区《法令月刊》，第 44 卷第 12 期。

120. 陈计男：《论查封之效力》，载台湾地区《法令月刊》第 43 卷第 6 期。

121. 吴光陆：《无执行名义债权人参与分配之研究》，载《法令月刊》第 37 卷第 6 期。

122. 陈世荣：《动产查封之效力——比较法上分析》，载《法学丛刊》，第 34 卷第 2 期。

123. 黄双全：《论我国民事执行的新问题及对策》，载《政法论坛》1996 年第 3 期。

124. 叶向东：《关于民事执行的几个实践问题之研析》，载《法律科学》，1993 年第 6 期。

125. 柯昌信：《关于制定强制执行法的建议》，载《政法论坛》，1992 年第 2 期。

126. 曹盛涛：《正确解决经济纠纷案件执行难的问题》，载《审判实践》，1988 年第 2 期。

127. 崔婕：《强制执行竞合的解决——兼论我国相关强制执行制度的完善》，载《法商研究》2001 年第 4 期。

128. 葛行军、刘文涛：《关于执行财产分配的立法思考》，载《法学研究》2001 年第 2 期。

129. 申建中：《民事执行竞合探讨》，载《法学评论》1989 年第 4 期。

130. 傅松苗：《参与分配实务中的若干问题初探》，载《人民法院报》2001 年 5 月 7 日。

131. 胡贵安:《论担保物权竞合的法律处置》,载《当代法学》2002 年第 2 期。

132. 高中:《我国民事裁判执行难的成因和对策》,载《湘潭师范学院学报》2001 年第 3 期。

133. 王红岩、张文香:《论执行标的》,载《政法论坛》2000 年第 3 期。

134. 申卫星:《论优先权同其他担保物权之区别与竞合》,载《民商法学》2001 年第 10 期。

135. 王长秋、王力回:《抵押权与留置权竞合效力辨》,载《民商法学》1999 年第 5 期。

136. 吴光陆:《假扣押执行与公司重整前之紧急处分》,载《月旦法学》2002 年第 7 期。

137. 应松年:《论行政强制执行》,载《中国法学》,1998 年第 3 期。

138. 顾培东:《效益:当代法律的一个基本价值目标》,载《中国法学》1992 年第 3 期。

三、外文资料

139. Stephen M Gerlis, Paula Loughlin: Civil Procedure, first published in Great Britain 2001 by Cavendish Publishing Limited.

140. Methods of execution of orders and judgments in Europe, edited by Peter Kaye, First published in the United Kingdom in 1995 by John Wiley & sons Ltd.

141. David Crump, William V. Dorsaneo, Ⅲ, Oscar G. Chase, Rex R. Perschbacher, Cases and materials on Civil Procedure. Second edition, Mathew Bender, 1992.

142. Civil Procedure: cases, materials and questions. Second edition, Richard D. Freer, Wendy Collins Perdue, Anderson Publishing Co. ,1997.

后　记

本书是在我的博士论文基础上经过修改和充实完成的。

当初确定以强制执行竞合作为自己的选题，主要是由于此前参加了由美国福特基金会赞助、杨荣馨教授主持的“强制执行法专家建议稿及立法理由书”重大科研课题。在这期间，通过不断的调查和研究，使我对强制执行制度产生了浓厚的兴趣。课题结束后，自己一直觉得有些问题，如强制执行救济、强制执行竞合等仍值得进一步研究。学无止境，所以，该选题也可以说是对课题研究的一种延续吧。

强制执行竞合所涉及的法律关系非常复杂，包含的法律问题也非常多，相应地，对作者的理论水平和实践经验也提出了更高的要求。在论文写作过程中，令我深感不安的是发现自己欠缺得还很多。由于自己在实体法方面的知识不够，文章中难免存在对某些问题的研究具有一定的局限性；另外，受限于自身实践工作经验的缺乏，也使得论文中对于很多设想的实践基础的探讨还不够充分合理。这些问题，笔者在今后的学习和工作中会继续关注与思考。

在拙文即将付梓之际，笔者首先向我的导师杨荣馨教授表示深深的谢意。在攻读博士学位期间，先生耐心的启发和悉心的教诲，使我在学业上受益匪浅。在论文写作过程中，无论是从文章的选题，还是论文材料的收集、文字的斟酌，先生均给予了细致的关心和指导，这种严谨的治学态度值得我终生学习。同时，笔者还要感谢陈桂明教授，学习期间能聆听陈老师的教诲和指点，使我受益颇多，笔者在工作和学习上的进步也是和陈老师的教诲和提携分不开的。

本书的顺利完成，还要感谢宋朝武教授、张卫平教授、最高人民法院前副院长唐德华先生、王敬藩教授和乔欣博士，他们参加了我的论文答辩，并对论文的修改和完善提出了宝贵的意见。另外，韩象乾教授和谭秋桂博士为我提供了大量的资料和信息，肖建华博士对我论文的选题不仅关注并且积极地提出了合理的建议，使我深受启发。正在法大攻读博士学位的王德新同学不辞辛苦地为我收集、整理了大量的案例，他们的大力支持和帮助给了我巨大的鼓舞和信心，对他们的感激之情是言语难以表达的。

本书的出版，得到了中国政法大学诉讼法学研究院卞建林教授的鼎力支持和中国人民公安大学出版社的热情关注，在此向他们致以深深的敬意和谢忱。